Programa de discipulado
Libro Uno

Niños en riesgo

Manual del líder

Editorial Patmos
1009 Park Centre Blvd
Miami Gardens, FL 33169

David C Cook
transforming lives together

David C Cook
Global Mission
4050 Lee Vance View
Colorado Springs, CO 80918 U.S.A.

Equipo de Editorial Patmos

Ronaldo Rodriguez de Souza
Director Ejecutivo

Dr. Vernon Peterson
Gerente General

Mauricio Antunes
Administrador

Adrián Aizpiri
Redacción

Paola Barona
Mercadeo

Equipo de desarrollo de David C Cook

Cris Doornbos
Director Ejecutivo

Marlene LeFever
Vice Presidente de Currículo

Kerry Krycho
Gerente editorial

Scott Johnson
BMB Design

¡Estimada maestra, estimado maestro!

Nuestra oración por usted es, junto con el Apóstol Pablo, que "En todos los sentidos, ¡traten de presentar de manera atractiva la enseñanza de Dios nuestro Salvador!"

(Tito 2:10)

Usted ha sido llamada/o por Dios. El Señor le ha escogido para que marque una diferencia en la vida de niños, y nos regocijamos en su ministerio. Dios le está usando para que guíe a niños hacia el camino de Dios, para que lo acepten y vivan para servirlo. Su llamado es un llamado sagrado, que da valor a la vida. Su ministerio puede cambiar por siempre la vida de huérfanos y niños en riesgo.

Deseamos que sea creativo, que enseñe a estos niños lo que Dios quiere que ellos aprendan. Esperamos que no se canse en su labor. Sobre todo, esperamos que su vida sea un ejemplo para que los niños lleguen a conocer a Cristo. Usted es prueba viva de lo que un cristiano debe ser. ¡Qué admirable responsabilidad!

Dios les bendiga ricamente,

Sus compañeros en ministerio de
David C Cook y Editorial Patmos

Breve resumen del programa

Edades etarias de los grupos
Diseñado para niños de 9-11 años

Tamaño de grupo

El tamaño ideal para la clase con este currículo es de 10 a 12 alumnos. Si el grupo crece, se debería dividir y asígnele otro maestro. Entre más pequeña sea la clase, más atención personal recibirá cada niño.

Meta

Guiar a los niños para que sean fieles seguidores de Cristo, discípulos que gozan del apoyo y el amor de un Padre celestial, y también el apoyo de una iglesia que sirve al Señor.

El programa semanal

Cada semana se enseñarán tres lecciones. Una lección es de la Biblia; otra es para ayudar a los niños a desarrollar su personalidad cristiana; y la tercera enseña a los niños aptitudes para la vida. Use las tres lecciones y provea para estos niños un programa centrado en Cristo.

Este programa contiene tres unidades, suficiente para completar un trimestre. Cada unidad es para que se use en un mes. Dos unidades tienen 4 lecciones cada una; una unidad tiene 5 lecciones. Éstas siguen el calendario, porque cada trimestre del año tiene 13 semanas.

No todas las lecciones incluyen una historia de la Biblia. Pero todas las lecciones tienen un fuerte enfoque cristiano. Los niños aprenden acerca de su Dios, su Padre celestial, y cómo pueden mostrar su amor por Él. Al mirar todas las lecciones en conjunto, verá que tratan todos los aspectos de un niño. Comprenden el desarrollo de la vida espiritual de un niño, y también su desarrollo social, físico y emocional. Es un programa completo que muestra a los niños que Dios forma parte especial de cada aspecto de su vida. Nunca deben poner a Dios y su vida cristiana en una caja que solo se abre los domingos.

El programa de una clase

En cada lección, se seguirá un plan de 3 pasos:

Se seguirá este método de 3 pasos al enseñar **"Enfoque en la Palabra de Dios".**

1. Historia bíblica
2. Por qué esta historia es importante para mí
3. Lo que Dios quiere que yo haga

Se seguirá este método de 3 pasos al enseñar **"Enfoque en rasgos de personalidad".**

1. Rasgo de personalidad
2. Ejemplo del rasgo de personalidad
3. Mi vida esta semana con el rasgo de personalidad

Se seguirá este método de 3 pasos al enseñar **"Enfoque en aptitudes para la vida".**

1. Enfoque en la aptitud de hoy
2. Aprendamos acerca de esta aptitud
3. Aplicación de lo aprendido

Ayudas para los maestros

En estas lecciones, hay claves para que la enseñanza sea más fácil para usted.

- Cada nuevo elemento de la lección tiene un objetivo que le dice lo que los niños descubrirán en esa sección.
- Las palabras que puede decir o leer directamente de esta Guía están impresas en **negritas.**
- Las instrucciones para el maestro están impresas de manera regular.
- Las preguntas que los niños deben contestar están impresas con sangría y llevan un punto negro al frente, tal como están impresas estas instrucciones.
- Al inicio de cada sección hay una lista de materiales. Algunos son opcionales; pero considere usar las opciones, porque dan más amenidad y creatividad a las lecciones. Ayudarán a los niños a recordar más de lo que se ha enseñado.

Cómo guiar a un niño a Cristo

Las siguientes páginas se imprimirán cada trimestre. Son muy importantes. Le muestran cómo guiar a un niño a Cristo. Considere hacer copias de "¿Cómo le pido a Jesús que perdone mis pecados?" para que cada niño tome esta decisión. Lea la hoja juntamente con el niño y anímelo a firmar su nombre en el lugar provisto. Dígale que guarde la hoja en un lugar accesible para que la repase una y otra vez.

¡Precaución!

Algunos maestros hacen una invitación general en la clase para que los niños levanten la mano si quisieran recibir a Jesús como su Salvador. Muchos levantan la mano solo para complacer a su maestro. En realidad no es su "propia" decisión.

En este estudio se sugiere que usted hable con todo el grupo acerca de aceptar a Cristo. Aquí le diremos cómo hacerlo; pero en vez de pedir a los niños que decidan como grupo, hágalo más difícil. Sugiera que los niños, por decisión personal, vayan a usted después de la clase, si quieren tomar esta decisión.

Esto tiene dos fines. Primero, el niño toma la decisión por sí mismo, ya que tiene que tomar la iniciativa. En segundo lugar, le da la oportunidad de hablar con el niño, explicarle lo que no entiende, orar con él, y felicitarlo por su decisión. También puede ayudar al niño en las semanas siguientes a su decisión.

¿Cómo le pido a Jesús que perdone mis pecados?

Sigue estos pasos:

Primer paso

Dile a Jesús que lo amas por todo lo que Él ha hecho por ti. Agradécele por su amor.

Segundo paso

Dile a Jesús que te arrepientes por todas las cosas malas que has hecho. Dile que quieres dejar el pecado y seguirlo a Él.

Tercer paso

Dile a Jesús que crees que Él puede perdonarte.

Cuarto paso

Pide a Jesús que te perdone. Dile que quieres seguirlo por el resto de tu vida y que quieres vivir para servirle.

Quinto paso

Da gracias a Dios porque ha escuchado tu oración y te ha perdonado. Jesús te ha salvado. Ahora eres suyo y le perteneces.

Si has decidido seguir a Cristo, firma aquí tu nombre y pon la fecha de hoy. Este es un día muy importante, que nunca debes olvidar.

Nombre:____ Fecha: ________________

Los emocionantes pasos que siguen

Primer paso

Dile a alguien que ya ama a Cristo lo que has decidido. Conversen de lo maravilloso que es seguir a Cristo hoy y de lo increíble que será vivir con Él en el cielo, por siempre jamás. Juntos busquen respuestas a las preguntas o dudas que puedas tener.

Segundo paso

Pon atención a todo lo que aprendas acerca de Jesús estos días y los que siguen. Esta es una manera de mantener firme tu decisión de seguir a Cristo cada día.

¡Hay mucho más que aprender!

En la Biblia hay mucho más que aprender acerca de Dios y su Hijo Unigénito, Jesús. Estos son algunos versículos de la Biblia que debes leer pronto:

- Cómo nuestro único y verdadero Dios creó al mundo. Génesis 1 y 2.
- Cómo el hombre y la mujer desobedecieron al único y Dios verdadero. Génesis 3.
- Todas las historias de la vida de Jesús. Mateo, Marcos, Lucas, Juan.
- Cómo el Espíritu Santo nos ayuda a vivir de la forma que le agrada a Jesús. Juan 14:15-21; Hechos 2.
- Cómo fue el inicio de la Iglesia. Hechos 2.

Versículos para memorizar

Estos son algunos versículos importantes que debes memorizar. Cuando la vida te parezca difícil o si alguna vez piensas alejarte de Dios, tu Padre celestial, estos versículos te ayudarán a seguir firme en tu amor por Él.

2 Corintios 5:17

Por lo tanto, si alguno está en Cristo, es una nueva creación. ¡Lo viejo ha pasado, ha llegado ya lo nuevo!

1 Juan 3:24

El que obedece sus mandamientos permanece en Dios, y Dios en él. ¿Cómo sabemos que él permanece en nosotros? Por el Espíritu que nos dio.

Juan 14:15, 21

Si ustedes me aman, obedecerán mis mandamientos. ¿Quién es el que me ama? El que hace suyos mis mandamientos y los obedece. Y al que me ama, mi Padre lo amará, y yo también lo amaré y me manifestaré a él.

¿Quieres seguir a Jesucristo?

Lee las siguientes verdades. Marca la cajita si crees en esa verdad.

- ☐ Dios es un Padre celestial lleno de amor. Él quiere ser mi amigo. Pero he hecho cosas malas y he desobedecido. Merezco ser castigado por lo que he hecho.
- ☐ Pero Dios me ama. Me ama tanto que mandó a Jesús, su Hijo perfecto, para que llevara el castigo por las cosas malas que he hecho. Jesús nunca hizo nada malo.
- ☐ Jesús es maravilloso. Él ama a niños y adultos, ricos y pobres, a gente poderosa y a gente que no ejerce poder. Él ama a todos. Me ama tanto que quiere que yo sea parte de la familia de Dios. Jesús estuvo dispuesto a morir para que esto sea posible.
- ☐ Jesús murió como castigo por las cosas malas que hace la gente en la tierra. Pero su muerte no fue el fin.
- ☐ ¡Jesús resucitó! Ya no está muerto. ¡Él vive!
- ☐ Jesús quiere que yo lo ame y que viva de manera agradable a Él. Esto me traerá gozo a mí y también a mi Padre celestial.

Sea un mejor narrador

Las siguientes ideas le ayudarán a convertirse en un mejor narrador. Use estas ideas cuando lea una historia de la Biblia o de esta Guía, o incluso cuando cuente la historia de memoria a su grupo.

¡HAGA ESTO!

Antes de la clase, lea la historia en alta voz. Aunque usted no sea un buen lector, mejorará con la práctica.

¡HAGA ESTO!

Hable con entusiasmo. La historia es importante. Ayudará a los niños a saber cómo llevar una vida cristiana victoriosa.

¡HAGA ESTO!

Sus expresiones faciales deben coincidir con la historia que está contando. Ponga cara triste cuando los acontecimientos de la historia sean tristes. Muéstrese enojado cuando la gente de la historia esté enojada. Ponga cara feliz cuando suceden cosas alegres en la historia.

¡HAGA ESTO!

Varíe el ritmo con el que usted habla. Haga una pausa cuando esto produzca más emoción. Algunos buenos narradores cuentan la historia en casa, a sí mismos, antes de contarla a alguien más. Se observan en el espejo para ver sus expresiones faciales. Tal vez le parezca un poco ridículo al hacerlo la primera vez. ¡No importa! Eso le ayudará a ser un mejor narrador.

¡HAGA ESTO!

Anime a los niños a contar la historia a otros. Les ayudará a recordarla mejor. Es más divertido si se visten como en los tiempos bíblicos. Por ejemplo, un niño podría ponerse una toalla sobre la cabeza y amarrarla con un listón alrededor de la frente.

¡NO HAGA ESTO!

Cuando esté contando una historia bíblica, nunca agregue animales que hablen o ningún otro elemento que pueda entretener a los niños, pero que no sea cierto. Cuando ellos crezcan, leerán la historia por sí mismos y pensarán: "Esto no es lo que mi maestro me dijo. Los animales en el pesebre no conversaban acerca del niño Jesús. Solo eran animales domésticos." Usted no quisiera que los niños piensen: "Si mi maestro no me dijo la verdad sobre eso, tal vez nada de lo que me dijo es cierto."

Unidad 1

Niños en riesgo

Lo que usted enseñará este mes.

	Historia bíblica	Rasgos de personalidad	Aptitudes para la vida
Semana 1	Amigos por siempre *Lección 1*	Integridad 1 *Lección 2*	Jesús primero: cómo escoger buenos amigos *Lección 3*
Semana 2	Traicionado y abandonado *Lección 4*	Integridad 2 *Lección 5*	Jesús comprende: nuevas amistades *Lección 6*
Semana 3	La maravillosa Creación de Dios *Lección 7*	Integridad 3 *Lección 8*	Aprecio por la Creación de Dios *Lección 9*
Semana 4	La útil Creación de Dios *Lección 10*	Integridad 4 *Lección 11*	Proyecto "Honra al mundo de Dios" *Lección 12*

Amigos por siempre

Unidad 1 • Semana 1 • Día 1

Enfoque en la Palabra de Dios

Tema: ¡Jesús será tu mejor amigo por siempre!

Hoy los niños aprenderán que Jesús quiere ser su amigo hoy y siempre.

Hoy los niños decidirán si están dispuestos a invitar a Jesús en su vida.

MATERIALES NECESARIOS

- ❏ Pizarra, folder manila, o un rotafolio
- ❏ Lápices de color o crayones
- ❏ Marcadores

DESARROLLO DE LA LECCIÓN

1. Historia bíblica: Lucas 19:1-10

Objetivo: que los niños vean el ejemplo de Jesús cuando Él se hizo amigo de alguien que no era aceptado por los demás.

En un rotafolio o en la pizarra escriba la palabra *AMIGO.* Pida a los niños que digan cosas típicas acerca de un amigo. Anote las cosas que ellos digan. Por ejemplo, los amigos son: *buenos, fieles, divertidos, leales, interesantes, amables.* Dedique de tres a cinco minutos para esta actividad.

HISTORIA BÍBLICA: EL ENCUENTRO DE JESÚS CON ZAQUEO

Aunque Zaqueo era rico, probablemente no tenía muchos amigos. Como no tenía amigos, también es probable que se sintiera solo. La gente llamaba pecador a

Zaqueo. Eso probablemente le dolía. Nadie quiere que se le diga pecador, ¡aunque sea cierto!

¿Por qué la gente no lo quería? ¡Simplemente porque él era recaudador de impuestos! La gente de Jericó odiaba a los recaudadores de impuestos y por buenas razones. Los recaudadores de impuestos eran judíos, pero cobraban dinero de otros judíos para dárselo a sus gobernantes romanos. Más que eso, los recaudadores de impuestos eran conocidos por engañar a su propia gente. A veces cobraban más dinero de lo que exigían los romanos y se quedaban con el resto del dinero. Eso es corrupción. Tal vez por eso Zaqueo se hizo rico.

Jesús llegó a la ciudad de Zaqueo. Solo pasaba por allí, pero ocurrió algo que lo hizo cambiar sus planes. ¡Se encontró con Zaqueo! ¿Qué pasó? La vida de Zaqueo como pecador estaba a punto de cambiar.

No se sabemos cómo Zaqueo oyó hablar de Jesús. Tal vez todos estaban hablando acerca de Él, de lo bueno que era, que era un buen amigo de los pobres y los enfermos, que enseñaba acerca de Dios y que hasta decía que Dios era su Padre. Como sea que oyó hablar de Jesús, Zaqueo no quería perder la oportunidad de verlo en persona. ¡Pero eso iba a ser un gran problema! Zaqueo era pequeño de estatura. En la multitud alrededor de Jesús, él no podría verlo. Así que hizo algo muy gracioso para alguien de su edad. Corrió por la ruta que tomaría Jesús y se subió a un árbol sicómoro para mirar hacia abajo y ver a Jesús cuando pasara.

Su plan dio resultado, mucho mejor de lo que Zaqueo jamás hubiera soñado. Jesús se dirigió directamente hacia el árbol donde se encontraba Zaqueo y lo miró. ¿Crees que Zaqueo se sorprendió y que tal vez sintió un poco de miedo? Jesús miró hacia arriba y dijo: "Zaqueo, baja inmediatamente. Debo quedarme en tu casa hoy."

¿Qué creen que Zaqueo hizo? Por supuesto, bajó inmediatamente del árbol para dar la bienvenida a Jesús. Puede ser que haya dicho algo como esto: "Si, Jesús, eres muy bienvenido a mi casa. Prepararemos una comida deliciosa para ti." Zaqueo estaba emocionado de conocer a Jesús en persona, y si Jesús iba a su casa, tal vez se pudieran hacer amigos.

La gente que vio lo que pasaba no estaba muy impresionada. Pensaban que Jesús no sabía que Zaqueo era recaudador de impuestos. Les parecía que Zaqueo no era la clase de persona que debiera ser amigo de Jesús.

Pero Jesús sabía lo que estaba haciendo. La Biblia no dice las palabras exactas que Jesús dijo a Zaqueo. Pero después de que Jesús hablo con él, Zaqueo estuvo

dispuesto a cambiar su vida para agradar a Jesús, "Esto es lo que hare enseguida; daré la mitad de todos mis bienes a los pobres. Si he engañado a alguien en cualquier cosa, le pagaré cuatro veces más de lo que les debo."

Jesús dijo a Zaqueo: "Hoy eres salvo de tus pecados. La salvación ha venido a este hogar." Jesús vino a la tierra en busca de gente que estaba perdida, porque no conocían a Dios. Él vino a salvarlos de sus pecados y ser su amigo por siempre.

Esta es la única historia en la Biblia acerca de Zaqueo, pero es maravillosa, ¿no es cierto? Zaqueo conoció a Jesús y Jesús fue amable con él. ¡Al instante Jesús cambió la vida de Zaqueo! Cuando conocemos a Jesús y llegamos a ser amigos con Él, nuestra vida también cambia. ¡Qué increíble es eso!

2. Por qué esta historia es importante para mí

Objetivo: que los niños comprendan que Jesús quiere ser amigo de ellos.

Anime a los niños a hablar de la historia.

- **¿Qué parte de la historia te gustó más?**
- **¿Por qué crees que esta historia está en la Biblia?**
- **¿Qué cosa de esta historia te parece importante para ti hoy?**
- **¿Alguna vez te has sentido solo por no tener un amigo? ¿Cómo te hace sentir tener un amigo?**

Jesús quería ser amigo de Zaqueo, y ¿sabes qué? Él quiere que tú también seas su amigo.

Jesús quiere ser tu amigo. ¡Qué asombroso! Jesús, que es Dios, quiere ser tu amigo. ¡Jesús quiere ser tu amigo por siempre!

Esto es algo que maravilloso que Jesús le dijo a Zaqueo, en Lucas 19:10. "Porque el *Hijo del hombre* vino a buscar y a salvar lo que se había perdido." Hijo del hombre es un nombre que Jesús usaba para referirse a sí mismo. Puedes parafrasear estas palabras y poner tu nombre en el versículo. Eso significa que lo dices en palabras más sencillas. Podría leer así: "Jesús vino a buscarme y a hacerme su amigo."

Anime a los niños a escribir el versículo tal como es y también parafraseado en una hoja de papel para que lo lean todos los días esta semana. Para la otra semana, la mayoría lo tendrán memorizado.

3. Lo que Dios quiere que yo haga

Objetivo: que los niños decidan si quieren aceptar la amistad de Jesús y su plan de la salvación.

En las primeras páginas de esta Guía, repase las siguientes secciones: "¿Quieres seguir a Cristo?" y "¿Cómo le pido a Jesús que perdone mis pecados?" Sería bueno que haga copias de estas secciones para que los niños puedan tenerlas para llevar a casa. Lo que sigue es otra manera de repasar cómo podemos pedir que Jesús sea nuestro amigo por siempre.

Algunos de ustedes tal vez quieran pedirle a Jesús que sea su amigo por siempre. Déjenme explicarles cómo hacerlo.

1. **Dios nos ama, pero odia nuestro pecado, así como Jesús amaba a Zaqueo, pero no su pecado. La Biblia nos enseña que todos hemos pecados y desobedecido a Dios (Romanos 3:23). Cierra tus ojos y piensa en silencio: "¿Dónde tengo pecado en mi vida?"**

2. **La Biblia dice que nuestro pecado nos separa de Dios (Romanos 6:23). Pero Dios nos dio una forma de tener comunión con Él de nuevo para que podamos ser sus amigos por siempre. Todos necesitamos del perdón de Dios. ¿Quieres saber cómo ser perdonado por Dios y cómo ser su amigo?**

3. **Jesús es el Hijo perfecto de Dios. Él nunca pecó, ni siquiera una vez. No mucho tiempo después de que Jesús se encontró con Zaqueo, Jesús murió en una cruz para sufrir las consecuencia de nuestros pecados (Juan 3:16). Él era el único que podía hacer esto, porque no tenía pecados propios por los que debía ser castigado. Él era el perfecto Hijo de Dios. Porque Jesús murió por nuestros pecados, Dios perdona nuestros pecados.**

4. **Jesús no se quedó muerto. La Biblia nos dice que Él resucitó de entre los muertos y que vive hoy. Eso significa que podemos hablar con Él en este momento. Si creemos que Jesús murió en la cruz por nuestros pecados y que resucitó de entre los muertos (Romanos 10:9,10), podemos pedirle a Dios que nos perdone, y lo hará (Colosenses 1:13,14). Podemos ser amigos de Dios por siempre.**

5. **Una vez que le pedimos a Jesús que nos perdone, Él quita nuestros pecados. Jesús nos salva del castigo por nuestros pecados. Y cuando con confiamos en Jesús como nuestro Salvador, llegamos a ser parte de la familia de Dios por siempre. (1 Juan 5:11,12). Porque somos parte de la familia de Dios debemos vivir de tal manera que lo agrademos. Si realmente amamos a Jesús, debemos de tratar de vivir de una forma que le agrade. ¿Recuerdas cómo Zaqueo cambió?**

Si alguno de los niños muestra un sincero interés en hablar y orar con usted, espere hasta después de la hora de clase para pasar tiempo aconsejándolo y ora con él (o ella). Hable con el niño y haga preguntas para asegurarse que realmente comprende lo que significa recibir a Jesús como Señor y Salvador.

Después que un niño haya aceptado a Cristo, diga algo como: "¡Esto es muy emocionante! Ahora que has sido perdonado y eres parte de la familia de Dios (Juan 1:12), puedes contrales a otros acerca de tu decisión. ¿Hay alguien a quien quisieras contarle acerca de tu decisión de seguir a Cristo y ser su amigo por siempre?"

Para finalizar la clase, pida voluntarios que se pongan de pie y digan: "Estoy feliz porque Jesús es mi amigo por siempre."

Integridad 1

Unidad 1 • Semana 1 • Día 2

Enfoque en rasgos de personalidad

Tema: un cristiano con integridad es honrado, sincero, no corrupto. Un cristiano con integridad dice la verdad.

Hoy los niños aprenderán acerca del rasgo de personalidad de la integridad.

Hoy los niños decidirán cómo mostrarán integridad en su vida esta semana.

MATERIALES NECESARIOS

- ❑ Crayones
- ❑ Hoja grande de papel para escribir 5 declaraciones (vea la sección 3)

Una introducción para usted, el maestro:

Durante las siguientes cuatro semanas, usted ayudará a los niños a cultivar un rasgo de personalidad que es importante que desarrollen si quieren crecer en su vida cristiana y aportar como buenos miembros de la sociedad. Este mes el rasgo de personalidad es la integridad.

Los niños que solo crecen en conocimiento y desarrollan sus aptitudes no estarán preparados para llevar una vida plena como adultos. La vida exige más que conocimiento y aptitudes. Piense en los deportistas; ellos deben respetar a otros o pueden ser expulsados del juego. Los profesionales en negocios deben operar éticamente o pueden ser encarcelados. Es evidente que aparte del conocimiento y las aptitudes, los niños necesitan cultivar buenos rasgos de su personalidad.

Estos días de desarrollo de los rasgos de personalidad son especialmente importantes para los niños que no vienen de hogares cristianos estables. Muchos han tenido que ingeniarse la vida, haciendo lo posible para satisfacer sus necesidades. Esto a menudo los lleva lejos del desarrollo de su personalidad. Tristemente, si no desarrollan buenos rasgos de personalidad, estarán discapacitados para la vida. Para los que son cristianos, y no los desarrollan, limitarán en gran manera lo que Dios puede hacer a través de ellos. Nunca serán ejemplos positivos para los que necesitan conocer a Cristo como su Salvador.

Por todo un mes, los niños se centrarán en un solo rasgo de personalidad. Así como las gotas de agua que caen continuamente en una piedra con el tiempo hacen un hoyo profundo, las cualidades transformadoras de vida pueden ser cultivadas en "gotas". Estamos orando por usted y por su enseñanza semanal, ¡gota a gota!

DESARROLLO DE LA LECCIÓN

1. Rasgo de personalidad: *la integridad*

Objetivo: podemos tener integridad en situaciones peligrosas de la vida.

Los niños deben sentarse mientras les lee cada una de las siguientes situaciones. Si los hace sentir enojados o tristes, que se pongan de pie y griten: "buuuu". Deben volver a sentarse después de cada vez que griten. La actividad les ayudará a poner más atención a la historia.

- **Supongamos que les digo que ustedes me caen muy bien y que después me oigan decirle a alguien que no me caen nada bien. ¿Cómo los haría sentir?**
- **Supongamos que me vieran robar un pedazo de pan. ¿Cómo se sentirían?**
- **Supongamos que les dijera que yo soy familiar de un político muy importante, y que después se dieran cuenta de que no es cierto. ¿Cómo se sentirían?**
- **Supongamos que les dijera que nunca lastimen su cuerpo con drogas y que después me vieran comprando drogas. ¿Cómo se sentirían?**

Comparta con los niños la siguiente información acerca de la integridad.

En cada una de las situaciones, les estaría mostrando que no tengo integridad. La integridad es una palabra sumamente importante que tienen que ver con casi

todo lo que hacemos. Si tenemos integridad, somos personas que quien se puede confianza. Mostramos que somos personas de confianza al hacer lo debido y al hablar la verdad. Yo nunca haría las cosas que les puse como ejemplo porque quiero ser una persona que tiene integridad. Es mi oración a Dios que cada uno de ustedes también quiera ser una persona íntegra.

Una persona que tiene integridad es honrada. Una persona que tiene integridad tiene normas en cuanto a lo bueno y lo malo, y con la ayuda de Dios vive conforme a esas normas todos los días. Por ejemplo, una persona que tiene integridad no es hipócrita, que te dice algo en tu cara y después le dice lo opuesto a otra persona. Una persona que tiene integridad es honrada y sincera, lleva una vida pura, y es justa en todo lo que hace. Una persona que no tiene integridad es engañosa en todo lo que hace.

Una sociedad progresa cuando sus líderes muestren integridad en su manera de vida. Alguien que no conoce a Dios puede ser una persona que tiene integridad; pero los cristianos deben tratar aún más de llevar una vida íntegra. Debemos usar la ayuda que Dios nos da. No debemos decir y hacer lo bueno solo porque hace al mundo un mejor lugar para vivir. Los cristianos deben decir y hacer lo recto porque eso es lo que agrada a Dios y porque es prueba de cuánto lo aman.

¡Integridad! Comencemos y veamos cómo el ser una persona que tiene integridad cambia todo.

HISTORIA BÍBLICA

Daniel es una persona en la Biblia que tuvo gran integridad. Él siempre quería hacer lo recto y justo. Mientras les cuente acerca de él, piensen en qué maneras él mostró integridad.

Hace como 25 siglos, un joven simpático e inteligente, llamado Daniel, fue capturado en la tierra donde vivía y llevado a un país lejano. El rey de ese lugar escogió a Daniel para que sirviera en el palacio, y con el tiempo, el rey se dio cuenta de la gran sabiduría e integridad de Daniel. Daniel llegó a ser un consejero del rey y un gobernante en el reino altamente respetado.

Años después, durante el reinado de otro rey, un grupo de oficiales del gobierno descubrieron que el rey quería poner a Daniel a cargo de todo el reino. Ellos envidiaban a Daniel y buscaban la manera de acusarlo de algo malo. Pero como él era de mucha confianza y se comportaba muy responsablemente no pudieron encontrar nada con qué acusarlo.

Entonces se acordaron que Daniel oraba al Dios verdadero tres veces al día, todos los días. Con mal en mente, elaboraron un plan malvado. Primero, persuadieron al rey para que proclamara 30 días de oración solo al rey, y quien no cumpliera la ley sería echado a los leones. Después fueron a espiar la casa de Daniel.

Daniel no se sintió feliz por el decreto, pero amaba a Dios y estaba decidido a hacer lo debido. Él tenía integridad. Se fue a casa, y como siempre, abrió sus ventanas y oró a Dios. Sus enemigos informaron esto al rey, y aunque él se sintió muy triste, tuvo que mandar a Daniel a ser echado a los leones.

Pero Dios protegió a Daniel de todo peligro esa noche, y a la mañana siguiente lo sacaron del foso de los leones sin un solo rasguño. Entonces el rey echó a los oficiales corruptos a la fosa y los leones los atacaron y mataron instantáneamente. Finalmente, el rey muy feliz proclamó que solo se alabara al Dios de Daniel. La integridad de Daniel trajo honra al nombre de Dios.

- **¿Cómo hubiera cambiado la historia si Daniel no hubiera sido un hombre de integridad?**

Lea la historia una segunda vez. Esta vez, los niños deben dramatizar la historia mientras usted hace la narración. Ellos no deben decir nada, solo actuar las partes. Va a necesitar niños que actúen de Daniel, los hombres celosos, el rey, y los leones.

2. Ejemplo del rasgo de personalidad: *la integridad*

Objetivo: que los niños usen el arte para hacer un contraste entre un mundo donde todos tienen integridad y son de confianza, y un mundo donde nadie tiene integridad.

Dele a cada niño una hoja de papel y provea crayolas para que compartan. Divida en dos al grupo. Un grupo debe dibujar un mundo en que todos tienen integridad y son personas de confianza. El otro grupo dibujará un mundo en que nadie tiene integridad; nadie es de confianza. Dígales que tienen cinco minutos para dibujar. Después de los cinco minutos, escoja a varios niños de ambos grupos para que muestren sus dibujos y digan lo que significan. Después anímalos a que conversen entre ellos y muestren sus dibujos a por lo menos tres compañeros.

3. Cómo vivir con *integridad* esta semana

Objetivo: se desafiará a los niños a que vivan con integridad.

Antes de la clase, escriba las siguientes declaraciones en una hoja grande de papel o en la pizarra.

MOSTRARÉ INTEGRIDAD

1. Diré la verdad, usando gentileza y buen juicio.
2. Haré lo justo y resistiré la presión de otros para ser deshonesto.
3. Animaré a mis amigos a que sean personas de confianza.
4. Seré responsable de mis propios actos.
5. Seré sincero y no engañaré a otros ocultando la verdad.

Los niños leerán esta lista con usted en alta voz.

Pida que los niños se sienten. Dígales que va a leer la lista de nuevo. Si creen que Jesucristo quiere que muestren integridad y hagan lo que dice cada declaración en la lista, deben ponerse de pie y levantar las manos lo más alto posible. Luego deben volver a sentarse. Deben hacer esto en cada una de las declaraciones.

Finalice con la lectura de lo que Jesús dijo acerca de la integridad.

"Ustedes son la luz del mundo.
Una ciudad en lo alto de una colina no puede esconderse.
Ni se enciende una lámpara para cubrirla con un cajón.
Por el contrario, se pone en la repisa para que alumbre a todos los que están en la casa. Hagan brillar su luz delante de todos,
para que ellos puedan ver las buenas obras de ustedes
y alaben al Padre que está en el cielo."
Mateo 5:14–16

Jesús quiere que digamos la verdad, que seamos bondadoso y personas de confianza. Si lo hacemos, brillaremos con integridad. Hablaremos más acerca de la integridad la próxima semana.

Jesús primero: cómo escoger buenos amigos

Unidad 1 • Semana 1 • Día 3

Enfoque en aptitudes para la vida

Tema: sigue a Jesús, y no a los amigos que no lo siguen.

Hoy los niños aprenderán a evaluar lo que los amigos les dicen antes de que los sigan ciegamente.

Hoy los niños decidirán preguntarse lo que le agradaría a Jesús antes de seguir las sugerencias de sus amigos.

MATERIAL NECESARIO

- ❑ Cuerda o soga larga
- ❑ Caramelos para cada niño o cualquier otro premio disponible

DESARROLLO DE LA LECCIÓN

1. Enfoque en la aptitud de hoy

Objetivo: que los niños hagan un juego que ilustre cómo el escuchar a los amigos equivocados puede alejarlos de la senda correcta.

Escoja un voluntario, probablemente uno de los niños más grande, para que haga la actividad. Debe ser alguien que se divierta con esta actividad y no tenga miedo. Diga al niño que salga del salón para que no escuche las instrucciones. Póngale una venda en los ojos antes de que vuelva al salón.

Mientras que el voluntario esté fuera del salón, ponga en el piso la cuerda larga. Póngala con vueltas y curvas, como si se tratara de un camino. Divida al grupo en dos; uno para cada lado de la cuerda.

Escoja un representante de cada grupo para que dé las instrucciones. Será su trabajo dirigir al niño con los ojos vendados para que camine a lo largo de la cuerda, sin salirse de la ruta. Uno de los que den instrucciones debe darlas correctamente, y el otro, incorrectamente. El voluntario tiene que decidir a cuál seguir. Cada grupo debe apoyar a su representante. Así que por un lado insistirán que el voluntario vaya en una dirección y por el toro insistirán que vaya en la dirección equivocada.

Esta actividad será más interesante si explica que el grupo que hace el mejor trabajo de convencer al voluntario que siga sus indicaciones recibirá caramelos. Así que si el voluntario obedece al grupo que da indicaciones equivocadas, ellos recibirán los caramelos. Pero si el voluntario obedece a los que dan las indicaciones correctas, ese grupo recibirá los caramelos.

Anime a que haya ruido y emoción. El voluntario debe seguir indicaciones que le parezcan correctas durante unos tres minutos. Luego quítele la venda de los ojos para que vea dónde a qué lado de la cuerda se halla. Converse con los niños acerca de lo que pasó. Dígales que todos hicieron tan buen trabajo con las indicaciones que cada uno recibirá un caramelo.

2. Aprendamos acerca de esta aptitud

Objetivo: que los niños investiguen formas de saber lo que Jesús quiere que hagan.

Preguntas para reflexionar:

- **(Nombre del voluntario), ¿cómo te sentiste al tratar de decidir cuáles indicaciones eran las correctas?**
- **Los que dirigían, ¿cómo les pareció lo que les tocó hacer?**
- **Si sus amigos les dicen qué hacer, ¿cómo pueden saber si lo que les están sugiriendo es bueno o malo?**

Líder, cuente algo de su propia vida en que siguió un mal consejos o sugerencias equivocadas. ¿Qué pasó? ¿Cómo evita que eso vuelva a suceder?

- **Nunca debemos seguir a las personas que nos dicen que hagamos cosas que entristezcan a Jesús, nuestro mejor amigo. Pero, ¿cómo podemos saber lo que lo hace sentir triste?**

Los niños pueden dar respuestas como las que siguen. Deles ideas de esta lista que ellos no hayan mencionado.

(1) La Biblia nos dice cómo Jesús quiere que vivamos. Hay que leerla para saber lo que dice.

(2) Nuestro sentido de lo bueno y lo malo es una gran ayuda para saber lo que no debemos hacer. Hay que prestar atención a conciencia, el sentimiento en el corazón que nos dice cuando algo está mal. Es una forma en que Jesús les habla a sus amigos.

(3) Pedir consejo a alguien de confianza, porque el consejo que nos ha dado en otro momento fue excelente.

(4) Orar acerca de la decisión. Díganle a Jesús qué opciones tienen y luego siéntense en silencio y escuchen su voz. Él a menudo nos trae sugerencias a la mente. Esa es otra manera en la que el Señor les habla a sus amigos.

3. Aplicación de lo aprendido

Objetivo: que los niños practiquen la toma de decisiones que agradan a Jesucristo.

Divida a todos en parejas para que trabajen de dos en dos. Diga a los niños que les va a decir una situación en la que necesitan decidir qué hacer. Deben hablar entre ellos durante dos minutos y llegar a una decisión. Después, pida a dos o tres parejas que compartan lo que decidieron.

1. **Una persona muy popular, a quien siempre has admirado, te da un regalo que obviamente es robado. Si recibes el regalo, esta persona va a ser tu amigo. Si no lo reciben, la persona te puede hacer la vida imposible. ¿Qué harías y por qué?**

2. **Tienes amigos a quienes les gusta el chisme. Es divertido escuchar los chismes. A veces son solo palabras inofensivas. Pero, últimamente, muchas de las historias que cuentan tus amigos son perjudiciales y, probablemente, no son ciertas. Tú decides que debes decirles que está mal lo que están haciendo. Decide**

juntamente con tu compañero lo que dirías. Recuerda que no quieres herir a tus amigos, por lo que debes explicar tu decisión en una forma que les ayude.

3. **Tienes amigos que no pasan suficiente tiempo estudiando. Pero es divertido estar con ellos. Tú sabes que deberías pasar más tiempo estudiando, ya que podrías obtener mejores calificaciones; pero echarías de menos el tiempo de juego. ¿Qué decides hacer? ¿Cómo podría tu decisión cambiar tu vida en los próximos exámenes y en diez años?**

4. **Un amigo te dice que todos hacen trampa en los exámenes. ¡Absolutamente todo el mundo! Ellos te dicen que estás loco si no haces lo mismo. Una amiga te dice que no todos hacen trampa en los exámenes. Ella sugiere que contestes las preguntas en los exámenes sin hacer trampa, aunque saques una calificación más baja. ¿Qué harías y por qué?**

5. **Hay un niño del que todos se burlan, y lo tratan mal. Tú sabes que eso está mal, y decides portarse como lo haría Jesús, aunque los otros muchachos comiencen a burlarse de ti. ¿Qué cosas podrías hacer para ayudar a este niño? ¿Cómo podrías evitar que te acosen y se burlen de ti?**

Pida a las parejas que oren juntos. Diga que podrían orar más o menos así: "Amado Señor Jesús, te damos gracias por los buenos amigos, que nos ayudan a vivir de una manera que te hace feliz."

Antes de concluir la clase, pida a los niños que piensen en una persona que ellos respetan y en quien tienen confianza como para pedirle un buen consejo. Sugiérales que esta semana agradezcan a esa persona por sus buenos consejos. A menudo nos olvidamos de agradecer a las personas que nos han ayudado a tomar buenas decisiones.

Traicionado y abandonado

Unidad 1 • Semana 2 • Día 1

Enfoque en la Palabra de Dios

Tema: Jesús comprende todo lo que nos sucede en la vida.

Hoy los niños aprenderán que cuando son traicionados, pueden responder como lo hizo Jesús.

Hoy los niños decidirán llevar a Jesús en oración sus sentimientos de haber sido traicionados.

MATERIALES NECESARIOS

Noneco

DESARROLLO DE LA LECCIÓN

1. Historia bíblica

Mateo 26:47-56; Marcos 14:43-50; Lucas 22:47-53; Juan 18:1-12. Para prepararse, es importante que lea la historia completa del arresto, sentencia y muerte de Jesús: Marcos 14:32--15:41.

Objetivo: que los niños aprendan cómo Jesús respondió a la traición y el abandono.

Cuente o lea la historia a los niños. Se trata de una historia larga y muy importante. Repase las sugerencias para la buena narración, al principio de esta Guía.

Cuando Jesús enseñaba a la gente acerca de Dios, grandes multitudes se reunían para oírlo. Aunque a muchas personas les encantaba escuchar lo que Jesús enseñaba, Él tenía enemigos a quienes no les gustaba en lo absoluto. Estos enemigos eran los líderes religiosos de la época de Jesús. Ellos estaban celosos de Jesús, porque Él era muy popular. Ellos pensaban: "Todo el mundo está escuchando lo que Jesús enseña, y no prestan atención a lo que nosotros enseñamos." Así que decidieron deshacerse de Jesús. Varias veces trataron de matarlo; pero aún era tiempo de Dios para que Jesús muriera. Así que Jesús escapaba entre la multitud y no fue lastimado.

A veces Jesús criticaba a los líderes religiosos, ya que, a pesar de que decían que amaban a Dios, no actuaban como si lo hicieran. Las críticas de Jesús los hicieron enojar aun más. Ellos se preguntaban: "¿Cómo podemos librarnos de este hombre? No podemos ir a capturarlo en pleno día cuando todo el mundo está cerca de Él. La gente no nos dejaría hacer eso." De alguna manera tenían que averiguar dónde Jesús iba a estar de noche. Si los seguidores de Jesús no estaban cerca, podrían atraparlo.

Ellos pensaban: "Vamos a tener que encontrar a alguien que lo conoce bien para que nos diga dónde va a estar Jesús en la noche."

Había alguien que podía hacerlo, uno de los propios discípulos de Jesús, un hombre llamado Judas. Judas fue a los líderes religiosos y les dijo: "Si me dan dinero, les diré dónde va a estar Jesús esta noche."

Ellos estaban muy contentos y le dieron mucho dinero por esta información. Judas descubrió que esa noche Jesús iba a estar orando en el huerto de Getsemaní, en las afueras de Jerusalén. Así que fue en secreto a hablar con los líderes religiosos. "Jesús estará en Getsemaní esta noche –les dijo--. Si desean, lo pueden atrapar allí."

Los líderes religiosos contrataron a algunos hombres perversos y les dijeron: "Vayan a arrestar a este hombre, a Jesús, y tráiganlo aquí." Judas los guió al lugar donde estaba Jesús. Este hombre que había vivido con Jesús durante tres años le estaba dando la espalda a Jesús, ¡y lo iba a entregar a sus enemigos!

Cuando los hombres llegaron al huerto, con sus palos y lanzas, Jesús estaba arrodillado en oración. Él sabía lo que le iba a pasar. Su Padre Dios ya le había mostrado que Él tendría que morir para que todos los que habían pecado no tuvieran que morir. Jesús estuvo dispuesto a morir para que todo el mundo, como nosotros, que hemos pecamos, no tuviera que ser castigado. El castigo hubiera sido estar separado de Dios por siempre.

Jesús estuvo dispuesto a hacer lo que su Padre Dios quería que Él hiciera. Cuando los hombres lo apresaron para llevarlo a los líderes religiosos, Jesús no se defendió. En cambio, dejó que lo llevaran.

Cuando los hombres llegaron con Jesús, los líderes religiosos sabían que no podían matar a Jesús, porque las leyes romanas decían que a los judíos no se les permitía ejecutar a alguien. Solo los romanos podían hacerlo. Los judíos tendrían que llevar a Jesús a Poncio Pilato, el gobernador romano, y acusarlo de algo malo. Así que llevaron a Jesús a Pilato. Pero como no podían encontrar nada malo que Jesús hubiera hecho, pagaron a algunos hombres para que mintieran acerca de Él.

Cuando Pilato escuchó a esos hombres despiadados, miró a Jesús y vio que Él no trataba de defenderse. Pilato comprendió que Jesús no había no hecho nada malo. "No puedo ver que este hombre haya hecho nada malo --dijo Pilato--. Jesús no merece morir." Pero cuando vio que esto hizo enojar a los líderes religiosos, dio permiso para que Jesús fuera azotado. Seguramente pensó: *Si permito que Jesús sea azotado mantendré feliz a esta gente.*

Entonces Jesús fue llevado para que los soldados lo azotaran. Lo abofetearon, lo golpearon en la cabeza, le escupieron, y le dijeron cosas odiosas.

Aunque Jesús había sido azotado, eso no fue suficiente para los líderes religiosos. Ellos odiaban tanto a Jesús que estaban decididos a que lo mataran.

Pilato no sabía qué hacer. Él pensó: *Este hombre no ha hecho nada malo.*

Entonces tuvo una idea. Era la época del año en que los judíos celebraban la Pascua, que era un día de fiesta nacional. Como un favor especial cada Pascua, Pilato, el gobernador, ponía en libertad a un preso. Ese año decidió dar a la gente la oportunidad de escoger a qué preso poner en libertad. Reunió a la gente y sacó a dos prisioneros. En un lado estaba Jesús y al otro lado, Barrabás.

Barrabás era un asesino, así que Pilato pensó: *Barrabás es tan malo que nadie va a querer que salga libre. La gente seguramente querrá que yo suelte a Jesús.* Al menos, eso era lo que Pilato esperaba.

Pero cuando los líderes religiosos oyeron lo que Pilato estaba planeando, buscaron a hombres malvados para que convencieran a la multitud. Ellos exigieron que Pilato dejara libre a Barrabás y que matara a Jesús. La multitud gritó: "¡Suelta a Barrabas! ¡Mata a Jesús! ¡Mata a Jesús!" Pilato se sorprendió. No esperaba esa reacción.

Ellos seguían gritando: "¡Mata a Jesús! ¡Crucifícalo! ¡Crucifícalo!" Pilato temía que esto causara un motín, así que a pesar de que no quería hacerlo, por fin dio permiso a los líderes religiosos para que Jesús fuera crucificado.

Pero en vista de todo el pueblo, se lavó las manos. Pilato dijo: "Me lavo las manos; no soy responsable de la muerte de este hombre. No creo que Él merezca morir."

Todos dijeron: "Sí, sí, nosotros aceptamos la culpa por su muerte." Entonces Pilato sentenció a Jesús a muerte.

Jesús fue llevado afuera de Jerusalén, a una pequeña colina llamada Monte Calvario. En la parte alta de ese monte, los soldados clavaron a Jesús en una cruz. Clavaron allí sus manos y sus pies. Estaría colgado allí hasta que muriera.

Esta es la historia de hoy. Pero no es el fin de la historia. Hay más que contar sobre la historia de Jesús.

2. Por qué esta historia es importante para mí

Objetivo: que los niños acepten que Jesús comprende cuando ellos se sienten traicionados o abandonados, porque Él sintió lo mismo.

Anime a los niños a hablar de la historia.

- **¿Qué parte de la historia creen que le causó más dolor a Jesús?**
- **¿Qué sentimientos creen Jesús tuvo cuando fue traicionado?**
- **¿Qué habrían sentido ustedes hacia los líderes religiosos? ¿Hacia Judas?**
- **¿Alguna vez se han sentido traicionados? ¿Cómo les hizo sentir? ¿Cuál fue su reacción?**
- **¿Cómo saben que Jesús comprende lo que significa ser traicionado o abandonado?**
- **Esta es una historia verdadera, pero no les he contado el final. ¿Alguien puede decir cuál fue el gran final?**

3. Lo que Dios quiere que yo haga

Objetivo: que los niños pidan a Jesús que les ayude a lidiar con los horribles sentimientos que causa la traición.

Algunos de ustedes pueden sentirse heridos porque fueron traicionados o abandonados. Esto es normal. Pero si dejan que este sentimiento tome el control de su vida, terminará por destruir su salud emocional. Entonces, ¿cómo se supera el dolor? Pueden comenzar pidiéndole a Jesús que les ayude. Ya saben que Él les comprende. Él tuvo los mismos sentimientos. Éstos son algunos pasos que pueden seguir:

Paso 1: Habla con Jesús con tus propias palabras. Dile que has sido traicionado o abandonado por alguien que conoces (padre, madre, hermano, hermana, tío, tía, amigo o maestro).

Paso 2: Dile a Jesús que el recuerdo de la traición te molesta cada vez que piensas en ello.

Paso 3: Pídele a Jesús que te quite los horribles sentimientos que tienes cada vez que piensa en haber sido traicionado, o que te ayude a sentirlos menos cada vez. O bien, pídele que te ayude a soportar lo que estás pasando y que lo use para su gloria.

Paso 4: Agradece a Jesús porque está contigo y te puede ayudar a pensar menos en la traición o el abandono. Cada vez que te vengan esos pensamientos desagradables, repite: "Yo sé que Jesús me ama y que nunca me abandonará." Sigue diciendo esto hasta que se vayan esos pensamientos.

Finalice la clase con un ejercicio. Los niños deben brincar tan alto como les sea posible por lo menos cinco veces. Cada vez que salten deben gritar: "¡Jesús me ama!"

Integridad 2

Unidad 1 • Semana 2 • Día 2

Enfoque en rasgos de personalidad

Tema: se puede confiar en una persona que tiene integridad.

Hoy los niños aprenderán más acerca de la integridad como rasgos de personalidad.

Hoy los niños decidirán cómo van a mostrar integridad en su vida esta semana.

MATERIALES NECESARIOS

- ❑ Periódicos y páginas revistas noticiosas
- ❑ Lápices de color o lápices
- ❑ Cuerda o soga lo suficientemente larga como para jugar tira y afloja

DESARROLLO DE LA LECCIÓN

1. Rasgo de personalidad: *la integridad*

Objetivo: que los niños repasen cómo Zaqueo mostró integridad y que aumenten su comprensión de la integridad por mediante la historia de un perro.

- **¿Quién recuerda de la historia de un hombre pequeñito, llamado Zaqueo?**

  Escoja a uno de los niños para que pase al frente a contar la historia. Cuando el niño haya terminado, pida a otros niños que completen la historia con otros detalles.

- Al comienzo de la historia, ¿qué puede hacernos pensar que Zaqueo no tuvo mucha integridad?
- Al final de la historia, ¿cómo sabemos que él tuvo integridad?
- ¿Qué hizo el cambio en Zaqueo?

Recuerden que una persona que tiene integridad muestre que es de confianza al hacer lo recto y justo y al decir la verdad.

A veces es más fácil comprender conceptos difíciles como la integridad y la confianza cuando se oye una historia acerca de estos términos. Les voy a contar una historia acerca de una raza de perros que se caracterizan porque se puede confiar en ellos. Al final, voy a preguntarles lo que aprendieron de esta historia acerca de la confianza.

HISTORIA DE LOS PERROS ALEMANES

Un día, en los años 1890, un joven soldado vio a un pastor que apacentaba a su rebaño en un prado verde. Los perros del pastor manejaban bien a las ovejas más pequeñas, pero era muy difícil para ellos controlar las ovejas más grandes. A este joven soldado le encantaban los perros. Él decidió criar un perro de trabajo que pudiera manejar a las ovejas más grandes, y también a las más pequeñas. El perro también debía ser de confianza para que no dañara a ninguna de las ovejas.

Con paciencia, usando su conocimiento de la ciencia y la genética, este soldado con el tiempo desarrolló el pastor alemán. Este perro es inteligente, rápido, protector de las ovejas, dedicado a su amo, y muy confiable.

Durante la Primera Guerra Mundial, los pastores alemanes se hicieron populares en el campo de batalla porque las tropas descubrieron su valentía y confiabilidad. Dedicados y confiables, estos perros mostraron su asombroso sentido de responsabilidad personal. Ellos localizaban a los soldados heridos, llevaban mensajes, ayudaban a sentar las líneas telefónicas, eran guardianes, y servían como patrullas de exploración. Ahora también, los agentes de policía informan que los pastores alemanes son muy útiles en el deber de patrullar. Ellos hablan muy bien de estos perros porque son de fiar.

Como en la mayoría de los perros, las intenciones y las emociones de los pastores alemanes son fáciles de observar. Ellos no tratan de engañar a los demás. Muestran su alegría, su enojo, o su tranquilidad con los ojos, las orejas y la cola. Me imagino que ustedes saben cómo darse cuenta si un perro está contento o enojado.

Los pastores alemanes son perros de confianza para una familia, y también son amigables. Estos perros son tan amables con los niños en la familia, como con las ovejas en el campo. Los pastores alemanes son también los perros guardianes feroces y de confianza, especialmente cuando protegen a los niños de extraños hostiles. Por lo general se los escoge como perros guardianes y como perros guía para ciegos, ya que se puede confiar en que llevarán a cabo estas tareas importantes.

- **¿Cómo los pastores alemanes muestren que son confiables?**
- **¿Qué has aprendido de esta historia acerca de la confiabilidad?**
- **¿Qué diferencia habría en nuestro mundo si todos los adultos fueran tan confiables como el pastor alemán?**
- **¿Qué significa confiar en alguien?**
- **Da ejemplos de personas en las que confías todos los días. Por ejemplo, confías en que tus profesores te darán la información correcta. Confías esta noche tendrás que comer a la hora de la cena.**
- **¿Cuáles son algunas maneras en que otros confían en ti? Por ejemplo, los profesores confían que no estés haciendo trampa. Tus amigos aquí confían que no les vas a robar sus cosas. ¿Qué más?**

2. Ejemplo del rasgo de personalidad: *la integridad*

Objetivo: que los niños ilustren cómo el mundo sería diferente si todos tuvieran integridad, si todos fueran dignos de confianza.

Rápidamente extiende los periódicos por todo el piso. Dé a cada niño un lápiz de color o un lápiz. Deles cinco minutos para que lean los titulares y la primera línea de las historias. Deben tachar cualquier historia que muestre que la gente no tuvo integridad. También tacharán todas las historias en que la gente mintió, dañó a alguien más, o hizo cosas malas a los que deberían haber protegido. (Si sus alumnos no tienen facilidad para la lectura, pídales que tachen las fotografías que muestren a personas que no tienen integridad. Si vas a usar fotografías para la actividad, necesitará buscar revistas que tengan artículos con fotografías.)

Pregunte:

- **¿Por qué creen que tantos artículos están tachados?**
- **¡Ustedes son la siguiente generación! Algún día tal vez alguno de ustedes será reportero y tal vez escriba para un periódico. ¿Creen que su generación, cuando sea mayor, va a desempeñarse mejor que los adultos de hoy? Para que así sea, ¿qué será necesario?**

Pida a los niños que se pongan de pie para orar. Lea la siguiente oración. Diga que en la parte final de la oración va a pedirles que digan los nombres de pueblos, ciudades, e incluso países en donde la gente necesita seguir a Cristo y llevar una vida más digna de confianza.

Amado Señor Jesús, mucha gente en nuestro mundo no lleva una vida de integridad. Si lo hicieran, nuestro mundo sería muy diferente. Oramos hoy para que la gente de nuestro país y de todo el mundo haga lo debido y diga la verdad. Oramos por la gente de estos pueblos, estas, ciudades, y estos países. . . (Aquí es donde los niños deben nombrar lugares. Cuando hayan terminado, finalice la oración, diciendo: **"En el nombre de Jesús, amén."**)

3. Cómo vivir con *integridad* esta semana

Objetivo: que los niños jueguen tira y afloja con la cuerda como una demostración de confianza.

Los amigos son muy importantes. Los buenos amigos nos animan a hacer lo recto y justo, y a decir la verdad. Los malos amigos a menudo nos animan a hacer cosas que no agradan a Dios, como la mentira, el engaño, el chisme, y a perjudicar nuestro cuerpo con drogas y alcohol. Es como si el bien y el mal estuvieran luchando por apoderarse de nuestra vida. El bien y el mal están en un juego de tira y afloja para ver cuál de ellos puede influir más en nosotros. Si tenemos integridad vamos a escuchar a los buenos amigos y nos vamos a alejar de personas que tratan de influir en nosotros para hacer cosas malas.

Vamos a ilustrar esto jugando tira y afloja. Uno de los lados representará la confiabilidad, lo que es bueno, y el otro lado representará la falta de confiabilidad, lo que es malo. Un lado tiene integridad y el otro, no. ¿Qué lado va a ganar esta pequeña demostración?

Para jugar a tira y afloja, ponga a los niños según tamaño en ambos lados de la cuerda para que haya igualdad. En el centro del piso o del suelo donde están jugando, dibuje una raya. Cuando usted grite: "¡Ya!" ambas partes van a tratar de halar al otro equipo hacia su lado de la raya. Por supuesto, el lado que hale al otro equipo sobre la raya, gana.

Jueguen varias veces, dependiendo de cuántos niños haya. Después de que cada grupo haya jugado, sin importar cuál de los equipos gane, todos deben gritar:

"Escucha a los buenos amigos. No hagas caso a las malas amistades."

Jesús comprende: nuevas amistades

Unidad 1 • Semana 2 • Día 3

Enfoque en aptitudes para la vida

Tema: Jesús comprende todo lo que nos sucede en la vida.

Hoy los niños aprenderán a apreciar las diferentes relaciones sociales que tienen y cómo identificar a un adulto de confianza.

Hoy los niños decidirán que las buenas relaciones, las superficiales, e incluso las dolorosas sean oportunidades de crecimiento.

MATERIALES NECESARIOS

- ❑ Rotafolio, pliego de papel, o pizarra
- ❑ Marcadores
- ❑ Una fotocopia del diagrama para cada niño (Si no tiene una fotocopiadora, muestre el diagrama a los niños y dígales que rápidamente lo dibujen en una hoja de papel.)
- ❑ Lápices
- ❑ Hoja de papel para cada niño (cuanto más grande, mejor)

DESARROLLO DE LA LECCIÓN

1. Enfoque en la aptitud de hoy

Objetivo: que los niños visualicen a las personas que son parte de su vida.

Antes de la clase, saque fotocopias del diagrama en esta lección para cada niño. (Si no tiene una fotocopiadora, muestre esta página a los niños, y diga que rápidamente dibujen el diagrama en una hoja de papel.) Provéales de lápices. Diga que hoy estarán pensando en diferentes relaciones personales. Algunas serán cercanas y amorosas; otros serán superficiales. Y aun otras pueden ser perjudiciales.

Los niños deben poner su nombre en el centro del diagrama o del dibujo. Después deben escribir nombres en los cuadros alrededor de su nombre. Estos nombres representan a personas que desempañan algún papel en la vida de cada uno. Algunos nombres serán de personas con las que tienen una relación cercana y amorosa. Otros serán nombres de personas con quienes tienen relaciones superficiales. Una relación superficial es con alguien que no conocen muy bien. Por ejemplo, la mujer que atiende la panadería. Ellos pueden conocer el rostro de esta mujer, pero no su nombre o cualquier otra cosa acerca de ella. Algunos nombres pueden ser de personas con quienes tienen relaciones dolorosas. (Si los niños no quieren poner en los cuadros nombres de personas que los han herido, sugiéreles que escojan un símbolo, como una flecha que apunta hacia abajo, para representar a estas personas.)

Los nombres pueden incluir al padre, a la madre, al hermano, a la hermana, al vecino, a un pariente, a los tíos, al un profesor, a un amigo, etc.

Pida a los niños que dibujen líneas entre su nombre en el centro, y los cuadros que rodean su nombre. Deben dibujar tres líneas desde su nombre en el centro a los nombres de sus mejores relaciones. Deben trazar dos líneas para las relaciones superficiales. Una línea representa una relación dolorosa. No todo el mundo tendrá las tres clases de líneas. Algunos tendrán dos líneas en todas las relaciones de. Algunos tendrán más relaciones de una línea que de tres líneas.

Mire todos los dibujos, y preste especial atención a los niños que tengan una gran cantidad de relaciones de una sola línea. Ellos le están diciendo que consideran que muchas de sus relaciones son dolorosas.

Divida a los alumnos en grupos de tres. Diga que usted va a guiar la conversación, y que en sus grupos de tres, deben hablar de sus diagramas.

- **Cuenten a los demás acerca de las relaciones de 3 líneas en sus diagramas.**
- **Cuenten a los demás acerca de las relaciones de 2 líneas en sus diagramas.**
- **En tu vida personal, ¿es Jesús una relación de 3 líneas o de 2 líneas?**
- **Las relaciones de la una línea, ¿cómo afectan lo que piensas de ti mismo?**
- **¿Crees que es posible tener una vida sin ningún tipo de relaciones de una línea? Explica tu respuesta.**
- **¿Qué te enseñan las relaciones de 3 líneas? ¿Qué te enseñan las relaciones de una línea?**

2. Aprendamos acerca de esta aptitud

Objetivo: que los niños reflexionaran acerca de la experiencia de las relaciones familiares.

Mantenga a los niños en grupos de tres. Dígales que se enumeren del 1 al 3. Usted leerá los siguientes mini-dramas. Cada uno enseñará a los niños cómo llevarse bien con la gente en el círculo de relaciones. Deben hablar de la forma en que creen las personas en el drama se expresarían. Si hay tiempo, después de cada escena, escoja un grupo de tres para que pase al frente y actúe frente a todos.

Mini-drama

Persona 1: el tío o la tía.
Persona 2: un niño que vive con un pariente.
Persona 3: un niño que vive con un pariente.

Las Personas 2 y 3 no se llevan bien. Tienen una relación de una línea. El drama comienza con una discusión entra la Persona 2 y la Persona 3. La Persona 1 viene y trata de conseguir que vean cuánto más divertido sería si ambos tuvieran una relación de 2 líneas. Es importante que hablen de la manera que la gente lo haría en la vida real.

Mini-drama

Persona 1: un niño que vive con un pariente que es comerciante. Tu trabajo es ayudar en el negocio para reunir dinero para la escuela, que tus padres no pueden pagar. No eres feliz viviendo con tu pariente, aunque sabes que tu familia necesita el dinero.
Persona 2: el padre o la madre que está de visita.
Persona 3: una tía o un tío que está de visita.

La Persona 1 quiere que su padre o su madre que lo está visitando lo lleven a casa; pero la Persona 2 le explica por qué esto no es posible. La Persona 1 y la Persona 2 se enojan mutuamente. La Persona 3 se une a la conversación y trata de ayudar a las otras dos personas a que presten atención a lo que el uno y el otro dice.

Mini-drama

Persona 1: un niño en la escuela.
Persona 2: un amigo de la Persona 1 y la Persona 3.
Persona 3: un niño que estudia en la escuela con la Persona 1 y la Persona 2.

La Persona 1 ha tomó un cuaderno de ejercicios de la Persona 3 y lo tiró a la basura. La Persona 3 está muy enojada y triste. El cuaderno tenía muchas anotaciones y ahora se han perdido. La Persona 2 entra en la conversación y trata de hacer ver a la Persona 1 el daño que ha causado. La Persona 2 también trata de ayudar a la Persona 3 a sobreponerse a su tristeza y sentido de pérdida.

3. Aplicación de lo aprendido

Objetivo: que los niños valoraren a sus amigos, a sus conocidos, e incluso las relaciones de una línea, por lo que Dios les puede enseñar a través de cada uno.

Reorganice la forma en que están sentados. Pida a los niños que se sienten con su mejor amigo, o con sus hermanos, para que hablen y oren acerca de lo siguiente:

- **¿Qué dice la Biblia acerca de cómo debemos tratar a los demás? (Mateo 22:37-39)**
- **¿Qué podemos aprender de los mini-dramas acerca de cómo nos llevamos con los demás?**
- **¿Cuáles son nuestras responsabilidades con las personas que son amigos de 2 y de 3 líneas?**

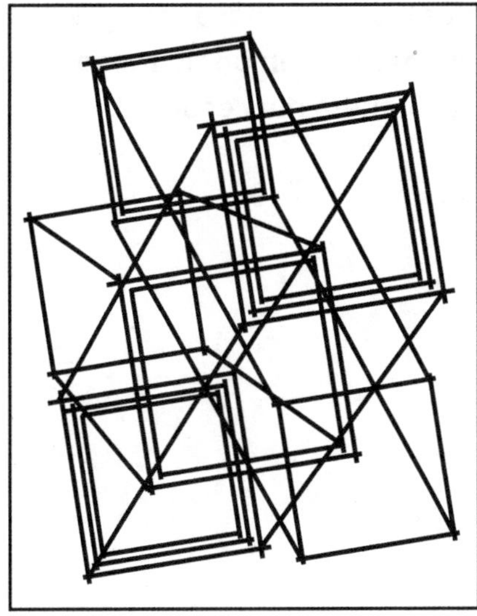

Dé a cada niño un pedazo de papel. Dígales que hagan un diseño en el papel formado por líneas rectas, de una línea y de conjuntos de dos o tres líneas. Las líneas pueden entrecruzarse. Entre las líneas pueden hacer dibujos. El objetivo es que sea un diseño bonito.

Mientras los niños dibujen, diga:

En la vida siempre vamos a tener amigos, conocidos, e incluso algunas personas con quienes tenemos relaciones dolorosas. Jesús quiere que aprendamos a llevarnos bien con los tres grupos.

Con los amigos es fácil; ellos nos quieren. Son parte de nuestra vida y nos hacen felices. A menudo, oran por nosotros y nos dan consejos sobre cómo vivir y cómo seguir a Cristo.

Los conocidos son importantes. Tal vez solo tengamos uno o dos muy buenos amigos en nuestras vidas, pero podemos tener veinte o más conocidos a quienes queremos. Estas personas a menudo nos enseñan lecciones valiosas sobre cómo servir a Cristo y cómo tener éxito en lo que intentamos hacer. Podemos observar sus vidas y aprender valiosas lecciones acerca de cómo queremos vivir.

Las personas que nos hieren también nos pueden ayudar; nos dan la oportunidad de servir a Cristo aun cuando no sea fácil. Estas personas nos dan la práctica de aprender a hablar con la gente de manera tranquila, lo cual suele calmar a alguien que está enojado. Aun nos enseñan a examinar nuestra conducta y también lo que decimos, para que no seamos personas que están enojadas todo el tiempo.

Finalice la clase con oración. Pida a los niños que levanten 1, 2 ó 3 dedos cuando usted ore algo más o menos así:

Amado Señor Jesús:

¡Un dedo! Ayuda a cada niño a vivir sin ira, aun cuando las personas que los rodean son poco amigables e inconsideradas.

¡Dos dedos! Que cada niño pueda tener muchos conocidos que te amen. ¡Qué gran oportunidad de ver cómo las personas que no conocemos muy bien te sirven y te aman!

¡Tres dedos! te damos gracias, Padre celestial, por todos los maravillosos amigos que tenemos. te pedimos que todos los niños aquí siempre tengan por lo menos una persona especial que se preocupa por ellos de una manera muy especial.

¡Te amamos! Eres nuestro Amigo especial por siempre.

En el nombre de Jesús, amén.

La maravillosa Creación de Dios

Unidad 1 • Semana 3 • Día 1

Enfoque en la Palabra de Dios

Tema: Dios creó un mundo hermoso y útil.

Hoy los niños aprenderán la verdadera historia de la creación.

Hoy los niños decidirán alabar a Dios porque Él los ama muchísimo.

MATERIALES NECESARIOS

- ❑ Papel de dibujo y lápices de color para cada niño
- ❑ Isaías 40:28 escrito en la pizarra o una hoja grande de papel
- ❑ Una tarjeta para cada niño en que usted haya escrito: "Tú eres muy valioso para Dios."
- ❑ Papel de dibujo y crayones para cada niño
- ❑ Acuarela, tinta o pintura para hacer huellas digitales

Una nota para usted, el maestro:

Todas las religiones tiene una explicación de cómo fue hecho el mundo, pero solo la Palabra de Dios cuenta la verdadera historia. Durante las próximas semanas, los niños oirán la historia de la Creación.

Lo primero que Dios nos dijo acerca de sí mismo en la Biblia es que Él es el Creador. ¿Por qué será esto lo primero que Dios quería que supiéramos acerca de Él?

Una respuesta podría ser porque quiere que desde el principio sintamos gran admiración por la grandeza de Dios. Aprendemos mucho acerca de Dios a través de la Creación.

Vemos su autoridad, su poder, su sabiduría, su creatividad, y su amor. Al ver que Él tiene un plan para su mundo podemos aprender a confiar en Él.

El libro de Génesis no nos da una explicación científica muy detallada acerca de cómo Dios creó la tierra. Pero la Biblia no nos deja en duda sobre quién es el Creador; es nuestro único y verdadero Dios.

La Biblia no dice que su trabajo creativo fue realizado con propósito y en manera ordenada. Al principio, el universo estaba completamente a oscuras. La luz en el primer día fue de una fuente que solo Dios conoce. Podemos preguntarnos cómo Dios creó la luz sin ninguna de las fuentes de luz que ahora conocemos, pero eso fue lo que hizo. Dios no necesitaba la luz para Él mismo, pero era necesaria para que se hicieran visibles las cosas que iba a crear. La palabra luz que se usa en este pasaje es la misma palabra que Pablo usó para hablar de la luz que entra en nuestro corazón cuando Dios nos quita el pecado.

En el cuarto día, Dios hizo el sol, la luna, y las estrellas para que fueran portadoras de luz. Él les dio movimientos ordenados para que gobernaran los días y las noches, las estaciones, y los años. Dios estableció un ciclo de luz y oscuridad que era perfecto para todos los seres vivientes que Él creó más adelante.

DESARROLLO DE LA LECCIÓN

1. Historia bíblica: Génesis 1:1-31

Objetivo: que los niños se asombren de un Dios tan grande que creó todo el mundo.

Haga sentar a los niños en un círculo grande. Diga que hoy estudiaremos cómo Dios creó el mundo. El círculo simboliza el mundo maravilloso de Dios, la tierra.

Dé a cada niño una hoja de papel y lápices de color. Pida que escojan algo de la Creación que quisieran dibujar; puede ser el sol, las estrellas, el mar, conejos, gente, oscuridad y luz, lo que sea. Deben dibujar mientras les lee esta historia bíblica.

HISTORIA BÍBLICA: LA CREACIÓN

DÍA 1

La Biblia nos dice que hace mucho tiempo el mundo no existía. No había animales; no había plantas; no había mar; no había montañas; no había cielo; no había gente.

No había nada en lo absoluto, excepto Dios. Pero Dios tenía un plan. Su plan era hacer un gran mundo. Y creó ese mundo paso a paso.

Primero, dijo Dios: "¡Hágase la luz!" Y de inmediato se hizo la luz. Después Dios puso la oscuridad y la luz en diferentes lugares. Llamó a la luz "día" y a la oscuridad llamó "noche". Pasó la tarde y llegó la mañana; ése fue el primer día.

DÍA 2
A continuación Dios vio que el agua lo cubría todo. Dijo Dios: "¡Que haya cielo! Que haya un espacio entre las aguas, para separar las aguas de los cielos y de las aguas de la tierra." Así que el agua se juntó y se hizo nubes. Otra agua se juntó por toda la tierra.

Pasó la tarde y llegó la mañana; ése fue el segundo día.

DÍA 3
Entonces dijo Dios: "¡Hágase tierra seca!" El agua en la tierra se movió para que se pudiera ver la tierra seca. A lo seco Dios llamó "tierra" y al agua llamó "mar".

Luego dijo Dios: "¡Que haya plantas!" Entonces todo tipo de plantas comenzaron a crecer en la tierra. Hubo árboles y arbustos, verduras, flores, y pasto.

Pasó la tarde y llegó la mañana; ése fue el tercer día.

DÍA 4
Entonces dijo Dios: "¡Que aparezcan luces en el cielo!" Dios puso el sol en el cielo durante el día; puso la luna en el cielo durante la noche; también hizo las estrellas. Dios se aseguró de que siempre llegaran el día y la noche. Dios usó el sol, la luna, y las estrellas para hacer los tiempos de lluvia y los de sol. En algunos países, el sol, la luna y las estrellas hacen que haya verano, otoño, invierno, y primavera.

Pasó la tarde y llegó la mañana; ése fue el cuarto día.

DÍA 5
Entonces dijo Dios: "¡Que haya peces y pájaros!" Las aguas de los mares y los ríos se colmaron de peces, y los cielos se llenaron de aves de toda clase. Dios ordenó a los peces y a las aves que siguieran teniendo más peces y más aves. Dios quería que haya peces y aves en todo el mundo.

Pasó la tarde y llegó la mañana; ése fue el quinto día.

DÍA 6

Entonces dijo Dios: "¡Que la tierra produzca animales!" Dios hizo tigres, monos y serpientes; hizo vacas, cerdos y ovejas; hizo perros, gatos y elefantes. Dios hizo todos los animales.

Por fin, el mundo estaba listo para la cosa más especial que Dios había planeado. Dios creó a un hombre y una mujer. Él les dijo que cuidaran el mundo. Los puso a cargo de los peces, de las aves, y de los animales. Dios les dio cosas para comer.

Dios estaba contento. Él miró todo lo que había hecho, y vio que era muy bueno. Pasó la tarde y llegó la mañana; ése fue el sexto día.

¿Qué hizo Dios en el séptimo día? La Biblia dice que descansó.

Dé tiempo para que los niños terminen sus dibujos. A continuación, llámelos hacia el centro del círculo conforme al orden de lo que dibujaron. Deben mostrar sus dibujos y, en caso que sea necesario, que los expliquen.

Día 1: los niños que dibujaron la noche y el día.
Día 2: los niños que dibujaron el agua y el cielo.
Día 3: los niños que dibujaron la tierra y las plantas.
Día 4: los niños que dibujaron el sol, la luna, y las estrellas.
Día 5: los niños que dibujaron peces y aves.
Día 6: los niños que dibujaron los animales y personas.

Enseñe a los niños Isaías 40:28. Escriba el versículo en la pizarra o en una hoja grande de papel. Pida que lean el versículo en alta voz dos veces. Pida a diferentes niños que lean una sola frase del versículo en voz tan fuerte que todos lo oigan. Luego todos deben escribir el versículo al pie de sus dibujos, o si no hay espacio, que lo escriban al dorso de sus dibujos.

¿Acaso no lo sabes? ¿Acaso no te has enterado?
El Señor es el Dios eterno, creador de los confines de la tierra.
Isaías 40:28

Las siguientes preguntas lo ayudarán a comprobar que los niños hayan entendido la historia.

- **De acuerdo con el versículo bíblico y la historia bíblica, ¿quién es el Creador y qué es lo que ha creado?**

- **¿Por qué creen que Dios separó el agua de la tierra seca antes de poner las plantas, los animales, y las personas en la tierra?**
- **¿Por qué creen que Dios creó a las personas al último?**
- **¿Qué trabajo especial dio Dios a las personas?**
  Esta es una pregunta muy importante porque, dentro de poco, usted y los niños harán un proyecto que ayuda a cuidar de la Creación de Dios. Para prepararse, lea los segmentos "Enfoque en la Palabra de Dios" y "Enfoque en aptitudes para la vida" que corresponden a la próxima semana

Enumere a los niños y dé a cada uno un número del 1 al 6, que representan los días de la Creación. Diga que usted va a leer la historia de nuevo. Cuando diga un número, todos los que lo tienen deben ponerse en el centro del círculo y "actuar" lo que Dios creó ese día. Deben usar movimientos de cuerpo completo. Deles algunos ejemplos. Para representar lo que existía antes de la Creación, los niños pueden fingir que flotan en el aire, en el espacio vacío. Para la creación de la luz en el primer día, pueden enrollarse como un ovillo (que es "oscuro" adentro) y luego levantarse saltando como si "explotaran en luz". Para mostrar la creación del agua en el segundo día, pueden simular que nadan. Anímelos a ser ingeniosos para inventar movimientos significativos. Si tiene una clase grande, divídala en dos o tres grupos y haga esta actividad con cada grupo.

2. Por qué esta historia es importante para mí

Objetivo: que los niños comprendan que las huellas digitales muestran cuán especial cada uno de ellos es para Dios.

¿No es asombroso que Dios nos amara tanto que hizo un mundo para nosotros? A veces, cuando pensamos que no le importamos a nadie, debemos recordar que Dios hizo el sol, el agua, el cielo, las plantas, y los animales, y que nos hizo a nosotros también. Somos su creación más importante.

¿Piensas a veces que para Dios otros niños son más importantes que tú? ¡De ninguna manera! Él te hizo y te ama muchísimo. Eres muy valioso para Él.

Tal vez piensas que porque eres niño, no eres tan importante para Dios como los adultos. ¡No es así! Él te hizo y te ama muchísimo. Tú eres muy valioso para Él.

Tal vez piensas que porque alguien te hizo cosas malas, no eres tan importante para Dios como otros niños. ¡No es así! Él te hizo y te ama muchísimo. Tú eres muy valioso para Él, y a Dios le duele cuando te lastiman.

Antes de la clase, haga una pequeña tarjeta para cada niño. En la tarjeta, escriba: "Tú eres muy valioso para Dios." Explique a los niños que la huella digital es una forma de saber cuán importante cada persona es para Dios. Las huellas digitales de cada persona son diferentes. Cada huella representa a una persona diferente, a quien Dios ama sobremanera. Prepara una solución no muy espesa de tinta o pintura. (Una mezcla poco espesa de lodo o barro también vale. Practique antes de la clase, para que sepa de qué espesor necesita ser la mezcla.) Pida a los niños que pongan el dedo pulgar en la pintura y luego presione la huella digital en la tarjeta correspondiente.

3. Lo que Dios quiere que yo haga

Objetivo: que los niños agradezcan a Dios por haberlos creado y porque los ama muchísimo.

Finaliza la clase en oración. Diga que usted dirá algunas frases incompletas durante la oración. Los niños deben completar las oraciones en silencio en su mente. Haga una pausa de 20 segundos después de cada frase.

Amado Padre celestial:
Gracias por hacer a... (nombre)
Yo sé que me amas, porque ... (la razón)
Te amo porque .... (la razón)
En el nombre de Jesús,
Amén.

Ora algo como esto:

Gracias porque tú amas a todos los niños y adultos que están aquí. Tú nos hiciste, y quieres que te amemos. Sabemos que cuando nuestra vida es triste, tú estás triste. Gracias por estar con nosotros en los buenos tiempos y en los momentos cuando las cosas no marchan bien. En el nombre de Jesús, amén.

Integridad 3

Unidad 1 • Semana 3 • Día 2

Enfoque en rasgos de personalidad

Tema: los adultos cristianos nos ayudan a vivir en integridad.

Hoy los niños aprenderán acerca de la integridad como rasgo de personalidad.

Hoy los niños decidirán cómo han de mostrar integridad en su vida esta semana.

MATERIALES NECESARIOS

- ❑ 7 pequeños cuadrados de papel para cada niño
- ❑ Opción: un sobre para cada niño para que guarden los cuadrados

DESARROLLO DE LA LECCIÓN

1. Rasgo de personalidad: *la integridad*

Objetivo: que los niños entiendan la increíble importancia que tienen otras personas en su proceso personal de crecimiento para convertirse en adultos con integridad.

Comience la clase con una actividad de "enredo". Pida a todos que se tomen de las manos y no se suelten. Usted, el maestro, debe de pasar por debajo de los brazos de los niños y ellos deben seguirlo. ¡No se suelten de las manos! Sigan pasando de un lado a otro por debajo de los brazos de los demás. El propósito es ver cuán enredados pueden quedar. Cuando hayan llegado a un punto donde no sea posible moverse, escoja a un nuevo líder e intenten de nuevo la actividad. Cuando terminen, pida que todos se sienten.

Esta es la tercera vez que hablamos acerca de la integridad. Es una palabra difícil, ¿no es cierto? Para vivir con integridad, necesitamos la ayuda de amigos que nos aman, especialmente los cristianos que nos ayudarán a hacer lo recto y justo. La vida es muy difícil sin amigos.

Muestre a los niños la dibujo del árbol en esta Guía.

Les voy a ilustrar la importancia de los amigos con el ejemplo de un árbol gigante, llamado secuoya; el árbol más alto y ancho del mundo. Algunas secuoyas tienen más de cien metros de altura. Otros tienen troncos que son tan anchos que se puede conducir un auto a través del tronco, como si fuera un túnel. Los anillos de este árbol se amplían año tras año y fortalecen el tronco conforme crecen. La corteza de la secuoya forma cada año un anillo exterior de protección. La presencia de ácido tánico y la ausencia de la resina hacen que el árbol secuoya sea muy resistente a la destrucción, y no se quema fácilmente.

Me imagino que piensan que la secuoya debe tener raíces profundas. ¿De qué otra manera podría aguantar cien metros de altura? Pero no es así. Las secuoyas tienen raíces poco profundas. Pero esos árboles crecen fuertes hacia arriba porque se extienden a lo ancho, hasta como treinta metros, y enclavan o enredan sus raíces con las de sus vecinos secuoyas. Si no enredaran sus raíces, estos magníficos árboles se cayeran con la primera tormenta que pase.

Es como el juego que hicimos al iniciar la clase. Nos intercalamos, como imitando al árbol secuoya.

Las personas que quieren desarrollar un fuerte carácter cristiano pueden aprender varias lecciones de la secuoya. En primer lugar, como la secuoya, las personas que tienen buenos rasgos de personalidad no se dejan vencer cuando algo malo sucede.

En segundo lugar, como la secuoya, las cosas buenas o malas que les suceden en la vida son como los anillos en la secuoya que le dan fuerza. Algunos anillos podrían representar la responsabilidad por las cosas que hace la persona. Se dan cuenta de que son responsables de sus motivaciones, de sus actitudes, y de sus actos. Los buenos rasgos de personalidad les ayudan a resistir las influencias destructivas y las tentaciones que podrían hacerles daño y destruir su vida.

En tercer lugar, como la secuoya, nos fortalecemos cuando encontramos a otras personas que nos ayuden en el camino de la vida. Entrelazamos nuestras raíces alrededor de los que nos muestran que son dignos de confianza. Entrelazamos las

raíces con los que hacen lo recto y justo y hablan la verdad. Igual como al árbol secuoya, estas otras personas nos hacen más fuertes.

Hagan nuevamente el juego de enredos, pero diga que esta vez los niños deben pensar en edificar relaciones fuertes con otras personas que les ayuden a convertirse en adultos con integridad. Sugiera que hagan esta actividad lo más silenciosamente posible, sin hablar, y con tan poco ruido como sea posible, para que cada uno piense.

¿No es maravilloso que Dios use a otras personas para hacernos más fuertes, ¡personas más honradas y confiables!

2. Ejemplo del rasgo de personalidad: *la integridad*

Objetivo: que los niños descubren lo que una fábula de Esopo se les puede enseñar acerca de la integridad.

¿Qué pasa cuando una persona no tiene integridad, cuando miente y no usa buen juicio? Hace muchos años, un antiguo maestro llamado Esopo comenzó a escribir cuentos o fábulas para ayudar a los niños a entender la importancia de la integridad en la vida. La historia que les voy a contar ha sido adaptada de uno de estas excelentes fábulas populares para niños. Ésta no es una historia bíblica. Después de contarles la historia, hablaremos de ella, y después la vamos a dramatizar. Tengan en mente que ésta no es una historia bíblica. Es una fábula, una historia escrita para enseñar a los niños una lección importante.

EL NIÑO QUE GRITÓ "LOBO"

Hace mucho tiempo, un joven pastor cuidaba de sus ovejas en un prado verde cerca de un bosque oscuro al pie de una alta montaña. Estaba muy solo y quería que la gente saliera a la pradera para conversar con él mientras trabajaba.

Un día se le ocurrió una manera de hacer que sus amigos salieran a visitarlo. Corrió hacia el pueblo y gritó: "¡Lobo! ¡Lobo!" Los aldeanos dejaron sus trabajos para ir de inmediato a ayudar al pastorcito a ahuyentar al lobo para que no se comiera a las ovejas. Pero no había ningún lobo.

El niño pastor quedó muy complacido con la respuesta de los aldeanos. Varios días después, corrió a la aldea e intentó el mismo truco de nuevo. Una vez más, los aldeanos salieron para ayudarle a proteger a las ovejas. Una vez más, no había ningún lobo.

Poco después, un lobo hambriento salió del bosque y vio a las ovejas en el prado. El niño, muy atemorizado, se fue al pueblo, gritando "¡Lobo! ¡Lobo!" tan fuerte como pudo. Los aldeanos, en cuenta que el pastor les había mentido ya dos veces, naturalmente pensaban que les estaba mintiendo de nuevo. Nadie fue a ayudarlo, y el lobo hambriento llenó su barriga con carne de cordero.

- **¿Qué buenos rasgos de personalidad tenía el pastor?**
- **¿Qué buenos rasgos de personalidad tenían de los aldeanos?**
- **¿Qué les parece que aprendió el pastorcillo de esa experiencia?**
- **¿Qué piensan que Esopo quería que los niños aprendieran de esta historia?**

Ahora los niños repasarán la fábula en forma de drama. Ellos actuarán al mismo tiempo que usted lee la fábula. Necesitará un pastor, los aldeanos, ovejas, y un lobo. ¡Diviértanse!

3. Cómo vivir con *integridad* esta semana

Objetivo: los niños evaluarán durante una semana cómo es su integridad.

Hace muchos años hubo un hombre llamado Job, que vivía en la tierra de Uz. El Señor mismo dice lo siguiente acerca de Job.

No hay en la tierra nadie como él; es un hombre recto e intachable,
que me honra y vive apartado del mal.
Job 2:3

Si quisieran que Dios diga esto acerca de ustedes, ¡aplaudan! A mí me gustaría que Dios diga esto acerca de mí.

Diga a los niños que les va a dar a cada uno siete cuadraditos. Cada cuadrado representa un día de la semana.

Al final de cada día, pregunta si visite todo el día de una manera que agrada a Dios. Eso significa que no hiciste nada malo, como mentir o robar. Pero significa algo más que eso. Significa también que usted no tuviste pensamientos impuros, y que cuando un mal pensamiento entró en tu mente, pronto dejaste de pensar en eso. Significa además que no tuviste una mala actitud. Intentaste vivir de una manera que agrada a Jesús por un día entero.

Si es así, dibuja una estrella en uno de los cuadraditos de papel; si no, bota un cuadradito. La semana que viene cada uno traerá de vuelta todos los cuadrados que tengan estrella. Los pondremos en una canasta y agradeceremos a Dios porque nos ayuda a ser más como Jesús.

Diga a los niños que va a hacer esta actividad con ellos. Deles los cuadrados y un sobre. Si ponen los cuadrados en un sobre será más fácil para los niños que no los pierdan.

Diga que va a cerrar la clase con oración por cada niño. Sugiera que tengan los ojos abiertos y miren en silencio cuando usted ore. Diga algo como esto: **"Amado Señor, te doy gracias por (nombre del niño). Ayúdalo a hacer lo recto y justo y a decir la verdad. En el nombre de Jesús, amén."** Si la clase es grande, ore por unos cuantos niños a la vez. Anime a los niños, a que mientras usted ore, ellos oren en silencio por sí mismos y por sus amigos.

Aprecio por la Creación de Dios

Unidad 1 • Semana 3 • Día 3

Enfoque en aptitudes para la vida

Tema: Dios creó un mundo hermoso y útil.

Hoy los niños aprenderán que Dios ha creado absolutamente todo.

Hoy los niños decidirán cómo mostrar su agradecimiento por la Creación de Dios y reflexionarán sobre su papel en el cuidado de la misma.

MATERIALES NECESARIOS

- ❑ 3 hojas de papel de color para cada niño: una hoja amarilla, una azul, y una verde (Si no tiene papel de color, marque papel blanco con una raya de cada uno de los colores: amarillo, azul, y verde)
- ❑ Lápices, lápices de color o crayones
- ❑ Caramelos para cada niño

DESARROLLO DE LA LECCIÓN

1. Enfoque en la aptitud de hoy

Objetivo: que los niños dibujan para expresar su agradecimiento a Dios por la Creación.

Pida a los niños que se sienten en círculo. Dé a cada uno tres hojas de papel: amarillo, azul y verde. Si no tiene papeles de color, vea la opción en "Materiales necesarios". Provea lápices de color, lápices, o crayones. Pregunte:

- **¿Cuáles son cosas en nuestro mundo que Dios no hizo?**
  Los niños pueden pensar en cosas que se fabrican; pero señale que hay materias primas utilizadas en la fabricación de productos manufacturados. Ellos deben entender que Dios hizo todo, aun las primeras personas de quienes vinieron todas las demás.

Diga que en la hoja amarilla, deben dibujar a una persona que es muy valiosa para ellos. En la hoja de color azul dibujarán su fruta o verdura favorita. En la hoja verde, han de dibujar un animal o un pájaro con quien le gustaría jugar.

Cuando la mayoría hayan terminado, póngase en medio del círculo. Diga que usted señalará a los diferentes niños y dirá: "Persona", o "Alimento", o "Animal." El niño a quien señale debe ponerse de pie y mostrar su dibujo a la clase y decir por qué lo escogió. Cada niño debe comenzar con las palabras: "Dios hizo. . ." Por ejemplo, si un niño dibujó arroz, podría decir: "Dios hizo el arroz. Me encanta el arroz. Podría comer arroz todos los días por el resto de mi vida y no me cansaría." O bien, un niño pudiera haber dibujado un león, y decir: "Dios hizo a los leones. No me gustaría que se acerquen demasiado; pero si tuviera una buena cámara fotográfica, me gustaría tomarle una foto y luego hacer un marco para mi foto."

Asegúrese de que todos los niños tengan la oportunidad de compartir al menos un dibujo. Si el grupo es pequeño, pueden compartir dos dibujos, o los tres.

Finalice la clase haciendo la siguiente pregunta. Recuerde que no hay nada que no tenga su origen en Dios:

- **¿Cuáles son algunas de las cosas en nuestro mundo que Dios no hizo?**
  Los niños ahora deben estar listos a gritar: "Nada."

2. Aprendamos acerca de esta aptitud

Objetivo: que los niños juegan a: "Estoy pensando en".

Explique el juego. Los niños permanecerán en el círculo. Usted comenzará el juego de pie en medio del círculo. Debe dar pistas de algo que Dios creó o algo que se inició con las materias primas que Dios hizo. Luego debe dar pistas sobre lo que está pensando. Con todos los indicios, debe decir: "Estoy pensando en algo que Dios hizo." (Dé una pista.) Los niños levantarán la mano cuando quieran adivinar la respuesta. Usted señalará a un niño tras otro hasta que alguien dé con la respuesta correcta. Entonces ese niño puede pasar al medio del círculo y dirigir el juego.

Este es un ejemplo de cómo hacer el juego. Si usted escogió la palabra sandalia, puede dar algunas de las siguientes claves hasta que un niño adivine la respuesta correcta.

- Estoy pensando en algo que Dios hizo que a menudo está sucio cuando se usa.
- Estoy pensando en algo que Dios hizo que la gente usa.
- Estoy pensando en algo que Dios hizo que a menudo es de cuero o de plástico.
- Estoy pensando en algo que Dios hizo que la gente usa para caminar.

En ese momento, un niño probablemente haya adivinado zapato o sandalia.

Al terminar el juego, dé a todos un caramelo por seguir muy bien las reglas del juego.

3. Aplicación de lo aprendido

Objetivo: que los niños decidan cómo pueden cuidar de las cosas que Dios hizo, hoy y cuando sean adultos.

Divida la clase en grupos de tres o más. Dígales que es su trabajo decidir si quieren hablar acerca de los animales, de alimentos, o de personas. Pida a los grupos que escogieron animales que levanten la mano. Luego, los grupos que escogieron alimentos, y, por último, los grupos que escogieron personas. (Si todos escogieron "animales", pida a varios que escojan otras categorías.)

Diga que cada grupo debe decidir por lo menos una forma en la que Dios quiere que cuiden de los animales, de los alimentos, o de las personas que Él ha creado. Anímelos a pensar en la naturaleza y el medio ambiente. Lo que decidan debe ser algo que niños de su edad puedan hacer. Pida también que decidan por lo menos una forma en que Dios puede pedirles que cuiden de los animales, los alimentos, o las personas, cuando ellos sean adultos. (No se olvide de la parte de "adultos" de esta actividad. Es importante que los niños imaginen lo que podría ser la vida para ellos en unos pocos años. Esta actividad los estimula a soñar con un futuro positivo en el que ayudarán a los demás y velarán por las cosas que Dios ha creado.)

Dé este ejemplo.

Supongamos que su grupo va a hablar de las personas. Podrían decir que una manera de velar por las personas que Dios ha creado es ayudando a un niño con su tarea escolar. Una manera de cuidar de las personas creadas por Dios cuando sean adultos podría ser que trabajen en un hospital de niños, y ayuden a los niños a superar el dolor y el temor que sienten.

Pida a los niños que den algunas ideas de cosas que los niños puedan hacer hoy, así como ideas de lo que podrían hacer cuando sean adultos.

Cierre con esta oración:

Amado Dios, maravilloso Creador, te damos gracias por. . .
Los niños deben decir cosas que Dios ha creado por Dios por las que están agradecidos. Cuando ellos hayan terminado, concluya la oración con: **"En el nombre de Jesús, amén."**

La útil Creación de Dios

Unidad 1 • Semana 4 • Día 1

Enfoque en la Palabra de Dios

Tema: Dios creó un mundo hermoso y útil.

Hoy los niños aprenderán que son responsables ante Dios por la manera en que tratan a su hermoso mundo.

Hoy los niños decidirán participar en un proyecto que honrará al mundo de Dios y que les ayudará a desarrollar una aptitud personal.

MATERIALES NECESARIOS

- ❑ Una hoja grande de papel para cada niño
- ❑ Palabras escritas en pequeños trozos de papel (véase la Parte 2)
- ❑ Lápices de color o crayones
- ❑ Biblia
- ❑ Véase la Parte 3 para opciones. Tendrá que reunir los materiales necesarios para la opción que escoja.

Una nota para usted, el maestro:

Dios nos ha pedido, a nosotros y a nuestros hijos, que cuidemos de su Creación. ¡Increíble! Muchos niños se sentirán honrados por este privilegio. ¡Ellos son los responsables! El cuidado de nuestro mundo es una idea que salió del Génesis. Dios no solo dio al hombre y a la mujer la autoridad de gobernar y cuidar lo que Él hizo, sino que también creó todo con tal belleza y utilidad que todos, incluso usted y sus hijos, pueden apreciar su maravillosa Creación.

En la tercera lección de esta semana, les dará a los niños la oportunidad de participar en un proyecto para cuidar del hermoso mundo de Dios. Empiece desde ahora a prepararse. Lea esta lección y la tercera, titulada "Honra al mundo de Dios". Decida qué proyecto se aplica mejor para su grupo. Aún mejor, invente usted un proyecto que se adapte perfectamente a la situación de sus alumnos.

El rey David se maravilló de la majestad de la Creación de Dios, cuando escribió: "Los cielos cuentan la gloria de Dios, el firmamento proclama la obra de sus manos" (Salmo 19:1). En el Salmo 23, podemos imaginar la tranquila belleza de la naturaleza cuando David escribió: "El Señor es mi pastor, nada me falta; en verdes pastos me hace descansar. Junto a tranquilas aguas me conduce; me infunde nuevas fuerzas."

Antes de que enseñe la lección bíblica de hoy, agradezca a Dios por las cosas de la naturaleza que embellecen su mundo.

DESARROLLO DE LA LECCIÓN

1. Historia bíblica: Génesis 1:6-13, 28-29

Objetivo: que los niños repasen la forma en que Dios creó un mundo hermoso y útil.

Para ayudar a los niños a que empiecen a pensar en las muchas cosas que Dios ha creado, divida la clase en pequeños grupos de 3. Dé a cada alumno una hoja de papel y lápices de color. Explique que cada grupo va dibujar un animal imaginario.

En un tercio del papel, cada uno dibujará la cabeza del animal imaginario, que puede ser también un ave o un insecto. Debe doblar el papel para que no se vea su dibujo, dejando visible solamente la parte del cuello. Después, todos pasarán su hoja a la siguiente persona. Entonces todos dibujarán el cuerpo, en el centro del papel. Luego doblarán esa parte, dejando visible solo un parte para que el siguiente niño sepa dónde dibujará las piernas, las patas, y la cola.

Cuando todos los del grupo hayan terminado su "creación", deben abrir los papeles y mirarlos. Cada grupo de tres debe mostrar sus "creaciones" al resto de la clase. Esto es divertido. Aplaudan los dibujos de estos animales imaginarios.

Diga que la mayoría de sus "creaciones" no son realmente hermosas o útiles. Pero lo que Dios ha creado es hermoso, útil, y maravilloso.

Pida a los niños que le digan cosas que Dios ha hecho que son útiles y bellas.

Dios creó todo. Hablamos de esto la semana pasada. La gente confecciona cosas con materiales de lo que Dios ha creado. Solo Dios puede crear cosas de la nada. La gente tiene que usar lo que Dios ya ha creado. ¡Es maravilloso ver cómo Dios ha creado el mundo! Y lo hizo hermoso y útil a propósito. En la historia bíblica vamos a aprender más sobre la bella y útil Creación de Dios. Recuerden que esta historia es de la Biblia, la única historia verdadera acerca de la Creación.

HISTORIA BÍBLICA: EL MARAVILLOSO MUNDO DE DIOS Génesis 1:6-13, 28, 29

Paso a paso, por lo que Dios dijo: el mundo fue creado. Dios habló y creó el agua y el cielo. Él creó la luz y la oscuridad. Llamó a la luz "día"; a la noche llamó "oscuridad". Ése fue el primer día.

Dios hizo un gran espacio para separar las zonas de agua. Separó el agua debajo del espacio del agua encima del espacio. Él llamó "cielo" a ese gran espacio. Ése fue el segundo día.

Entonces Dios reunió toda el agua en un solo lugar. Las aguas fueron llamadas "mares y océanos". La tierra seca que quedó fue llamada "tierra". Dios vio esto y dijo que era bueno.

Lea Génesis 1:11 de la Biblia. Abra la Biblia y lea de allí este versículo, y no de esta Guía. Esto refuerza que usted está enseñando de la única y verdadera Palabra de Dios.

Y dijo Dios: "¡Que haya vegetación sobre la tierra;
que ésta produzca hierbas que den semilla,
y árboles que den su fruto con semilla, todos según su especie!"
Génesis 1:11

Dios hizo las plantas y los árboles que producen semillas, así como la fruta. Las plantas y los árboles comenzaron a crecer y producir semillas y frutos útiles. Cada planta produjo otras plantas, de su misma especie. ¿Produjo naranjas el árbol de mangos? ¿Una planta de tomate produjo arroz? No, el árbol de mango produjo mangos y la planta de tomate produjo tomates. Los árboles crecieron y hubo bosques en las montañas. Las plantas crecieron por los lagos. Las plantas

produjeron frutos y semillas según su especie. También desplegaron muchos hermosos colores. Los árboles y las plantas crecieron en la tierra. Crecieron flores de muchos hermosos colores. Los campos se cubrieron de grama, de flores, y de árboles frutales.

Lea directamente de la Biblia:

También les dijo: "Yo les doy de la tierra todas las plantas que producen semilla y todos los árboles que dan fruto con semilla; todo esto les servirá de alimento."
Génesis 1:29

Dios vio a todos los árboles, las plantas, las flores, y las frutas; y dijo que era bueno. Ése fue el tercer día. El sol y la luna dan a las plantas el tiempo que necesitan para crecer y para descansar. Dios creó un mundo hermoso y útil.

- **¿Por qué creen que Dios dijo a las plantas que dieran frutos según su especie?**
- **¿Qué hizo Dios para que siempre hayan nuevas plantas?**
- **¿Qué cosas especiales hizo Dios para que los árboles, las plantas, y las flores pudieran sobrevivir?**

2. Por qué esta historia es importante para mí

Objetivo: que los niños sugieran formas de usar las maravillas de la Creación de Dios.

Antes de la clase, escriba en papelitos una serie de palabras de cosas creadas por Dios, una cosa en cada papel. Divida a los alumnos en grupos de tres y dé a cada grupo un papel. En 3 minutos el grupo debe decidir formas útiles de usar la palabra en el papel. Dé un ejemplo. Si le dio a un grupo la palabra "piedra", ellos podrían sugerir estos usos: (1) para construir cosas; (2) para usar como decoración en un jardín; (3) para hacer una herramienta útil para la siembra de semillas. Cuando los niños hayan terminado sus listas, pida a cada grupo que diga la palabra que le tocó y los usos que decidieron para el objeto.

Use palabras que sean típicas de su zona geográfica, y no palabras que no sean familiares para sus alumnos. Aquí le damos algunas ideas:

Piedras	Pollos	Naranjas	Aceite
Flores	Cañas	Plumas	Árboles
Agua	Café	Cuero	Maní

¡No es asombroso todo lo que Dios creó! Podríamos quedarnos aquí todo el día para nombrar cosas, y nunca terminaríamos de nombrar todas. Les puedo decir con certeza que Dios estaba muy complacido con todo lo que hizo. ¿Sabes cómo lo sé? La Biblia me lo dice. Este es nuestro versículo de hoy.

Dios miró todo lo que había hecho, y consideró que era muy bueno.
Génesis 1:31

Los niños dirán el versículo varias veces. Pida a todos que se sienten. Pase alrededor del salón y señale a niño por niño. Comience con la primera palabra del versículo y pida que digan siguiente palabra, uno por uno. Diga que memoricen el versículo, y cuando se sientan mal y no estén contentos con su vida, deben decir el versículo en alta voz. "Dios miró todo lo que había hecho, y eso me incluye a mí (el niño debe decir su nombre), y consideró que era muy bueno."

3. Lo que Dios quiere que yo haga

Objetivo: que los niños tomen la decisión para esta semana de cuidar de la útil y hermosa Creación de Dios de una manera especial.

- **Dios creó un mundo hermoso y útil en que puedes vivir. ¿Cómo te hace sentir esa realidad?**
- **¿Qué cosas puedes hacer para mostrarle a Dios que estás agradecido por el hermoso mundo que ha creado?**

Señale que muchas personas no están cuidando de la Creación de Dios. Contaminan el agua; contaminan la tierra con productos químicos peligrosos; tiran la basura en el suelo y matan las flores y el pasto; queman los arbustos; cortan árboles; matan a los animales salvajes; llenan el aire con gases tóxicos y venenosos. Lo que Dios hizo hermoso la gente lo convierte en algo feo.

Escoja una de las siguientes ideas, que sea apropiada para la situación de sus alumnos, o use una idea suya. Diga a los niños pronto estarán trabajando en esto.

Idea

Después de obtener aprobación, organice a los niños para que siembren flores. Suministre semillas y herramientas de jardinería.

Idea

Después de tomar precauciones de seguridad, lleve a los niños para que recojan la basura alrededor de la zona donde se reúnen.

Idea

Organice a los niños para que laven las ventanas de las casas de algunos ancianos. Así ellos podrán mirar más claramente el mundo maravilloso de Dios.

Idea

La mejor idea es la que a usted se le ocurra, porque se adaptará perfectamente a la situación de los niños.

Concluya diciendo algo como esto:

Dios creó un mundo hermoso y útil. Cada uno de nosotros es parte de su mundo. Eso significa dos cosas. En primer lugar, debemos hacer todo lo posible por cuidar de su hermoso mundo. En segundo lugar, somos parte de lo que Él creó, de modo que también nosotros somos útiles y hermosos. Él tiene planes para nuestra vida. Dios mira a cada uno y sonríe porque sabe de nuestro potencial y porque sabe que somos hermosos.

Dedique tiempo para pasar a cada uno de los niños, poner sus manos sobre los hombros de ellos y decir: **"Dios te creó. Eres útil y hermoso(a)."**

Integridad 4

Unidad 1 • Semana 4 • Día 2

Enfoque en rasgos de personalidad

Tema: Dios quiere que desarrollemos integridad.

Hoy los niños aprenderán sobre el rasgo de personalidad de integridad.

Hoy los niños decidirán cómo mostrarán integridad en su vida esta semana.

MATERIALES NECESARIOS

- ❑ Más cuadrados de papel
- ❑ Opción: sobres
- ❑ 3 cintas o hebras de lana gruesa para cada niño (cada una de 13 cm de largo)
- ❑ Opción: merienda de celebración

DESARROLLO DE LA LECCIÓN

1. Rasgo de personalidad: *la integridad*

Objetivo: en seguimiento de la semana pasada, los niños contarán acerca de cosas que hicieron para complacer a Dios.

La semana pasada, les di a cada uno de ustedes 7 cuadraditos de papel, una para cada día de la semana. Al final de cada día, ustedes debían preguntarse si vivieron todo el día de una manera agradable a Dios. No era solo pensar en lo que habían hecho o no habían hecho. Tal vez no hicieron trampa. Eso es bueno. Tal vez leyeron su Biblia. Eso es bueno. Pero agradar a Dios comprende más que las cosas que hacemos o que dejamos de hacer. También significa que cuando un mal pensamiento les vino a la mente, no pensaron en eso sino más bien en otra cosa. También significa que no tuvieron una mala actitud. Intentaron vivir de una manera que agrada a Jesús por un día entero.

Recoja en una canasta los cuadraditos de papel. Pida a los niños que cuenten algunas de las cosas que hicieron durante la semana y que están seguros de que fueron agradables a Dios. Dé un ejemplo contándoles algo que usted hizo durante la semana.

Cuando todos los que quieran contar algo lo hayan hecho, pida que se paren alrededor de la canasta y formen un círculo. Deben extender las manos hacia la canasta mientras usted ora. Dé gracias al Señor por la victoria espiritual que los niños y usted han tenido. Ore que cada niño siga creciendo en integridad; que hagan lo bueno y digan la verdad.

Si los niños no devuelven los cuadraditos de papel:

Esta fue una actividad diferente. Es posible que ninguno de los niños devuelva los cuadraditos de papel. Si es así, ponga sus propios cuadrados en la canasta (¡sea sincero!) y cuente una o dos cosas que usted hizo esta semana para agradar a Dios. Tenga cuadraditos adicionales en un sobre y pregunte quiénes quisieran intentar esta actividad de nuevo esta semana; esos niños recibirán un segundo sobre. Al fin de la semana, deben poner en su Biblia los cuadrados con estrellas, o traerlos de vuelta para mostrárselos

2. Ejemplo del rasgo de personalidad: *la integridad*

Objetivo: que los niños aceptan la importancia de que como niños desarrollen integridad.

CONOZCAN A UN HOMBRE HONRADO

Les voy a contar una historia verdadera, pero no es una historia bíblica. Es la historia de Abraham Lincoln, un hombre que vivió hace mucho tiempo en los Estados Unidos de América. ¿Alguien de ustedes ha oído hablar de él? Aunque hace muchos años que ha muerto, sigue siendo famoso en todo el mundo por su honradez. Fue presidente de los Estados Unidos; pero mucho antes de que llegara a ser presidente fue conocido en su comunidad como un hombre honrado. Comenzó su vida laboral como empleado de una tienda y estaba al servicio de sus vecinos que iban a comprar café, harina, ropa, y otros artículos para sus familias.

Una noche, cuando Abraham Lincoln cerró la tienda y contó el dinero de las ventas del día, descubrió que no le había dado la debida cantidad de cambio a uno de sus clientes. Le había dado un poco menos de dinero de lo que debería haberle dado. Probablemente nunca lo sabría. Su casa estaba a unos cinco kilómetros de la tienda. Para llevarle el dinero, él tendría que caminar por un camino de tierra en la oscuridad. Abraham Lincoln fue a devolverle el dinero y demostró así su integridad.

Otro día, un cliente compró hojas de té unos minutos antes de que se cerrara la tienda. A la mañana siguiente, Abraham Lincoln descubrió que no se habían usado las pesas correctas y que la señora que hizo la compra había recibido menos té de lo que debía haber recibido. Tan pronto como Abraham Lincoln se dio cuenta del error, cerró la tienda, y fue personalmente a entregarle el resto del té.

Abraham Lincoln era conocido por su integridad, por su compromiso de hacer lo recto y justo. Sus amigos y vecinos lo apodaron "Abraham, el honrado".

Durante esos años, había muchos esclavos en los Estados Unidos. Ellos tenían poca o ninguna oportunidad de convertirse en ciudadanos respetados de su país. No se les permitía votar en las elecciones. Abraham Lincoln sabía que muchos esclavos en los Estados Unidos recibían un trato muy malo, ya a veces los trataban cruelmente.

Mucha gente no quería dar libertad a los esclavos, pero Abraham Lincoln decía que era moralmente malo maltratar a los esclavos. Cuando llegó a ser presidente de los Estados Unidos, luchó por terminar con la esclavitud en todo el país. Tuvo éxito en dar libertad a los esclavos; pero le costó la vida. Fue asesinado por un hombre airado que no quería que se diera libertad a los esclavos.

Abraham Lincoln es honrado por todo el mundo por su integridad personal. Aunque mucha gente se le opuso, logró impedir que su país se dividiera en dos naciones rivales. Hasta hoy, Abraham Lincoln es el único presidente de los Estados Unidos cuyo apodo incluye un rasgo de personalidad, como "Abraham, el honrado".

La moneda más pequeña de los Estados Unidos lleva una fotografía de "Abraham, el honrado". También vemos su fotografía en el billete que vale cincuenta veces más del valor de la moneda más pequeña. Esta es una manera en que su país le rinde honra.

Si vives con honradez e integridad, ¿qué crees que el Señor va a hacer con tu vida?

- **¿Cuántos años creen que tenía "Abraham, el honrado" cuando empezó a ser honrado?**
- **¿Creen que la mayoría de los adultos que son honrados fueron honrados cuando eran los niños?¿Qué les dice esto sobre la forma en que deben vivir ahora mismo?**

3. Cómo vivir con *integridad* esta semana

Objetivo: que los niños repasan lo que han aprendido acerca de la integridad y que se gocen por los momentos en que han hecho lo recto y justo y han dicho verdad.

Esta es nuestra cuarta lección sobre la integridad. ¡Repasemos lo aprendido!

- **Repaso: ¿Cómo se portan las personas que tienen integridad? ¿Qué hacen y qué no hacen? ¿Cómo afecta la integridad su forma de pensar y de sentir?**
- **Repaso: ¿Qué hemos aprendido de Daniel acerca de la integridad? ¿Qué hemos aprendido del hombre que oró al Dios vivo, a pesar de que el rey había ordenado que la gente orara solo al rey?**
- **Repaso: Al fin de la historia de Zaqueo, ¿cómo vemos su integridad?**
- **Repaso: Una persona que tiene integridad es digna de confianza. De la historia del perro pastor alemán, ¿qué podemos aprender acerca de la confiabilidad?**
- **Repaso: Vivir con integridad es trabajo duro. ¿Qué nos enseña el árbol secuoya sobre la integridad?**
- **Repaso: En tu opinión, ¿qué es lo más importante que puedes aprender de la vida de "Abraham, el honrado"?**

¡Es hora de celebrar!

Dé a cada niño 3 cintas o hebras de lana. Diga que, como parte de esta celebración, deben ir a tres niños y atar una cinta o una hebra de lana en cada uno de ellos. Se puede atar alrededor de un botón o en una cadena de pulsera, o en cualquier lugar donde se pueda atar. Cuando aten la cinta o la hebra de lana deben decir: "¡Felicidades! Dios te ayudará a hacer lo bueno y a decir la verdad."

Los más pequeños pueden decir: "¡Felicidades! Dios te ayudará.") Anime a los niños a actuar con integridad al hacer esto. Así, por ejemplo, si ven que alguien no ha recibido una cinta, ¡que vayan primero a esa persona!

Cuando los niños hayan terminado, cálmelos. Extienda su mano hacia ellos, a modo de bendición. Basta que diga la misma frase de nuevo:

"¡Felicidades! Dios te ayudará a hacer lo bueno y a decir la verdad."

Dado que este es el fin de la unidad de integridad, considere la posibilidad de celebrarlo con una merienda.

Proyecto "Honra al mundo de Dios"

Unidad 1 • Semana 4 • Día 3
Enfoque en aptitudes para la vida

Tema: Dios creó un mundo hermoso y útil.

Hoy los niños aprenderán a trabajar juntos en un proyecto para cuidar de la Creación de Dios.

Hoy los niños decidirán que siempre es una buena idea honrar a la Creación de Dios.

MATERIALES NECESARIOS

- ❑ El proyecto que haya elegido determinará qué materiales necesitará.
- ❑ Opción: Tome fotos de los niños mientras trabajan en su proyecto. Comparta las fotos con otras personas, tal vez de la iglesia local donde los niños asisten.
- ❑ Opción: Otros adultos que dirigirán a un grupo de niños en el proyecto.

Una nota para usted, el maestro:

Hoy el día es especial; no se sigue el mismo patrón que las otras lecciones. En su lugar, organizará a los niños en equipos para que hagan algo especial para el mundo útil y hermoso de Dios. Los proyectos nunca son fáciles, y con los niños, no se sabe cómo pueden resultar.

Siga estos pasos al prepararse:

1. Ore por el proyecto.
2. Obtenga la aprobación necesaria para realizar el proyecto.

3. Reúna todo el material que va a necesitar.
4. Usted se encargará de supervisar todo, pero puede dar a los niños mayores la responsabilidad de dirigir pequeños grupos para que hagan partes del proyecto.

DESARROLLO DE LA LECCIÓN

1. Enfoque en la aptitud de hoy

Objetivo: que los niños repasen por qué participarán en un proyecto.

Use la Biblia para repasar la lección de la Creación de esta semana. Puede leerles de nuevo la historia bíblica a los niños. Es importante que entiendan que Dios creó todo, y que vio era muy bueno. Él quería que la gente cuidara de su hermoso mundo. En cambio, muchas personas no han prestado atención a Dios. Han contaminado el mundo y arruinado gran parte de la belleza del mundo de Dios. Hoy los niños van a participar en un proyecto que mostrará a Dios que ellos quieren cuidar de su mundo y que toman parte en hacerlo hermoso de nuevo.

Estas son las sugerencias para proyectos de la semana pasada:

Idea

Después de obtener la aprobación, organice a los niños para que siembren las flores. Deles semillas y herramientas de jardinería.

Idea

Después de tomar precauciones de seguridad, los niños recogerán basura alrededor de la iglesia o en el vecindario.

Idea

Organice a los niños para que laven la parte baja de las ventanas por dentro y por fuera de la casa de algún anciano. De esa forma, ellos podrán ver más claramente el mundo maravilloso de Dios.

Idea

La mejor idea es la que a usted tenga, ya que se adapta perfectamente a su situación.

Pida a varios niños orar para que este proyecto sea divertido y para honrar a Dios, el único Creador.

2. Aprendamos acerca de esta aptitud

Objetivo: que los niños participen en el proyecto.

1. Explique cuidadosamente lo que los niños harán.
2. Establezca las normas necesarias.
3. Si estará usando a niños mayores o adultos como jefes de equipo, explíqueles sus responsabilidades.
4. Explique lo que deben hacer si algo sale mal.

Manos a la obra y sepa que Dios debe estar muy complacido por lo que el grupo está haciendo para traer gloria a su Creación. Establezca un horario y un lugar para reunirse de nuevo.

3. Aplicación de lo aprendido

Objetivo: que los niños dirán cómo les fue en el proyecto y sus sentimientos al respecto.

Permita diez minutos para este informe. Reúna a los niños y haga preguntas como éstas para animarles a hablar del proyecto.

- **¿Qué parte del proyecto les gustó más? ¿Por qué?**
- **¿Cómo les resultó trabajar juntos?**
- **Algunas personas quizá piensen que no es justo que los niños tengan parte en el cuidado de la tierra. Después de todo, muchos niños tienen problemas y necesitan ser atendidos. No deben tener la responsabilidad de cuidar del mundo de Dios. ¿Qué piensan ustedes?**
- **¿Cómo cambiaría nuestro mundo si todos decidieran pasar una hora a la semana cuidando del hermoso mundo de Dios?**
- **Cuando seas un adulto, ¿cuáles son algunos grandes proyectos que te gustaría hacer para contribuir a mantener hermosa la Creación de Dios?**

Finalice la clase con una oración a Dios. Los niños deben completar la oración:

"Padre celestial, hay algo hermoso en tu Creación por lo que quisiera agradecerte… Gracias por… En el nombre de Jesús, amén."

Unidad 2

Niños en riesgo

Lo que usted enseñará este mes.

	Historia bíblica	Rasgos de personalidad	Aptitudes para la vida
Semana 1	Nuestro asombroso Creador *Lección 1*	Convicción 1 *Lección 2*	Dolor y muerte 1 *Lección 3*
Semana 2	Dios me creó *Lección 4*	Convicción 2 *Lección 5*	Dolor y muerte 2 *Lección 6*
Semana 3	Lo que hacemos trae consecuencias *Lección 7*	Convicción 3 *Lección 8*	Dolor y muerte *Lección 9*
Semana 4	Dios todo lo sabe *Lección 10*	Convicción 4 *Lección 11*	La vida después de la muerte *Lección 12*

Nuestro asombroso Creador

Unidad 2 • Semana 1 • Día 1

Enfoque en la Palabra de Dios

Tema: a Dios le agrada cuando lo alabamos por lo que Él creó.

Hoy los niños aprenderán acerca de la asombrosa creatividad de Dios cuando hizo los animales.

Hoy los niños decidirán alabar a su Creador.

MATERIALES NECESARIOS

- ❑ El Salmo 104:24 escrito en un pliego grande de papel o en la pizarra (vea la sección 1)
- ❑ Marcador o lápiz de color
- ❑ Biblia

Una nota para usted, el maestro:

Queremos que los niños acepten a Dios como el Creador. En la escuela y entre amigos escucharán acerca de la evolución; pero queremos que comprendan y no tengan dudas acerca de Dios como el supremo Creador. Por esa razón empleamos mucho tiempo en la Unidad 1, y ahora en la Unidad 2, para recalcar la Creación de nuestro Dios. ¡Él es el único y verdadero Dios! Oramos que los niños acepten a Dios como el Creador. Él es quien creó todo, y debemos adorarlo como supremo sobre todas las cosas.

La Escritura enfatiza que Dios es el Creador. Nadie ni nada aparte de Él debe ser adorado. Sabemos que hay quienes adoran a otros dioses, y aun a la naturaleza misma; pero solo Dios debe ser alabado.

En Hebreos 11:3 y 2 Pedro 3:5 leemos que Dios no es solo parte de la Creación, sino que Él es el Creador que concibió la idea del universo, desde lo más sencillo hasta lo más complejo. Él hizo a los seres vivientes. Pablo señala que "Él es antes de todas las cosas, y todas las cosas en Él subsisten".

¡Qué gran sesión va a tener con los niños hoy! Disfrute de hablar acerca de nuestro maravilloso Creador y de una parte muy especial de su Creación que encanta a la mayoría de los niños: los animales.

DESARROLLO DE LA LECCIÓN

1. Historia bíblica: Génesis 1:20-25

Objetivo: que los niños se gocen porque nuestro gran Dios ha creado los animales, muchísimos animales.

En varias de las actividades se requiere que los niños se sienten en el piso o que estén de pie en círculo. Sabemos que no todos disponen de un lugar para hacerlo así, pero si puede hacerlo, en lugar de tener a los niños sentados en bancas o pupitres, ¡fantástico! Adapte las actividades al ambiente al que usted dispone. Este currículo no es como otra clase típica de la escuela. Queremos que sea una clase "viva", en que los niños practiquen lo que significa amar a Jesús y "vivirlo" en carne propia.

Así que, si es posible, pida a los niños que se sienten en círculo, y pase alrededor del círculo para que cada uno nombre un animal que Dios ha hecho, y que digan una característica típica de ese animal. Primero deles un ejemplo, de manera que entiendan lo que les está pidiendo que hagan. Diga:

"Dios hizo las vacas. Una característica de las vacas es que nos dan leche." O: "Dios hizo las ovejas. Una característica de las ovejas es que nos dan lana para hacer ropa que nos abrigue."

Pase alrededor del círculo varias veces hasta que los niños ya no puedan pensar en más animales.

Ahora, lea o relate esta historia bíblica.

Después que Dios creó el día y la noche y el mundo, hizo el firmamento con el sol, la luna y las estrellas. Él creó el agua y la tierra seca, y allí puso plantas y árboles.

Pero algo faltaba. La tierra estaba totalmente silenciosa. Nada se movía sobre la tierra. Nada se movía en el aire. Nada se movía en las aguas. ¿Qué hizo Dios? La Biblia dice así:

(Tome su Biblia y lea allí Génesis 1:20. Esto les muestra a los niños que no solo les está contando una historia, sino que les está contando una historia que viene directamente de la Santa Biblia de Dios.)

Y dijo Dios: "¡Que rebosen de seres vivientes las aguas, y que vuelen las aves sobre la tierra a lo largo del firmamento!"
Génesis 1:20

La Biblia dice que Dios llenó las aguas con peces, hipopótamos, cocodrilos, y miles de otras criaturas. Cada una era diferente. Había peces comunes y peces coloridos. Había peces que vivían en agua salada y los que vivían en agua dulce. Incluso había peces que podían respirar aire. ¡Qué asombroso era cada pez! Dios creó tantos peces que aún hoy las personas que exploran los océanos en ocasiones ven una clase de pez que nadie ha visto antes. Todos estos años, desde que Dios creó a los peces, Él es el único que sabe cómo es cada pez.

Dios llenó los cielos con aves, ¡de muchas diferentes clases! Algunas trinaban hermosos cantos; otras hacían sonidos fuertes, un poco feos. Algunas aves tenían plumaje de colores brillantes; otras tenían plumaje que se confundía con la naturaleza. Algunas aves volaban muy rápido y otras no podían volar. Dios creó los peces y las aves para que tuvieran crías iguales a ellos. Los peces tuvieron peces y las aves tuvieron aves. Él les ordenó que llenaran las aguas y el cielo. Y así lo hicieron.

Ese fue el quinto día de la Creación. Pero eso no fue todo lo que Dios hizo. Él quería crear algo más.

(Nuevamente, lea el versículo directamente de la Biblia.)

Y dijo Dios: "¡Que produzca la tierra seres vivientes: animales domésticos, animales salvajes, y reptiles, s egún su especie!" Y sucedió así.
Génesis 1:24

Dios hizo los animales en todas formas y tamaños. Hubo animales de todo color y que hacían toda clase de sonidos. Algunos vivían sobre la tierra y otros debajo de la tierra. Algunos podían trepar árboles; otros podían nadar. Algunos vivían en lugares calientes y otros en lugares fríos. Solo Dios sabe cuántos animales creó. Cada año los científicos descubren nuevos animales. En el 2010, los científicos descubrieron un lagarto de casi dos metros de largo que nadie había visto antes. Ese lagarto come frutas y vive en las copas de los árboles en las Filipinas. En Colombia, Sudamérica, descubrieron a un mono de barba roja, del tamaño de un gato. Lo llamaron titi, y ¿saben qué? Cuando está feliz, ronronea como un gatito.

Dios creó a los animales de manera que tuvieran crías iguales a ellos. Pronto las vacas tuvieron becerros. Las jirafas tuvieron jirafitas. Así como los peces y las aves habían obedecido a Dios, lo hicieron los demás animales.

Nada ocurrió por casualidad. Dios hizo cuidadosamente a cada animal para que viviera en el lugar que les había designado. Dios cuidadosamente planeó los alimentos que comerían y pensó acerca de los lugares en que vivirían. Y Dios sabía que todo lo que había hecho era bueno.

Dios creó muchas diferentes clases de animales. ¡Solo un Dios asombroso podía crear a estos animales asombrosos!

Comente que tiene pensado un versículo bíblico que les gustará; es el Salmo 104:24. Antes de la clase, escriba este versículo en una cartulina o en la pizarra, de manera que los niños lo puedan leer.

¡Oh Señor, cuán numerosas son tus obras!
¡Todas ellas las hiciste con sabiduría!
¡Rebosa la tierra con todas tus criaturas!
Salmo 104:24

Los niños leerán juntos este versículo, tres veces. Después, diga que cierren los ojos y traten de repetirlo sin mirar el versículo escrito. Sugiera que lo lean en su Biblia cada día de la semana, y que piensen acerca de cuán maravilloso es Dios el Creador.

Repase las siguientes preguntas. Permita a varios niños contestar cada pregunta o que añadan algo a lo que alguien más haya dicho:

- **¿Qué es lo que más te gusta de lo que Dios hizo el quinto día?**
- **¿Cuál es tu animal favorito de los que Dios hizo el sexto día?**
- **¿Por qué Dios hizo que todas las criaturas tuvieran crías de su misma especie?**
  Para que siempre haya esa clase de animal sobre la tierra. Dios también planeó que en la tierra y en todo lo creado haya orden. Dios planeó que haya orden en la naturaleza. Así que, las crías de los leones serían leones y las crías de las ballenas serían ballenas. Sin este orden, habría caos en el mundo.
- **¿Por qué creen que Dios creó a los animales con diferentes apariencias y diferentes maneras de actuar?**
  Pida a varios niños que respondan.
- **Según el versículo para memorizar, ¿qué podemos aprender acerca de Dios por medio de los animales?**

2. Por qué esta historia es importante para mí

Objetivo: mediante una caminata de "Alabemos al Creador", que los niños se den cuenta de cuántas razones tienen para alabar a Dios.

Adapte esta actividad divertida a su propia situación. Será necesario que salgan afuera para que los niños caminen en algún espacio grande, en grupos de tres o más. Cuando vean algo que Dios ha creado, deben señalarlo; luego juntarán sus cabezas y susurrarán: "Alabado sea nuestro maravilloso Creador." Por ejemplo, cuando miren al cielo, deben susurrar juntos: "Alabado sea nuestro maravilloso Creador." Deles unos minutos para la caminata.

Reúna a todos y pregúnteles:

- **¿Por cuáles cosas alabaron a nuestro maravilloso Creador?**
- **¿Cómo creen que se siente Dios cuando lo alabamos por su maravillosa Creación?**
- **¿Cómo creen que se siente Dios si nunca lo alabamos?**

3. Lo que Dios quiere que yo haga

Objetivo: que los niños planeen formas de alabar a Dios, nuestro asombroso Creador, durante esta semana.

Es fácil alabar a Dios cuando estamos todos juntos como ahora. Puedo sugerirles que alaben a Dios, y es fácil que sigan mis instrucciones. Pero, ¿qué de otras ocasiones, cuando nadie les sugiere que alaben a Dios por lo que Él ha hecho? ¿Lo

harán por cuenta propia? Esta es una idea: cada día de esta semana, busquen una cosa especial que Dios ha creado, y díganle cuánto lo agradecen. Piensen en cuánto esto alegrará a Dios. Dios los ama, y ¡qué maravilloso es cuando le agradecen sin que nadie les diga que lo hagan! Eso debe hacerlo sentir muy feliz.

Concluya pidiendo a cada niño que diga una corta oración a Dios. Siga este patrón. Reúna a todos en un círculo, de cuclillas. Empiece orando: "Dios, te alabamos por ser…" Entonces, uno a la vez, los niños se levantarán y dirán una palabra, como "poderoso" o "bueno", y rápidamente se pondrán nuevamente de cuclillas. Ellos podrán levantarse para decir una palabra de alabanza tantas veces como deseen.

Finalice el tiempo de oración con el versículo para memorizar. Oren juntos el versículo.

¡Oh Señor, cuán numerosas son tus obras!
¡Todas ellas las hiciste con sabiduría!
¡Rebosa la tierra con todas tus criaturas!
Salmo 104:24

Enfoque en rasgos de personalidad

Una introducción para usted, el maestro:

Convicción

Adherirse tan firmemente a un valor ético o una fe religiosa que esto influya en lo que somos y en lo que hacemos.

Cuatro veces en esta unidad usted podrá elegir que los niños aprendan acerca de un rasgo de personalidad que sea importante que desarrollen: la convicción.

La convicción se define como la fuerte adherencia a un valor ético o a una fe religiosa que influye en lo que somos y en lo que hacemos.

Piense en su vida. ¿Cuáles son algunas de las convicciones que usted mantiene tan firmemente que influyen en su forma de vivir y de actuar? Escriba aquí varias de sus convicciones, como ayuda para que empiece a pensar en las convicciones que desea que los niños desarrollen.

Convicción: *(Ejemplo) Creo firmemente en que los esposos deben permanecer fieles como ejemplo a otros, así que nunca haré algo que contradiga esa convicción.*

Ahora añada tres de las suyas:

Convicción:

Convicción:

Convicción:

La enseñanza de rasgos de personalidad es muy importante para los niños de nuestro país. Como usted sabe, para la mayoría de ellos no es fácil salir adelante. Muchas veces se enfrentan a soledad y rechazo. Sin embargo, con una creciente comprensión de su identidad individual y de su valor como personas, los niños pueden desarrollar convicciones cristianas acerca de cómo deben vivir y qué deben hacer para agradar a Jesús. Si siguen las debidas convicciones sus vidas cambiarán para siempre.

Las convicciones que tenemos pueden convertirse en hábitos que seguimos, porque sabemos que son los debidos. Un hombre sabio ha dicho: "Es tan difícil quebrantar un buen hábito como es quebrantar uno malo."

Convicción 1

Unidad 2 • Semana 1 • Día 2

Enfoque en rasgos de personalidad

Tema: es mi convicción, mi fe firme, que seguiré a Jesús toda mi vida.

Hoy los niños aprenderán acerca del rasgo de personalidad de la convicción.

Hoy los niños decidirán cómo mostrarán la convicción cristiana en su vida esta semana.

MATERIALES NECESARIOS

- ❑ Pelota
- ❑ Crayones
- ❑ Hojas de papel blanco
- ❑ Hoja grande de papel en que se escribirán las declaraciones de "Cómo vivir con convicción esta semana" (vea la sección 3)

DESARROLLO DE LA LECCIÓN

1. Rasgo de personalidad: *la convicción*

Objetivo: que los niños definan la palabra convicción y que aprendan cómo, con la ayuda de Dios, pueden vivir sus convicciones cristianas cada día.

Haga un juego de atrapar, con los niños sentados en círculo. Lance una pelota a cualquier niño en el círculo y pídale que la pase a otro niño. Mientras sigue el juego, dígales que solo hay una regla para el juego, que nadie tenga la pelota por más de un segundo antes de pasarla a otro jugador. Después de un rato, tome la pelota y comience a rebotarla. Diga a los niños que ya no le gusta la regla del juego y que quiere jugar solo con la pelota.

Opción:

Antes de la clase, pida en secreto a uno de los niños que tome la pelota y la rebote. Ese niño debe negarse a jugar siguiendo la regla.

Fin de la opción.

Después de unos minutos, pida que todos se sienten alrededor suyo.

- **¡Disculpen! Desobedecí la regla del juego. ¿Qué sintieron cuando hice eso?**
- **¿Por qué es importante tener reglas en un juego?**
- **Algunas personas piensan que la vida sería más agradable si no hubiera reglas. ¿Qué opinan ustedes?**
- **¿Cuáles son algunas de las reglas que siguen la mayoría de los cristianos? ¿Qué tan importantes son las reglas cristianas, las cosas que los cristianos siempre hacen y las cosas que los cristianos tratan de no hacer?**

Comparta la siguiente información acerca de *la convicción* con los niños.

En el juego, yo no seguí las reglas, y arruiné el juego. Como yo no seguí la regla del juego, ustedes se pueden haber enojado conmigo. Se pueden haber preguntado qué tipo de persona soy. Si esto ocurriera una y otra vez, ustedes no desearían jugar más conmigo.

Hay algunas reglas en la vida que todos nosotros seguimos. Las mejores reglas son las que seguimos porque en nuestro corazón sabemos que es lo que debemos hacer. Los cristianos conocemos las reglas que nos dicen lo que Dios quiere que hagamos. Cuando estamos decididos a seguir esas reglas, se convierten en nuestras convicciones.

***Convicción* es una palabra difícil; pero el significado es sencillo. Convicción significa aferrarnos firmemente a una creencia, con tal fuerza que tiene el poder de influir en todo lo que decimos y hacemos.**

Para los cristianos, la convicción significa tener una fe firme e inamovible en Dios y la determinación de hacer solo las cosas que le agraden. Las convicciones pueden inspirar a gente ordinaria como tú y yo a hacer cosas extraordinarias.

Les daré algunos ejemplos de convicciones. Se trata de convicciones que cualquiera pudiera tener, sean o no cristianos.

- Es mi convicción que la gravedad siempre funciona, así que no saltaré desde un edificio alto.
- Es mi convicción que la gente confía en personas que siempre dicen la verdad, así que siempre diré la verdad.
- Es mi convicción que el ingerir drogas es peligroso, así que nunca me dedicaré a las drogas.

Les daré otros ejemplos de convicciones. Se trata de convicciones que un cristiano debiera tener.

- Es mi convicción que Jesús me ama, así que viviré de manera que le agrade.
- Es mi convicción que Dios creó este mundo, así que haré todo lo posible para protegerlo.
- Es mi convicción que Dios escucha y contesta mis oraciones, así que oraré y dedicaré tiempo para escuchar lo que Dios dice en mi corazón.

¡Aplaudan tres veces si quieren ser niños y niñas que siguen sus convicciones!

HISTORIA BÍBLICA
(Génesis 12, 17, 18, 21, 22:1-18; Romanos 4:18-22)

Abraham fue un hombre de gran convicción. Él creía en Dios tan firmemente, que no importaba lo que Dios le pidiera hacer, él lo hacía. Una de las más historias bíblicas más emocionantes muestra su convicción. Se las voy a contar.

Un día, hace miles de años, Dios sorprendió a un hombre anciano llamado Abraham.

"Te hare el padre de muchas naciones", Dios le prometió. Abraham se preguntó cómo podría ser esto, porque él y su esposa eran muy viejos y no tenían hijos. ¿Cómo podría él tener algún día naciones de gente, descendientes de su familia, si no tenía hijos? Pero Dios hizo un milagro. ¡Esta pareja de ancianos tuvo un bebé! Cuán felices se sintieron con el nacimiento de su hijo, llamado Isaac. ¡Él nació cuando Sara, la esposa de Abraham, tenía 90 años, y Abraham tenía 100!

Años después Dios probó la fe de Abraham. Dios quería ver si la convicción de Abraham de seguirlo sería fuerte aún cuando Dios le pidiera hacer algo muy, muy difícil. Dios le dijo: "Toma a tu hijo, tu único hijo, a Isaac, a quien amas, y sacrifícalo

como una ofrenda quemada." Aunque su corazón se sintió hecho pedazos, Abraham no se rindió en su convicción de seguir a Dios. Él también creía en la promesa de Dios de que sería el padre de muchas naciones. Eso significaba que tendría que tener otros hijos, porque Isaac era el único hijo de él y Sara. ¿Realizaría Dios otro milagro y traería a Isaac de vuelta a la vida después del sacrificio? Abraham sabía que el sacrificio de niños no era algo que Dios quería que se hiciera o que Él hubiera pedido. Confundido, pero con fe firme, Abraham obedeció a Dios y preparó un altar en la forma que Dios le dictaba. Él puso a su único hijo sobre ese altar.

Cuando Abraham levantó el cuchillo para sacrificar a Isaac, el Ángel del Señor le gritó desde el cielo: "¡Abraham, baja el cuchillo! No lastimes al niño en ninguna forma, porque ahora sé que verdaderamente temes y obedeces a Dios. No me has rehusado ni a tu amado hijo."

Con fuerza y convicción, Abraham creyó en Dios, su Padre espiritual. Estuvo dispuesto a obedecer la orden de Dios de sacrificar a su hijo. En cambio, Dios salvó a Isaac y bendijo a Abraham con una descendencia tan numerosa como las estrellas en el cielo nocturno.

- **¿Cómo hubiera sido diferente esta historia si Abraham no hubiera sido un hombre de convicción firme? Recuerden que la convicción significa que tuvo una fe en Dios tan fuerte que influyó en lo que hizo.**

2. Ejemplo del rasgo de personalidad de *convicción*

Objetivo: los niños mostrarán su convicción de que los cristianos deben hacer buenas cosas por otros.

Una convicción que Dios quiere que todos tengamos, es que debemos hacer cosas buenas por otros. Vamos a hacer un dibujo de cómo esa convicción podría dar resultado aquí y ahora.

Pida a los niños que trabajen en pares. Dele a cada niño una hoja de papel y crayones. Deben dibujar el contorno de una vasija. Diga: **Piensa en formas de hacer cosas buenas por otros de su misma edad, cosas que hagan sonreír a los demás.** Las cosas buenas que hacemos hacen alegrar a los demás. (Los ejemplos pueden incluir: compartir mi libro, compartir mi almuerzo, dar un abrazo, cantar una canción alegre, cuidar a un amigo, decir la verdad, devolver un objeto perdido.)

Los niños deben compartir ideas con su pareja y dibujar una cara sonriente en su vasija por cada idea que tengan. ¡Deben llenar la vasija con caras sonrientes!

Cuando amas a Jesús, tanto que quieres que las cosas que hagas sean influidas por tu amor, muestras convicción. Recuerda que una convicción es algo que crees tan completamente que influye en lo que eres y lo que dices.

3. Cómo vivir con *convicción* esta semana

Objetivo: desafiar a los niños a que vivan con convicciones firmes.

Antes de la clase escriba las siguientes cinco oraciones en una hoja grande de papel o en la pizarra. Encierre en un círculo las palabras clave: *confío, seguro, soluciones, entusiasmo, positivamente.* También escriba por separado cada una de estas palabras en pedazos de papel.

Diga a los niños que les va a sugerir cinco convicciones que son excelentes para los cristianos. Algunos de ellos ya pudieran tener estas convicciones. Desafíe a los que aún no las tienen a que esta semana piensen en lo importantes que son.

MIS METAS DE CONVICCIONES; COSAS EN LAS QUE CREO FIRMEMENTE:

1. *Confío* en que los líderes cristianos saben lo que es mejor para mí.
2. Estoy *seguro* de que lo que creo acerca de Dios es cierto.
3. Me concentraré más en las *soluciones* que en los problemas.
4. Daré lo mejor de mí con *entusiasmo.*
5. Responderé *positivamente* a lo que los líderes me pidan que haga, y animaré a otros a hacer lo mismo.

Pida que los niños repitan la lista con usted.

Los niños se sentarán juntos para una actividad divertida. Lea en alta voz la primera meta de convicciones. Repita la palabra clave y coloque la palabra que escribió en papel entre los dedos de cualquier niño, puestos en forma de tijera (el dedo índice y medio). Diga: **Pasa la palabra, *confío,* al niño sentado junto a ti tan rápido como puedas. Trata de no dejar caer la palabra. Cuando recibas la palabra, toca tu corazón con ella y di la frase: "*Confío* en que los líderes cristianos saben lo que es mejor para mí", antes de pasarla a otro. ¡Permitan que la palabra *confío* entre en su corazón mientras pasa alrededor del círculo!** Haga esta actividad por cada una de las cinco metas de convicciones. Si su clase es grande, escoja un grupo pequeño de niños para que pasen cada palabra. Asegúrese de que cada niño tenga una oportunidad de participar.

Jesús, el Hijo de Dios, acepta nuestra fe y confianza inquebrantables. Él acepta con gusto nuestra convicción de que Él es el único y verdadero Dios. En otra clase hablaremos más acerca de la convicción, de tener un valor ético o una fe tan firme que influya en lo que somos y en lo que hacemos.

Cierre la clase con oración o cantando un coro que todos conozcan.

Dolor y muerte 1

Unidad 2 • Semana 1 • Día 3

Enfoque en aptitudes para la vida

Tema: puedo crecer mediante las experiencias dolorosas.

Hoy los niños aprenderán que pueden pedirle a Dios que los ayude a soportar el dolor cuando alguien que aman está herido o cuando ha muerto.

Hoy los niños decidirán que pueden crecer a través de las experiencias dolorosas.

MATERIALES NECESARIOS

- ❑ Pedazos de papel y lápiz para cada niño
- ❑ Dos vasos de agua, uno con agua limpia y otro con agua sucia
- ❑ Biblia

Una nota para usted, el maestro:

Para la mayoría de los niños no es una sorpresa que la vida incluya dolor. Muchos de ellos han tenido que soportar más que su parte de dolor y muerte. Ellos tal vez no se den cuenta de que nadie puede escapar del dolor. Aunque aparece en diferentes formas y en diferentes medidas, les llega a todos. El asunto de este sufrimiento universal afecta severamente a los niños que carecen de los sistemas de apoyo que Dios dispuso para ellos. Esta lección enfatiza que un Dios todopoderoso y fuerte gobierna al mundo y que Él amorosamente hace planes para su beneficio. Dios generalmente no altera las leyes naturales que Él dispuso solo para evitar que alguien sea herido o muera. Si una persona sale en frente de un camión que va a velocidad, Dios generalmente no detiene al camión a tiempo para salvarle. Lo que Dios hace es ayudar al niño a soportar el dolor y el sufrimiento. Dios está presente para ayudar a los niños a soportar las heridas y el dolor.

Esta unidad tiene cuatro lecciones sobre este tema. Usted tendrá la oportunidad de hablar acerca de estos temas difíciles. Iniciará con la universalidad del sufrimiento. Tratará la verdad de que Dios nos ayuda a crecer a través de las experiencias dolorosas. Al comprender las etapas de la pena, estará mejor equipado para apoyar a los niños que tienen penas. Hablar acerca del suicidio en un ambiente amoroso, lleno de esperanza, ofrecerá a los niños que tienen problemas la oportunidad de pedir ayuda. La meta es que los niños reemplacen el temor y la desesperanza con comprensión y la gloriosa esperanza que los cristianos tienen en Dios y en su provisión para ellos.

DESARROLLO DE LA LECCIÓN

1. Enfoque en la aptitud de hoy

Objetivo: que los niños aprendan que el sufrimiento es universal, y que Dios puede ayudar a cada uno a pasar por sus experiencias dolorosas.

Pida a los niños que levanten la mano si se reconocen en alguna de las declaraciones:

- **He estado enfermo.**
- **He sentido dolor, ya sea de ser lastimado, o porque alguien a quien amo está lastimado.**
- **He perdido a un buen amigo.**
- **Alguien a quien amo ha estado enfermo.**
- **Alguien a quien amo ha tenido sufrimiento.**
- **Alguien a quien amo ha muerto.**

Diga que en las siguientes semanas va a estar hablando acerca de estos temas dolorosos. Los temas serán difíciles. Los niños se concentrarán en los sufrimientos de personas amadas, aún el dolor de la muerte de un ser amado.

Diga algo como esto:

¿Por qué vamos a concentrarnos en una parte tan triste de nuestra vida? Porque algunos niños no saben cómo superar ese horrible dolor. Saben que Jesús quiere ayudarles, pero no son capaces de dejar que lo haga. En lugar de sanar, el dolor se vuelve peor. Si no tratan con el dolor de la enfermedad y la muerte, nunca podrán ser niños totalmente sanos, o crecer para ser adultos totalmente sanos.

Todas las personas experimentan el dolor y la muerte. Pero pocas veces hablamos de estas cosas. Las siguientes cuatro semanas vamos a hacer algo muy difícil; hablaremos acerca de nuestro dolor y la muerte de aquellos a quienes amamos.

Pregunte:

- **Si pudieras diseñar un mundo perfecto, ¿cómo sería? ¿Qué cosas pondrías en tu mundo perfecto?**
- **¿Qué cosas no pondrías en tu mundo perfecto?**

Cuando Dios creó el mundo, lo hizo perfecto. Le gustó lo que creó; era bueno. ¿Recuerdan cuán perfecto era el mundo cuando Dios creó a Adán y a Eva? Nos quedamos en la parte de la historia en que todos eran felices. No hablamos acerca del resto de la historia. Así que aquí está la siguiente parte de la historia, y es triste.

Adán y Eva vivían en el jardín perfecto que Dios había creado para ellos. Dios les había dado una sola regla: "No coman del árbol del conocimiento del bien y del mal." Pero ellos lo hicieron. Desobedecieron la única regla que Dios les había dado. Dios los castigó al sacarlos de su hermoso jardín. Cuando ellos desobedecieron, pecaron. Dios ya no podía ser amigo de ellos. Después de que pecaron, perdieron su hogar. Perdieron el tiempo que pasaban hablando con Dios cara a cara. Ahora tendrían que trabajar duro para sobrevivir. Y, tristemente, su cuerpo físico no duraría por siempre.

A partir de entonces, el mundo nunca ha sido perfecto. Pasan cosas malas, y hay sufrimiento. Un día, Dios hará que el mundo sea perfecto otra vez, pero hasta entonces, pasarán cosas malas. Habrá sufrimiento y dolor.

Dé a cada niño varios pedazos de papel y un lápiz. Los niños deben escribir algunas experiencias tristes que han tenido, como por ejemplo: "Mi mamá se murió." "Mi papá se fue." "Tengo una pierna que no funciona bien." "Mi tía se enfermó." Después deben doblar los papeles de manera que nadie pueda ver lo que han escrito. Junte los papeles y diga que usted leerá cada uno y orará por cada persona diariamente durante todo el mes, aunque no sepa el nombre de la persona que escribió el papel.

Una nota para usted, el maestro:

Es importante que su clase sea un lugar seguro en que los niños puedan hablar de las heridas y los temores que tienen. Escuche sus problemas con una mente abierta y con corazón compasivo. No actúe con alarma por lo que algún niño confiese o comente. Sea sensible a la manera en que los niños reaccionan mutuamente. Enfatice el carácter personal de estas lecciones. Quizá sea necesario que hable con un niño en privado. Usted puede ser la única persona con quien el niño siente confianza para hablar de esas cosas. Dos de los comentarios más provechosos que usted puede hacer cuando un niño le cuente cosas privadas, son: "Gracias por contarme acerca de tu dolor; yo oraré por ti", y "Siento dolor por ti y también Jesús lo siente y comprende".

- **Si pudieras pedirle a Dios que conteste una pregunta acerca del dolor o la muerte, ¿cuál sería?**
  Esté preparado para decir una pregunta que usted tenga, en caso de que ningún niño conteste. Anime a los niños a hablar de los temores y las dudas que tengan acerca del sufrimiento. Dios quiere que confiemos en Él con cualquier pregunta. A Él no le importa si nos enojamos con Él. De todos modos nos ama.

Aunque nadie tenga las respuestas a nuestras preguntas, podemos saber ciertamente que Dios sabe todo. Dios quiere lo que es mejor para cada uno de nosotros. Él no provoca nuestro dolor o la muerte de nuestros seres amados; pero quiere usar lo que pasa en nuestra vida para hacernos más atentos a Él y sensibles al dolor de otras personas.

Cuente o lea esta historia para ilustrar cómo Dios usa las cosas malas que nos pasan. Él no las provoca, pero las usa para bien.

Una mamá tenía un bebito sano. El doctor le dijo que ella no podría tener más hijos. Esa mamá no estaba triste porque tenía un hijo sano. Pero 24 días después del nacimiento de su hijo, le dio diarrea intestinal, y el bebito murió. Ella lloró amargamente y sintió que se le rompía el corazón. La mamá sabía que la muerte de su hijito fue causada por gérmenes. Dios no provocó la muerte del bebé. Por el resto de su vida sintió tristeza por la muerte de su hijo y nunca dejó de extrañarlo. Pero un día le preguntó a Dios cómo Él podría usar la muerte de su hijito para glorificar su nombre. En respuesta, Dios le permitió conocer decenas de mujeres que también habían perdido a sus bebés. Ella les hablaba del amor de Dios y que Él quería ayudarlas a sanar de su dolor. Ella oró con cada mujer. Años después, esta mujer dijo: "Yo sé que Dios estaba conmigo cuando perdí a mi precioso bebé, y también sé que Él me usó para ayudar a muchas mujeres, porque yo podía entender su dolor. Dios convirtió algo horrible en algo que Él podía usar."

2. Aprendamos acerca de esta aptitud

Objetivo: que los niños puedan mostrar que aman a Jesús por la forma en que dependen de Él cuando algo les va horriblemente mal.

En la Biblia hay muchas historias acerca de Pablo, una de las primeras personas que Dios llamó para que sea misionero. Podríamos suponer que tuvo una gran vida porque fue llamado por Dios para ese trabajo difícil. Pero Dios no levanta un muro de seguridad alrededor de las personas que lo ama. La gente que ama a Dios vive en el mismo mundo que todos los demás. Pablo terminó en la cárcel. Él fue azotado y sufrió naufragios. Casi se ahogó. Pablo fue traicionado, sufrió robos, pasó hambre y sed, y por encima de todo, tenía lo que la Biblia llama "un aguijón en la carne". Muchos estudiosos de la Biblia piensan que era una incapacidad física. Dios no evitó que estas cosas le pasaran a Pablo. En lugar de eso, estuvo con él en cada situación. Dios usó las cosas difíciles por las que pasó Pablo para hacerlo un mejor misionero. El dolor y el sufrimiento vienen a todos los que viven en este planeta. Los cristianos no escapan de padecer sufrimiento. El dolor no es imaginario; es real y duele.

Aún cuando Dios permite que pasemos dolor, podemos confiar que Él sacará algo bueno de eso. La mayor parte del dolor en nuestra vida nos pasa simplemente porque somos seres humanos. A menudo, mediante el dolor ganamos mayor conocimiento de Cristo y tenemos más profunda comunión con Él. Cuando alguien recuerda los tiempos difíciles en su vida, se da cuenta de que fueron los tiempos de mayor cercanía a Dios. Los tiempos de sufrimiento nos ayudan a considerar lo que es importante en la vida. El dolor también nos hace ver las cosas de nuestra vida que nos impiden amar y servir a Dios con todo nuestro corazón.

Ilustración

Tenga dos vasos de agua. Estos vasos deben estar tan llenos que se derrame el agua si los toca. Reúna a los niños alrededor de usted para que puedan ver fácilmente. Diga que el vaso con agua limpia representa la vida de alguien que ama a Jesús y que el vaso con agua sucia ilustra la vida de alguien que no ama a Jesús.

Toque los vasos de manera que el agua se derrame. Diga que el dolor y la muerte les llega a todos.

Cuando el dolor y la muerte llega a alguien, se derrama cualquier cosa que está en ellos. Si están llenos de temor y desesperanza, la amargura se derrama. Los puede dañar por el resto de su vida.

Pero si aman a Jesús, Él les ayudará a pasar por el dolor, y tal vez utilice el dolor y la muerte como algo que los acerque Él. La esperanza y un amor más profundo por Jesús se derraman. La confianza de que Jesús está con nosotros se derrama, sin importa lo que nos pase.

3. Aplicación de lo aprendido

Objetivo: que los niños fijen esta verdad de Dios en su mente: "Yo te libraré y tú me honrarás".

Los médicos y los consejeros nos dicen que las personas se amargan si se concentran solo en la razón del sufrimiento o en quién es responsable de su dolor. La gente que sabe que Dios está con ellos, ayudándoles en su sufrimiento, superan el dolor y obtienen sanidad. Esto les ayuda a llevar vidas más exitosas.

Nuestras actitudes influyen en todo lo que hacemos. Escuchemos lo que Dios nos dice.

Lea esto de la Biblia.

Invócame en el día de la angustia; yo te libraré y tú me honrarás.
Salmo 50:15

Señale que el versículo dice: "Yo te libraré." Esto no significa que Dios hará que nunca nos pasen cosas malas, pero Él librará a los niños y a los adultos del dolor y la angustia que pueden impedir que vivan felices.

Pida a los niños que repitan el versículo con usted tres veces.

1. La primera vez, que piensen en sus problemas y se pregunten si le han pedido al Señor que les ayude.
2. La segunda vez, que piensen en personas que están pasando por tiempos difíciles y que se pregunten cómo pueden ayudar a esas personas a pedir la ayuda del Señor.
3. La tercera vez, deben decirlo como una oración, agradeciendo a Dios de que Él estará con ellos cuando tengan problemas.

Termine con oración. Antes que se vayan, diga a los niños que usted puede conversar con ellos en privado si lo desean.

Dios me creó

Unidad 2 • Semana 2 • Día 1

Enfoque en la Palabra de Dios

Tema: a Dios le agrada cuando le alabamos por lo que Él creó.

Hoy los niños aprenderán que nuestro gran Dios los creó.

Hoy los niños decidirán agradecer a Dios por una persona especial que Él creó.

MATERIALES NECESARIOS

- ❑ Escriba Génesis 1:27 en una cartulina grande
- ❑ Papel y lápices de color para cada niño
- ❑ Biblia

Una nota para usted, el maestro:

Los líderes cristianos no están de acuerdo en lo que Génesis 1:27 significa exactamente: "Y creó Dios al hombre a su imagen." Esta frase probablemente se refiere a cualidades espirituales, los rasgos de integridad, justicia y santidad, y nuestra habilidad de tomar decisiones morales. El haber sido hecho a la imagen de Dios también da a las personas algo de poder. Dios hizo al hombre para que gobernara sobre las criaturas de la tierra (Génesis 1:26). El hombre también refleja a Dios en su habilidad y responsabilidad de cuidar de la Creación, y no solo estar a cargo de ella (Génesis 2:15).

Además, Dios creó al hombre y la mujer como seres espirituales. Puesto que Dios es espíritu, podemos tener comunión con Él. No hay nada en la Biblia que diga que las plantas o los animales tengan espíritu o la habilidad de orar.

Cuando el pecado entró al mundo, por medio de Adán, la imagen de Dios en los seres humanos fue desfigurada. Pero todos tenemos la imagen de Dios en cierta medida. En la medida que los creyentes llegan a ser más como Cristo, la imagen de Dios va siendo restaurada en ellos. Condúzcase frente a los niños en maneras que agraden a Dios. Es importante que ellos vean la imagen de Dios en usted. No, usted no será la perfecta imagen de Dios. Cristo es el único que tiene la perfecta imagen de Dios. Pero, con la ayuda del Espíritu Santo, sea tan perfecto como pueda.

DESARROLLO DE LA LECCIÓN

1. Historia bíblica: Génesis 1:26–2:25; 3:8

Objetivo: que los niños identifiquen formas en que han sido hechos a la imagen de Dios.

Vamos a hacer un juego de acción para gozarnos por lo parecidos que somos, y cuán diferentes somos cada uno. Dios, nuestro maravilloso Creador, nos hizo a cada uno de nosotros.

Explique cómo funciona el juego. Todos deben estar de pie. Usted va a hacer una pregunta y cada uno debe gritar su contestación. Cada niño seguirá gritando hasta que todos los que estén dando la misma respuesta se hayan tomado de las manos. Los niños deben formar grupos tan rápido como sea posible. Intente este juego usando una pregunta fácil, solo para que los niños entiendan. ¡Recuérdeles que el ruido es bueno!

- **¿Cuántos años tienes?**

Todos deben gritar su edad y rápidamente encontrar a los demás que tengan la misma edad. Cuando esté seguro de que los niños comprenden el juego, intente con algunas de las siguientes preguntas o haga preguntas que se adapten a su grupo de niños.

- **¿En qué mes naciste?**
- **¿Cuál es tu estatura?**
- **¿En qué calle vives?**
- **¿Cuál es tu materia favorita en la escuela?**
- **¿Cuál es tu comida favorita?**
- **¿Cuál es tu color favorito?**

Todos somos similares de muchas formas y todos somos diferentes en muchas otras. ¡Qué bueno que Dios nos hizo a cada uno individualmente! La historia de hoy es acerca de la mejor cosa que Dios hizo; ¡a nosotros, a ti y a mí! Recordarán que Dios había terminado la mayor parte de su obra creadora: la tierra, las plantas, y los animales. Todo se veía muy bien. Pero aún faltaba algo en su plan.

Así que, el sexto día, Dios hizo su más especial creación: al hombre y a la mujer. Dios guardó lo mejor para el último.

Dios hizo al hombre y a la mujer de manera diferente que las plantas y los animales. Esto es lo que dice la Biblia:

Lea el siguiente versículo directamente de la Biblia.

Y Dios creó al ser humano a su imagen;
lo creó a imagen de Dios.
Hombre y mujer los creó.
Génesis 1:27

Dios hizo al hombre y a la mujer de manera especial. Dios creó a las personas para que sean como Él. Solo las personas tienen espíritu. Solo las personas pueden orar y conocer a Dios. Solo las personas pueden elegir entre lo bueno y lo malo. Los animales no hacen estas cosas.

De esta manera Dios hizo a las primeras dos personas. Primero, tomó polvo del suelo y con cuidado lo moldeó para que pareciera un hombre. Luego Dios sopló en la nariz del hombre, ¡y éste se volvió un ser viviente! El hombre se llamó Adán. Dios dio a Adán un trabajo especial. ¡Tenía que poner nombre a los animales! Fue un trabajo divertido, pero había un problema. Adán se sentía solo. Ninguno de los animales se parecía a Adán. Ellos no habían sido creados a la imagen de Dios. Ellos solo eran animales.

Así que Dios decidió crear a otra persona. Dios hizo caer a Adán en un sueño profundo. Mientras Adán dormía, Dios tomó una de sus costillas, y de esa costilla, Dios hizo una mujer. Su nombre fue Eva. Adán amó a Eva y Eva amó a Adán.

Dios dio trabajos a Adán y a Eva. Les voy a leer directamente de la Biblia acerca de sus trabajos.

Y los bendijo con estas palabras:
"Sean fructíferos y multiplíquense;
llenen la tierra y sométanla;
dominen a los peces del mar y a las aves del cielo,
y a todos los reptiles que se arrastran por el suelo."
Génesis 1:28

Dios dijo que las personas debían hacerse responsable de las cosas que Él hizo. Dios dijo a las personas que cuidaran de su Creación. Y Dios les dio las plantas que Él había hecho para que fuera su alimento. Dios los puso en un lugar especial llamado el jardín del Edén. Adán y Eva estaban felices allí. Dios andaba en el jardín. Adán y Eva andaban y conversaban con Dios; eran sus amigos. Ellos le obedecían.

Anime a los niños a contestar estas preguntas. En las preguntas de opinión, anime a más de un niño a que conteste.

- **¿Por qué creen que Dios esperó hasta el último para crear al hombre y a la mujer?**
- **¿En qué eran Adán y Eva diferentes de los animales?**
- **¿Qué aprendiste acerca de Dios en esta historia?**
- **¿Qué aprendiste acerca del hombre y de la mujer en esta historia?**
- **¿Qué cosa de esta historia nunca quisieras olvidar?**
- **¿Qué sientes al pensar en que Dios te hizo para seas como Él?**

2. Por qué esta historia es importante para mí

Objetivo: que los niños se den cuenta del valor que tienen para el Creador del universo.

El versículo importante de hoy es Génesis 1:27. Antes de la clase, escriba el versículo en una cartulina grande. Pida a los niños que lo lean e inserten su propio nombre. Pida que luego vayan a por lo menos tres personas para que lean el versículo el uno al otro, ambos insertando su propio nombre. Los niños dirán algo como esto:

> Y creó Dios a María a su imagen, a la imagen de Dios la creó; hombre y mujer los creó.

Este versículo es acerca de ti y cómo Dios te creó. ¿No es asombroso que el Creador del mundo te haya creado a ti para que seas como Él? Puedes hablarle, como a un amigo. Los animales no pueden hacer esto. Tú puedes cuidar del mundo de Dios, como un amigo. Los animales no pueden hacer esto. Tú eres especial. Tú puedes decirle a Dios cuando estás molesto o herido, como a un amigo. Los animales no pueden hacer esto. Tú eres especial.

Dios te amó tanto que te creó, y no hay nada en tu vida que no sea importante para Él.

3. Lo que Dios quiere que yo haga

Objetivo: que los niños le digan a alguien que son la creación especial de Dios.

Haga sentar a los niños en círculo. Deles papel y lápices de color. Recuérdeles nuevamente que cada uno que Dios creó es especial. Cada uno debe mirar a la persona a su izquierda y pensar en algo especial acerca de esa persona. Tal vez ella puede cantar muy bien. Tal vez él siempre cuida a su hermanito. Los niños deben escribir una frase o una oración diciéndole a esa persona lo que es tan especial acerca de él o ella. O, si así lo prefieren, pueden hacer un dibujo de lo que es especial de la otra persona. Deles unos minutos, y luego pida que muestren a la persona de la izquierda lo que han escrito o dibujado, y después la persona de la derecha les mostrará lo que ha escrito o dibujado.

Termine con oración.

Convicción 2

Unidad 2 • Semana 2 • Día 2

Enfoque en rasgos de personalidad

La convicción es adherirse tan firmemente a un valor ético o una fe religiosa que esto influya en lo que somos y en lo que hacemos.

Tema: puedo ser un niño conocido por mis convicciones cristianas.

Hoy los niños aprenderán a reconocer cómo son las convicciones de los demás.

Hoy los niños decidirán qué aspectos de su vida muestran su convicción de llevar una vida que agrada a Dios.

MATERIALES NECESARIOS

- ❑ Papel de dibujo y lápices de color para cada niño
- ❑ Encabezado para un póster, escrito antes de la clase: "Creemos que debemos hacer estas cosas"
- ❑ Cinta adhesiva (si va a colgar el póster en la pared) (vea la Sección 2)

DESARROLLO DE LA LECCIÓN

1. Rasgo de personalidad: *la convicción*

Objetivo: que los niños repasen la historia bíblica que escucharon la semana pasada acerca de cómo Dios bendijo a Abraham.

Abraham es un gran ejemplo del rasgo de personalidad de la convicción. Él estaba convencido de que Dios haría lo que había prometido y confió en Dios lo suficiente para obedecerle.

Diga a los niños:

Dios le dijo a Abraham: "¡Te haré el padre de muchas naciones!"

¿Quién recuerda la historia bíblica de Abraham, el anciano que tuvo un hijo a los cien años de edad? Abraham amaba mucho a su hijo Isaac. Años más tarde, Dios le dijo que hiciera algo que lo angustiaría muchísimo. ¿Qué le dijo Dios que hiciera? Escoja a uno de los niños para que pase al frente a contar la historia. Cuando el niño haya terminado, pida voluntarios que completen la historia con los detalles que se le escaparon al que contó la historia.

- **¿Cómo mostró Abraham convicción, una fe personal tan fuerte que influyó en lo que era y lo que hizo?**
- **Una fuerte confianza en Dios ayudó al sabio y viejo Abraham a hacer algo extraordinario. ¿Creen que una fe firme ayuda a las personas ordinarias como ustedes y yo a hacer cosas extraordinarias? Expliquen su respuesta.**

Ahora, aplaudan si quisieran escuchar una historia acerca de pajaritos hambrientos. (Pausa) **Es una historia acerca de una familia de águilas anidadas en lo alto de una montaña. Escuchen atentamente y oirán cómo la sabiduría y la fuerte acción mantienen a una familia de águilas protegidas y bien alimentadas.**

PAJARITOS HAMBRIENTOS

Era una tarde tibia en la cumbre de una montaña alta y majestuosa. Muy arriba en un árbol, cerca de un río burbujeante, un águila miró por encima de su nido y comprobó el viento.

Sus aguiluchos recién salidos del cascarón estaban hambrientos, y necesitaba buscarles comida. La mamá águila quedó en el nido para proteger a las crías, el papá águila se alistó para cazar.

El inmenso pájaro se subió a la orilla del nido y, con excelente visión, divisó por el horizonte. No vio otras águilas que pudieran dañar a su familia. Así que el águila extendió sus alas y dejó que un viento tibio lo alzara en el aire. Los vientos tibios lo elevaron alto en el cielo, donde volaba con toda elegancia mientras buscaba comida.

El águila descendió en el vuelo hasta que estaba sobre un río serpenteante entre las montañas. Justo debajo de la superficie del agua sus agudos ojos detectaron a un pez grande de hermosos colores.

El águila sabía que esa era la comida adecuada para su familia, así que bajó en picada. Con sus inmensas garras, rápidamente atrapó al pez y lo sacó del agua.

Minutos después, orgullosamente, presentó la comida a su hambrienta familia. Esta águila actuó conforme a varios de sus instintos.

Instinto 1: Las águilas pueden remontarse en el viento, así que era seguro para él lanzarse al aire.
Instinto 2: Las águila alimentan a sus crías, así que el águila salió en busca de comida.
Instinto 3: El águila encontraría comida si miraba lo suficiente.

Debido a los instintos que Dios ha dado a las águilas, la familia del águila tuvo alimento nutritivo un día más.

- **El águila dejó la seguridad del nido en busca de comida. ¿Cómo lo que él hizo ayudó a los aguiluchos hambrientos?**
- **El águila buscó hasta que encontró el alimento que su familia necesitaba. ¿Cómo sus instintos reflejan sabiduría y determinación?**
- **¿Qué habría pasado si el águila se hubiera rendido para no buscar comida?**
- **Esta historia es acerca de un ave; pero, ¿qué nos sugiere acerca de *la convicción? La convicción es aferrarse de un valor o una creencia tan firmemente que influya en lo que hacemos.***
- **¿Cuáles son algunas cosas que las personas hacen por ti porque es su convicción de que es lo que deben hacer?**
- **¿Cuáles son algunas de tus convicciones acerca de cómo debes tratar a las personas que te rodean?**

2. Ejemplo del rasgo de personalidad: *la convicción*

Objetivo: que los niños muestren sus fuertes convicciones en un póster de grupo.

Piensa en una fuerte convicción que te lleva a hacer algo. Tal vez siempre cuidas a niños pequeños y nunca permites que nadie los lastime. Esta es una convicción que crees que Jesús quiere que tengas. Quizás a veces tienes malos pensamientos, pero te los sacas de la cabeza lo más rápido posible. Esta es una convicción que crees que Jesús quiere que tengas. Tal vez nunca engañas; no mientes ni robas. Quizá siempre haces tu mejor esfuerzo en todo lo que intentas. Estas son convicciones que crees que Jesús quiere tengas.

El águila sigue los instintos que Dios le ha dado. Tú sigues las convicciones en las que crees. A diferencia del águila, ¡puedes elegir hacer algo que agrada a Dios… o no!

Piensa en una de tus fuertes convicciones. Recuerda que es algo en lo que tú crees, pero es más que eso. Es algo en lo que crees tan firmemente que influye en lo que eres y lo que haces. Vamos a hacer un póster de Convicciones que ilustre muchas de las cosas que creemos firmemente.

Reparta hojas de papel de dibujo y lápices de color. Pida a los niños que dibujen una de sus fuertes convicciones, algo en lo que creen porque saben que es lo que Jesús quisiera que crean. Por ejemplo, una niña pudiera hacer un dibujo en que ella está orando, y un niño pudiera dibujarse a sí mismo pagando por un dulce, en lugar de robarlo. Cada uno debe poner su nombre en el dibujo. Cuando terminen de dibujar, una todos los papeles con cinta adhesiva y fije el gran proyecto de arte en la pared. (O, dependiendo de su situación, simplemente ponga los dibujos en el piso en la forma de un cuadro grande.) Escriba las palabras: "Creemos que debemos hacer estas cosas" en una hoja de papel aparte y fíjela en la parte superior del póster.

Que los niños se pongan de pie y den un aplauso (¡que se aplaudan a sí mismos!) por su buen trabajo y su creatividad.

3. Cómo vivir con *convicción* esta semana

Objetivo: que los niños identifican a personas que cumplen sus buenas y fuertes convicciones.

Cuando tenemos buenas y fuertes convicciones, la gente lo nota. Vamos a hablar de algunas de las fuertes convicciones que hemos visto en otras personas. Para hacer esto, quiero que se junten en grupos de tres. Voy a decir una fuerte convicción que la gente buena generalmente tiene. En su pequeño grupo, digan el nombre de una persona que ustedes conocen que tiene esa convicción, y digan por qué escogieron a esa persona. No todos tendrán el nombre de una persona para cada convicción. Además, si lo necesitan, pueden usar el mismo nombre más de una vez, pero traten de pensar en diferentes personas.

Ilustre con el ejemplo de alguien que usted conoce.

- **La fuerte convicción de esta persona es que cada niño debiera tener un lugar seguro donde vivir.**
- **La fuerte convicción de esta persona es que cada niño debiera recibir educación.**
- **La fuerte convicción de esta persona es que Jesús ama a todos, y que todos debieran saber esto.**
- **La fuerte convicción de esta persona es que las personas debieran intentar tareas difíciles, y que Dios las ayudará.**
- **La fuerte convicción de esta persona es que siempre debe cumplir sus promesas.**
- **La fuerte convicción de esta persona es que el entusiasmo se contagia. Si él o ella es entusiasta, otras personas también lo serán.**

Pida a los niños que inclinen la cabeza en oración. Diga que usted va a caminar por la habitación y que tocará a diferentes niños. Cuando un niño sienta su toque, debe decir su nombre tan fuerte que todos lo oigan. Use la siguiente oración y repítala tantas veces sea necesario, hasta que haya tocado a cada niño.

Amado Señor Jesús:

Gracias por (toque a un niño, que dirá su nombre). **Ayúdale a vivir de manera que te agrade.**

Por favor ayuda a (toque a un niño, que dirá su nombre) **para que siga su convicción de servirte.**

Da a (toque a un niño, que dirá su nombre) **una semana feliz y oportunidades para que muestre cuánto te ama.**

Te pido que (toque a un niño, que dirá su nombre) **sienta gran alegría porque sabe que tú le amas.**

Haz que (toque a un niño, que dirá su nombre) **sea de bendición para alguien esta semana.**

En el nombre de Jesús, amén.

Dolor y muerte 2

Unidad 2 • Semana 2 • Día 3

Enfoque en aptitudes para la vida

Tema: puedo crecer mediante las experiencias dolorosas.

Hoy los niños aprenderán cómo superar una pérdida.

Hoy los niños decidirán orar por los que han sufrido una pérdida.

MATERIALES NECESARIOS

- ❑ Emociones y sentimientos escritos en tarjetas pequeñas (vea la sección 1)
- ❑ Antes de la clase escriba en hojas de papel las etapas de la aflicción o el duelo y muestre el papel con cada etapa al hablar de la misma (vea la sección 2)

DESARROLLO DE LA LECCIÓN

1. Enfoque en la aptitud de hoy

Objetivo: que los niños se preparen para tratar con los sentimientos y las emociones, sean positivos o negativos.

Antes de la clase, escriba diferentes sentimientos y emociones en pedazos de papel, una palabra en cada papel. Los niños que reciban las tarjetas no deben mostrarlas a nadie. Estos niños deben mostrar con su cuerpo y con expresiones faciales la palabra escrita en su tarjeta. Los demás deben descubrir qué emoción o sentimiento está siendo representado.

Estos son algunos sentimientos o emociones que podría usar:

Miedo	Entusiasmo	Desesperación
Alegría	Enojo	Vergüenza
Expectativa	Pena o pesar	Ansiedad

Pregunte a los niños:

- **¿Fue fácil descubrir los sentimientos expresados en este juego?** (Generalmente no fue fácil. La gente expresa sus sentimientos de diferentes formas. Sí, nuestro rostro y el lenguaje corporal dicen mucho acerca de lo que estamos sintiendo, pero no todo.)

Como las personas muestran sus sentimientos de formas diferentes, en ocasiones es difícil comprender lo que realmente están sintiendo. Piensen en el enojo. Por lo regular, se ve que una persona está enojada por cambios en el color de su rostro, porque aprieta los puños, o porque grita. Sin embargo, algunas personas muestran su enojo quedándose mudas, otras pierden el apetito. Nuestro sufrimiento es mucho más complejo de lo que se ve en la superficie. A veces ni siquiera entendemos nuestros propios sentimientos.

Los sentimientos que muestran dolor o pérdida a menudo son los más difíciles de identificar de inmediato. Cuando pierdes a alguien o a algo que es importante para ti, es natural que te aflijas. La mayoría lloramos al principio, pero conforme pasa el tiempo, escondemos nuestros sentimientos; pero no se van. Solo quedan bajo la superficie. Esto es malo para nosotros. Otros creen que estamos bien, y no hacen nada por ayudarnos. En realidad, estamos escondiendo nuestro dolor, y generalmente eso nos lastima. ¿Por qué? Porque nuestro corazón no está sanando en la forma necesaria para vivir tranquilos hoy y en el futuro.

Divida la clase en grupos de a cuatro. Diga que usted va a leer cosas que sus amigos podrían decirles. Cada una tiene que ver con la muerte o con alguna otra pérdida. Los grupos deben hablar sobre lo que le dirían a esa persona. Pida a diferentes grupos que compartan lo que decidieron decir. Después que hayan dicho su parte, añada una perspectiva bíblica, si ellos no lo han hecho. Los versículos dados para cada situación le ayudarán a hacer esto. Es importante que estudie estos versículos antes de la clase.

"Tenía celos de mi hermano, y por eso está enfermo."
(Versículos para el maestro: Salmo 103:10, 11)

"Mi hermanita no puede estar muerta. Los niños no mueren."
(Versículo para el maestro: Eclesiastés 7:2b)

"Tengo miedo de enfermarme y morir como pasó con mi hermano."
(Versículo para el maestro: Isaías 41:10)

"Dios, te odio porque dejaste que se muera mi papá."
(Versículo para el maestro: Romanos 5:12)

"Después de perder mi brazo en un accidente siento que no valgo nada."
(Versículo para el maestro: Filipenses 1:20)

"Extraño a mi mamá, pero sé que ella amaba a Jesús. Ella está feliz en el cielo, pero siempre la extrañaré." (Versículo para el maestro: 2 Corintios 1:4)

2. Aprendamos acerca de esta aptitud

Objetivo: que los niños aprenden acerca del proceso de la aflicción o el duelo para identificar el dolor en ellos mismos y en otros e iniciar el proceso de sanidad.

Antes que lleguen los niños, escriba en hojas de papel las etapas en la superación de una pérdida, que son: NEGACIÓN, ENOJO, REGATEO, DEPRESIÓN, ACEPTACIÓN. Sostenga en alto cada hoja conforme habla acerca del tema.

Diga que por muchos años se ha estudiado el tema de la aflicción o el duelo. Se ha descubierto que las personas pasan por etapas para superar una pérdida.

Informe a los niños que:

- Las personas no pasan por las etapas de la aflicción o el duelo en la misma cantidad de tiempo. Algunas personas tardan semanas, otras tardan meses, y en algunas ocasiones a la gente le lleva años.
- No todos pasan por todas las etapas.
- Las personas no siempre pasan por las etapas en el mismo orden.
- Las personas pueden volver a una etapa por la que ya han pasado y experimentar lo mismo una vez más.
- Dios está con nosotros en cada etapa, yendo a nuestro lado y confortándonos.

Les voy a hablar acerca de cada etapa. (Mientras habla, sostenga en alto la hoja con la palabra de la etapa correspondiente.)

NEGACIÓN

La negación es cuando una persona está sacudida por la pérdida y no puede creer que sea cierto. Ella piensa: "¡Esto le pasa a otros, a mí no!" Por ejemplo, el niño que dijo: "Mi hermanito no puede estar muerto. Los niños no mueren", estaba en la etapa de negación. La gente a menudo pasa por la negación cuando se enfrenta con la muerte o con una enfermedad, como cáncer o SIDA.

ENOJO O RESENTIMIENTO

El enojo o resentimiento es generalmente la segunda etapa de la aflicción o el duelo. El niño que dijo: "Dios, te odio porque dejaste que se muera mi papá" estaba en esta etapa. Las personas que están en duelo se enojan con la gente que creen que son los responsables de provocar la pérdida. Están sintiendo una angustia emocional tan grande que a veces se enojan con los médicos o con Dios, o aún con la persona que murió. Ésta es una etapa normal del duelo. Cuando alguien está en esta etapa es fácil pensar que ha perdido la fe en Dios. Pero no es así. La persona necesita expresar su frustración y pasar por esta etapa del proceso del duelo.

REGATEO

El regateo es a menudo la siguiente etapa del proceso del duelo. La persona trata de regatear con Dios para que cambie la pérdida, y promete hacer algo por Dios. "Si me devuelves a mi madre me convierto en cristiano" es un ejemplo de alguien que regatea.

DEPRESIÓN

Otra etapa de la aflicción o el duelo es la depresión. Este es un sentimiento de desesperanza, en que la persona piensa que nada tiene propósito. "Después de perder mi brazo en un accidente siento que no valgo nada", es un ejemplo de alguien que está en depresión profunda. La depresión es un sentimiento paralizante, porque impide que hagamos las cosas que queremos hacer o que necesitamos hacer. Casi todos los que han experimentado una pérdida pasan por depresión. La gente que pasa por esta etapa de la aflicción o el duelo va hacia la última etapa: la aceptación.

ACEPTACIÓN

¿Recuerdan a la niña que dijo: "Extraño a mi mamá, pero sé que ella amaba a Jesús. Ella está feliz en el cielo, pero siempre la extrañaré"? Ella está en la etapa de aceptación. Ha aceptado la verdad de que su mamá está muerta y de que no puede cambiar la pérdida. Está agradecida por haber tenido a su mamá, y ahora está lista

para seguir con su vida. Esto no significa que ha olvidado a su mamá o que ya no la extraña. Este es un buen estado de ánimo.

Cuando comprendemos el proceso de la aflicción o el duelo, no necesitamos preocuparnos de que una persona que está en duelo haya dejado su confianza en Dios. Nos daremos cuenta de que su estado de ánimo es normal y que solo está superando su pérdida.

Una nota para usted, el maestro:

Hay también otras dos etapas que muchos niños experimentan en su aflicción o duelo: la culpa y el temor. Los niños frecuentemente se sienten culpables y piensan que de alguna manera causaron la pérdida. Porque no comprenden las causas de una pérdida, se sienten responsables de la misma. El abandono es un ejemplo. "Mi mamá no me hubiera dejado, si yo me hubiera portado mejor." Obviamente, el razonamiento del niño es falso.

Los niños frecuentemente tienen temor de que lo que le pasó a alguien cercano a ellos también les pasará a ellos. Temen a lo que no comprenden. Por ejemplo, un niño pudiera pensar: "La mamá de mi amigo tiene SIDA y está muriendo. Tengo miedo de que mi mamá se enferme de SIDA y también se muera."

3. Aplicación de lo aprendido

Objetivo: que los niños oren por sus amigos que están pasando por aflicción o duelo.

Después de la historia, divida a los niños en grupos pequeños y pídales que hablen acerca de esta niña y de cómo creen que ella se habrá sentido.

- **La Biblia no da el nombre a esta niña. Denle un nombre.**
- **Cuando la niña fue llevada cautiva, lejos de sus padres, ¿cómo creen que se sintió? ¿Por qué etapas de duelo creen que ella pasó?**
- **La niña ayudó al hombre que la había comprado al decirle quién podría curarle. ¿Qué les dice esto acerca de ella?**
- **Imaginen que encuentran a esta niña acurrucada en el rincón donde suele dormir. Está sola y triste. ¿Qué le dirían para ayudarla a soportar ese tiempo difícil?**
- **En el último dibujo de la historia, ¿qué creen que la niña está pensando?**

Quiero que se sienten en silencio unos minutos. Cierren los ojos. En su mente, imaginen a un niño que conocen y que tenga problemas o esté en duelo. Oren en

silencio que Dios ayude a ese niño a pasar por las etapas del duelo. Nombren al niño al hablar con Dios. Después, piensen en otro niño que tiene problemas o está en duelo. Pídanle a Dios que ayude a ese niño a pasar por las etapas del duelo. Oren hasta que ya no tengan más niños por quienes orar.

Para terminar, diga a los niños dos cosas.

- Primero, que Dios les puede dar la oportunidad de consolar a un amigo en duelo por quien han orado. Si es así, sugiérales que le hablen a su amigo de las etapas de la aflicción o del duelo y que después oren juntos que Dios ayude al amigo a pasar por las etapas de superar la pérdida.
- Segundo, dígales que usted es consciente de que uno de ellos pudiera ser un niño que está pasando por aflicción o duelo. Diga que usted está dispuesto a conversar con ellos u orar con ellos en privado, si lo desean.

Ésta ha sido una lección difícil para los niños. Si hay tiempo al final de la clase, canten algunos coros que les gusten a los niños; pueden también expresarse con danza. ¡Es importante que salgan de la clase sonriendo!

Lo que hacemos trae consecuencias

Unidad 2 • Semana 3 • Día 1

Enfoque en la Palabra de Dios

Tema: piensa en las consecuencias.

Hoy los niños aprenderán que Dios dice que todo pecado es malo.

Hoy los niños decidirán que cuando son tentados a pecar, harán un alto para pensar en las consecuencias.

MATERIALES NECESARIOS

- ❑ Una pila de papel, libro, lápiz (vea la sección 1)
- ❑ Versículo bíblico, Job 5:17, escrito antes de la clase en la pizarra o sobre una hoja grande de papel
- ❑ Papel de color, si lo hay disponible. Puede ser papel blanco (vea la sección 3)
- ❑ Lápices y lápices de color o crayones
- ❑ Tijeras
- ❑ Biblia

DESARROLLO DE LA LECCIÓN

1. Historia bíblica: Génesis 2:15-17; 3:1-24

Objetivo: los niños mostrarán que lo que hacemos trae consecuencias.

Inicie pidiendo a un voluntario que sostenga una pila de papel. Pídale que suelte los papeles y vea lo que pasa. Por supuesto, caerán al piso. Luego pida a alguien que sostenga un libro (que no sea la Biblia) y que lo suelte. ¿Qué sucede? Por supuesto, cae al piso. Haga lo mismo con un lápiz; cae al piso. Señale que cualquier cosa que usted sostenga caerá cuando la suelte. Diga que la consecuencia de soltar un objeto será que éste caiga. Si un niño menciona la gravedad, pídale que explique esto. También defina la palabra consecuencias. Ayude a los niños a comprender que una consecuencia es el resultado natural de una acción. Cuando soltamos algo, se cae. Si saltamos a un lago o a un río, nos mojamos. Si dejamos caer un huevo, se rompe. Si lanzamos una pelota al aire, ésta dará rebote. Todas estas cosas son consecuencias de una acción.

Lo que hicimos con el papel, con el libro, y con el lápiz tuvieron consecuencias. Las cosas cayeron. Hay algo más que **siempre** tiene consecuencias, y es el pecado.

Divida la clase en grupos de tres o más alumnos. Lea las siguientes historias a todos. En cada historia, el niño hace algo malo. Pida a los grupos que comenten acerca de las consecuencias de lo que hicieron esos niños. Después de cada historia, pida a un grupo que diga lo que han decidido.

Historia 1

A veces fastidio o maltrato a los niños pequeños. Me siento mal, y me hace sentir mejor cuando hago llorar a alguien.

La semana pasada me descubrieron cuando pegaba a una niña tres años menor que yo, solo porque quería hacerlo. Cuando un adulto me descubrió, le dije que lo lamentaba; pero creo que solo decir que lo lamentaba no era suficiente.

- **¿Cuáles pudieran ser las consecuencias para ambos niños?**

Historia 2

Me enojé mucho con una de las señoras que trabaja en mi escuela. Ella nunca sonríe y siempre actúa como si estar en la escuela fuera un suplicio para ella. Así que le dije lo que pensaba de ella. Le dije algunas malas palabras; en realidad, fui lo más grosero que pude, y se le llenaron los ojos de lágrimas.

- **¿Cuáles pudieran ser las consecuencias para el niño y para la mujer?**

Historia 3

Desobedecí algunas reglas en la escuela, y me dijeron que la siguiente vez que desobedeciera, habría consecuencias. Desobedecí nuevamente porque pensé que no me descubrirían. Bien, ¡qué sorpresa! Me descubrieron.

- **¿Cuáles pudieran ser las consecuencias?**
- **Piensa en alguna ocasión cuando hiciste algo que sabías estaba mal. ¿Cuáles fueron las consecuencias?**
  Usted pudiera dar un ejemplo de su propia vida.

Siempre que tomamos una decisión, hay una consecuencia. Si tomamos buenas decisiones, generalmente hay buenas consecuencias. Si decidimos hacer lo que está mal, generalmente hay malas consecuencias. En nuestra historia bíblica, veremos que Adán y Eva tomaron una decisión horrible, y las consecuencias fueron también horribles.

HISTORIA BÍBLICA: LAS CONSECUENCIAS PARA ADÁN Y EVA

Lea todo Génesis 3 a los niños. Lea con expresión, para que la historia cobre vida.

Con cualquiera de las opciones, haga las siguientes preguntas:

- **¿Qué mal cometieron Adán y Eva?**
  Comieron del árbol de la ciencia del bien y del mal aunque Dios les había dicho que no lo hagan.
- **¿Cómo creen que se sintieron Adán y Eva después de haber desobedecido a Dios?**
- **¿De quién fue la decisión de comer del fruto del árbol de la ciencia del bien y del mal?**
  De Adán y de Eva, no de la serpiente.
- **¿Cuáles fueron las consecuencias de la desobediencia a Dios?**
- **¿Creen que Dios seguía amando a Adán y Eva, aunque los había hecho salir del jardín del Edén?**

Imágenes congeladas

Pida a un niño que cuente la historia en partes pequeñas. Escoja a tres niños (Adán, Eva, y serpiente) para que actúen la historia en "imágenes congeladas". Los niños se "congelan" en formas que les permitan ilustrar una parte de la historia, como si alguien tomara una fotografía de ellos en la posición congelada. Por ejemplo, la primera "foto" podría mostrar a Eva levantando el brazo para tomar el fruto del árbol, con la serpiente que la mira.

2. Por qué esta historia es importante para mí

Objetivo: que los niños comprendan la maravillosa verdad de que Dios los corrige porque los ama.

Dios corrigió a Adán y a Eva. Les dijo que era malo que lo desobedecieran, y los castigó. ¡Ay! Pero esto es lo maravilloso acerca de Dios. Cuando Él nos hace ver que hemos hecho algo malo, y aun cuando nos castiga por lo malo que hemos hecho, no lo hace porque nos odia. ¡Exactamente lo opuesto! Él lo hace porque nos ama. Dios sabe que seremos más felices y que nuestra vida será mejor si aprendemos a hacer lo bueno en lugar de lo malo. Su castigo es un recordatorio que nos dice: "Quiero que hagan lo que es recto y justo. La próxima vez que sean tentados a hacer lo malo, recuerden el castigo y lo mal que se sintieron por haberme decepcionado. Este castigo les recordará que no deben volver a hacer lo malo. Nunca olviden que los amo. Ustedes son mis hijos y mis hijas."

- **¿Qué creen que les pasa a los niños que pueden hacer cualquier maldad y nunca tienen que enfrentar alguna consecuencia?**
- **¿Por qué los buenos padres disciplinan a sus hijos?**
- **¿Por qué creen que nuestro buen Padre Dios a veces nos disciplina?**
- **¿Qué dirían acerca de nuestra relación con Dios si Él nunca nos disciplinara, aun cuando hiciéramos cosas malas y pecaminosas?**

Versículo para memorizar

Antes de la clase escriba el versículo en la pizarra o en una hoja grande de papel.

¡Cuán dichoso es el hombre a quien Dios corrige!
No menosprecies la disciplina del Todopoderoso.
Job 5:17

Explique que la palabra menospreciar significa que uno desprecia a alguien o algo. La disciplina, o corrección, es el adiestramiento que Dios utiliza para enseñarnos a obedecer sus reglas y comportarnos cómo Él quiere que lo hagamos.

Pida a los niños mayores que hagan una paráfrasis del versículo. Es decir que lo pongan en palabras que un niñito pueda entender. Las niñas dirán "mujer" en lugar de "hombre" en el versículo, porque éste no habla solo a los hombres. Una paráfrasis puede ser: "Dios me corrige porque me ama. Debo sentirme feliz de que Dios me corrige, porque eso indica que me ama. Dios quiere que crezca y sea un adulto que hace lo recto y justo."

3. Lo que Dios quiere que yo haga

Objetivo: que los niños piensen en cómo detenerse y pensar en las consecuencias cuando quieran pecar (hacer cosas contrarias a las reglas de Dios).

- **¿Cuáles son algunas cosas que los niños pudieran hacer esta semana, algo que fuera desobediencia a las reglas de Dios?**
- **¿Cuáles son algunas de las consecuencias de desobedecer las reglas?**
  Sus padres o maestros tendrán que disciplinarlos. Los niños se podrían sentir muy mal por lo malo que hicieron. Tal vez no puedan dormir en la noche.
- **¿Decepcionamos a Dios solo cuando "hacemos" cosas malas? ¿Hay otras formas de decepcionar a Dios?**
  Sí. Muchas veces pensamos cosas malas que solo nosotros sabemos. ¡Ah, no! Dios conoce nuestros pensamientos. No siempre podemos evitar que los malos pensamientos entren en nuestra cabeza, pero tan pronto tengamos un mal pensamiento, podemos orar y pedirle a Jesús que nos ayude a pensar en otra cosa.

Reparta papel de color, lápices, crayones, y tijeras. (Si no tiene papel de color, use papel blanco.) Diga a los niños que harán algún tipo de señal que les recuerde que deben vivir como Jesús quiere. La señal debe recordarles que no quieren hacer nada que ponga triste a Dios o que lo decepcione. Tampoco quieren hacer algo que les haga enfrentar las consecuencias del pecado.

Sugiera algunas cosas que los niños podrían dibujar y recortar: (1) una estrella en la que escriban: "Esta semana quiero hacer cosas que hagan feliz a Jesús"; (2) una flecha en que escriban: "Quiero hacer sonreír a Dios, porque toda la semana le he mostrado mi amor." Anime a los niños a pensar en ideas propias. Cuando hayan terminado, anímelos a mostrar lo que han hecho y escrito. Si es posible, en las siguientes dos semanas, cuelgue las señales de los niños en un lugar donde todos las vean.

Pidámosle a Jesucristo que nos ayude a recordar esta semana que el pecado es malo y que tiene consecuencias.

Tenga un momento de oración silenciosa en que los niños pidan a Dios que les ayude cuando estén por hace algo malo, para que no pequen.

Convicción 3

Unidad 2 • Semana 3 • Día 2

Enfoque en rasgos de personalidad

La convicción es adherirse tan firmemente a un valor ético o una fe religiosa que esto influya en lo que somos y en lo que hacemos.

Tema: una fe firme me ayuda a hacer lo que Dios pide de mí.

Hoy los niños aprenderán acerca de la convicción como rasgo de personalidad

Hoy los niños decidirán cómo mostrarán convicción en su vida esta semana.

MATERIALES NECESARIOS

- ❑ Hojas de papel blanco o de color (2 para cada niño) (vea la sección 2)
- ❑ Tijeras
- ❑ Prepárese: en la segunda sesión de esta semana, encontrará una entrevista de televisión en que los niños pueden participar. Deles hoy el libreto a tres buenos lectores para que tengan tiempo de practicar. Puede sacar las copias de esta Guía; pero asegúrese de que los niños las traigan de vuelta a la clase.

DESARROLLO DE LA LECCIÓN

1. Rasgo de personalidad: *la convicción*

Objetivo: una fábula de Esopo enseña a los niños que diferentes convicciones tienen diferentes consecuencias.

Si creemos algo firmemente, la fuerte convicción marcará una diferencia en lo que pensamos y hacemos. Podemos apegarnos a esa convicción aún si significa pasar hambre o no tener un lugar abrigado y seguro donde pasar la noche. La historia que les voy a leer ha sido adaptada de un cuento popular para niños. No es una historia bíblica. Después de que les cuente la historia, hablaremos de ella y la vamos a dramatizar. Recuerden que esta no es una historia bíblica. Es una fábula, una historia escrita para enseñar a niños y adultos una lección importante.

LA FÁBULA DEL PERRO Y EL LOBO

Un día, en un camino de tierra afuera de un pequeño pueblo, un perro saludable y bien alimentado conoció a un lobo flaco y hambriento.

--Hola primo --dijo el perro--. Te veo muy hambriento y fatigado. Tu vida de vagabundo es peligrosa y la falta comida a sus horas pronto destruirá tu salud. ¿No preferirías trabajar para un amo como yo lo hago, y tener qué comer todos los días?

--Me gustaría mucho --dijo lobo el hambriento--, si pudiera encontrar tal trabajo.

--Ven conmigo a ver a mi amo --dijo el perro--. Creo que te permitirá compartir mi trabajo.

Mientras el lobo y el perro iban juntos hacia el pueblo, el lobo notó que el pelo en el cuello del perro estaba bastante gastado.

--¿Cómo te pasó eso? –le preguntó el lobo.

--No es nada --dijo el perro--. Es la marca del collar que me tiene encadenado cada noche. El collar me raspa el cuello un poco pero ya estoy acostumbrado.

--¿Estás acostumbrado a estar encadenado? --exclamó el lobo, asombrado--. Entonces, ¡adiós, primo!

- **El perro se quedó con un amo que lo tenía encadenado. ¿Por qué se quedó el perro?**
  El perro valoraba la seguridad, la conveniencia, la rutina, la certeza de tener comida.
- **¿Por qué el lobo escogió no irse con el perro?**
  El lobo valoraba la libertad.
- **¿Qué fuerte convicción tenía el lobo?**
  La firme creencia del lobo en la libertad significaba más para él que casa y comida.
- **¿Qué fuerte convicción tenía el perro?**
- **¿Cuál convicción creen que era mejor: la del perro o la del lobo? ¿Por qué?**
- **¿Qué piensan que Esopo quería que los niños aprendieran de esta historia?**
  Ambos animales tenían firmes convicciones y actuaban según ellas. Ninguna de las convicciones era completamente buena o completamente mala. Pero las convicciones definieron el comportamiento de cada animal. Cada uno tuvo diferentes beneficios y sufrió diferentes penurias a causa de su convicción.

Repasen la historia de hoy con una dramatización que los alumnos actúen mientras usted la lee de nuevo. Necesitará dos actores para que hagan las veces del perro y del lobo. El resto del grupo puede ser un público activo que muestra sus sentimientos en los diferentes pasajes de la historia, con pulgares hacia arriba o hacia abajo para expresar lo positivo o lo negativo.

2. Ejemplo del rasgo de personalidad: *la convicción*

Objetivo: que los niños tejan un "tapete" de convicción que identifique a personas que ellos conocen, que tienen firmes convicciones cristianas. Se trata de personas que se conducen de maneras que agradan a Jesucristo.

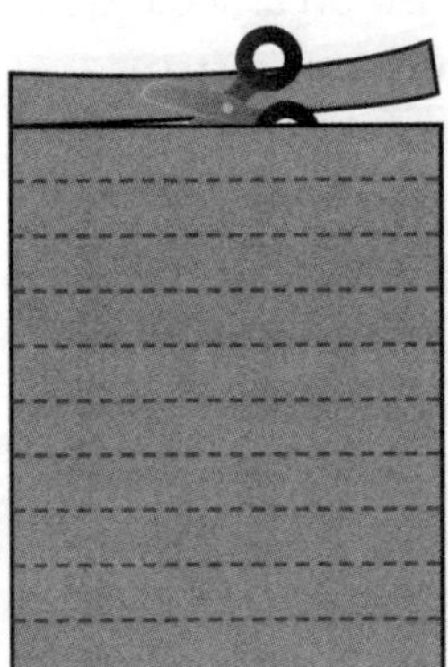

Tejamos un tapete; será divertido. En el tapete pueden poner los nombres de personas que conocen o de las que han leído que tienen firmes convicciones cristianas. Esto significa que siempre tratan de vivir de maneras que agradan a Jesucristo.

Para los niños menores será muy útil si usted ya ha hecho uno de los "tapetes", de manera que puedan verlo antes de que intenten hacerlo. Dé dos hojas de papel (de dos colores es mejor, si los tiene) a cada niño. Ellos deben cortar una hoja en tiras largas.

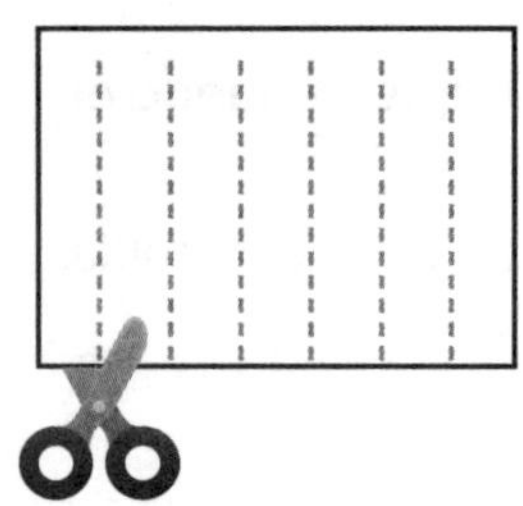

En las tiras, escriban nombres de personas fieles que cumplen sus convicciones de amar a Jesús mediante una vida que le agrada. Puede ser nombres de personas que ustedes conocen, de hermanos de la iglesia, o de personajes bíblicos. Si una de sus convicciones es que Jesús los ama y que ustedes lo aman, pongan su propio nombre en una de las tiras.

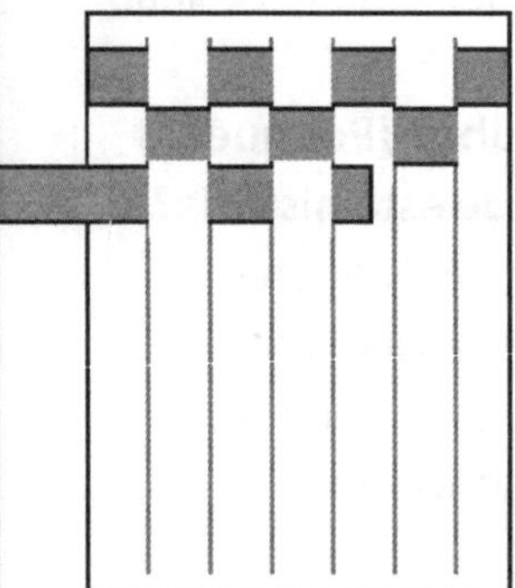

Cuando hayan escrito un nombre en cada una de las tiras, doblen la segunda hoja de papel por la mitad. Comenzando por el doblez, hagan cortes a lo largo del papel; pero no lo corten por completo. Dejen unos tres centímetros desde el borde. Ahora entrelacen las tiras de un lado a otro en los cortes.

Cuando los niños hayan terminado, haga estas preguntas:

- **¿Quiénes son las personas cuyos nombres pusieron en las tiras de papel?**
- **¿Quién puede hablar de alguna vez cuando una de estas personas mostró su convicción cristiana, aún cuando fue difícil?**
- **Si pusiste tu nombre en una de las tiras, cuéntanos por qué lo hiciste.**

3. Cómo vivir con *convicción* esta semana

Objetivo: los niños tendrán una oportunidad de aceptar a Dios como su Padre celestial.

Maestro, cuando se prepare para esta lección, repase la información acerca de cómo conducir a un niño a Cristo, al inicio de esta Guía del maestro. Hay incluso un artículo que puede fotocopiar para darlo a los niños que tomen esta decisión; no obstante, esto es opcional.

Yo tengo una convicción. Creo con todo mi corazón que Jesús me ama, y que yo lo puedo amar toda mi vida. Él da sentido a mi vida. Quiero contarles cómo llegué a aceptar esta convicción.

Hable de cómo aceptó a Cristo como Señor y Salvador. A los niños les encantará oír su testimonio y es bueno que conozcan un poco acerca de la vida de usted. Esto lo hace a usted más real. Tendrá la oportunidad de contarles esto nuevamente, tal vez con más detalle, en la última sesión de esta unidad.

Tengo otra convicción que es resultado de mi amor a Jesús. Creo que Jesús quiere que les hable acerca de Él cada semana y que les dé la oportunidad de aceptar su amor. Hoy es uno de esos días. Escuchen atentamente.

Para algunos niños puede ser la primera vez que oigan el plan de la salvación. Tal vez no estén listos a tomar la decisión de aceptar a Cristo. No los presione ni les suplique que lo hagan. No deben tomar la decisión porque quieren agradarlo a usted. Debe ser una decisión totalmente por parte de ellos. Usted estará explicando el plan de la salvación nuevamente en la última sesión del mes. Ore que los que no estuvieron listos hoy a decidirse, estén listos entonces.

Mi esperanza y mi oración es que cada uno de ustedes llegue a conocer a Cristo. Cuando tomen la decisión de ser un seguidor de Jesucristo, el Hijo de Dios, llegarán a ser hijo o hija de Dios. ¡Por siempre! Cuando tomen la decisión de ser un seguidor de Jesucristo, nunca estarán solos. En todo momento, Jesús estará a su lado. Cuando tomen la decisión de ser un seguidor de Jesucristo, tendrán el apoyo y el amor de su Padre celestial. ¡Por siempre jamás! Jesús los ama y nunca los dejará.

¿Recuerdan la palabra importante que estamos estudiando? ¡Convicción! Con convicción en su corazón pueden hacer un compromiso de amar a Jesús y a su Padre por toda la vida. Él puede ayudarles a hacer más de lo que jamás podrán hacer solos.

- **Él les ayudará a poner a otros antes de sí mismos.**
- **Él les ayudará a consolar a los que están afligidos.**
- **Él traerá a personas a su vida que les ayudarán en los tiempos difíciles. De hecho, creo que por eso Jesús me trajo aquí para ayudarles.**

Les invito a que entreguen su vida a Cristo. Es mi deseo que cada uno de ustedes llegue a ser un hijo o una hija de Dios.

Diga que se quedará un rato después de la clase. Si alguno quisiera hablar con usted acerca de aceptar a Cristo, debe quedarse después de la clase para que hable con usted.

Luego ore algo como esto:

"Amado Señor Jesús, ayuda a los niños que están aquí a que te conozcan, te amen, y deseen agradarte."

Pase junto a cada niño y diga: **"Gracias, amado Jesús, por estos niños maravillosos."** Si la clase es pequeña, puede mencionar el nombre de cada niño. **"Es mi oración que cada uno, durante toda su vida, sepa que tú lo amas. En el nombre de Jesús, amén."**

Si hace una oración individual por cada niño, después de la mención de cada uno, todos los demás deben decir: "Gracias, Jesucristo."

Dolor y muerte 3

Unidad 2 • Semana 3 • Día 3

Enfoque en aptitudes para la vida

Tema: puedo crecer mediante las experiencias dolorosas.

Hoy los niños aprenderán que la vida es un regalo de Dios nuestro Creador.

Hoy los niños decidirán que deben valorar la vida, y que nunca deben desperdiciarla.

MATERIALES NECESARIOS

- ❑ Soga o cuerda
- ❑ Pinzas para ropa o sujetapapeles
- ❑ Cinta adhesiva
- ❑ 9 señales de advertencia de suicidio, cada una escrita en un papel aparte (vea la sección 1)
- ❑ 9 señales de "Busca ayuda de un adulto de confianza" escritas antes de la clase (vea la sección 1)

Una nota para usted, el maestro:

Lea detenidamente esta lección, y decida si prefiere que solo los niños mayores participen en la sesión de hoy. Si los más pequeños se pudieran asustar o confundir, organice otra actividad para que ellos, de modo que no estén en esta clase.

El suicidio puede ser un tema que no se ha tratado abiertamente, y los niños pueden tener conceptos erróneos y temores que necesitan ser comentados y explicados. Esta sesión les da una perspectiva cristiana sobre este triste asunto. Puede haber niños en la clase cuyos padres escogieron esta salida para sus problemas. Otros pudieran haber pensado en quitarse la vida cuando las cosas han estado duras. La vida que tenemos es la única que Dios nos ha dado sobre la tierra; es la única y es muy valiosa. Esta lección tiene como fin ayudar a los niños a comprender a los adultos que escogieron suicidarse; pero más que nada, es para ayudar a los niños a conocer que ésta es una decisión que Dios nunca quiere que tomen.

DESARROLLO DE LA LECCIÓN

1. Enfoque en el suicidio

Objetivo: que los niños reconozcan las nueve señales de advertencia del suicidio, que pudieran ayudarles a prevenir la muerte de un amigo.

Imaginen que un día me vieran cortándome el brazo. Eso les perturbaría y me preguntarían por qué estaba haciendo una cosa tan horrible. Yo podría decir: "Porque tengo una astilla en mi dedo y ya no puedo soportar más el dolor."

- **¿Qué pensarían?**

Tan absurda como pudiera parecer esta situación imaginaria, es similar a la forma en que algunas personas, aún los adultos, tratan de resolver sus problemas. Si la vida se pone difícil, o están angustiados, o no pueden ver una salida, algunas personas hacen más que cortarse un brazo. Terminan con su vida. Esto es muy triste, y totalmente incorrecto. Solo tenemos una vida sobre la tierra. Esa vida es muy valiosa para nosotros y para Dios. Hoy hablaremos acerca de las personas que se suicidan para acabar con su dolor y su depresión. Veremos lo que debemos hacer para impedirles que tomen esa horrible decisión.

- **Hoy hablaremos acerca del suicidio. ¿Qué significa el suicidio?**
- **¿Qué saben ustedes acerca del suicidio?**

Dé a los niños este examen de "correcto o incorrecto" que le indicará lo que saben acerca del suicidio. Si consideran que lo que usted plantea es correcto, deben ponerse de pie; si piensan que lo que les dice es incorrecto, deben permanecer sentados y darse golpecitos sobre la cabeza. La respuesta correcta está subrayada.

Correcto/<u>incorrecto</u>: **La gente que trata de suicidarse no es gente normal.**

<u>Correcto</u>/incorrecto: **Cualquiera que siente que no hay esperanza o que tiene angustia insoportable que no termina, al fin piensa en el suicidio.**

Correcto/<u>incorrecto</u>: **La gente que habla del suicidio, nunca llega a matarse.**

<u>Correcto</u>/incorrecto: **La gente que está pensando en quitarse la vida, generalmente da indicios de advertencia.**

Correcto/<u>incorrecto</u>: **Si se la habla a alguien acerca del suicidio se les dará la idea de hacerlo.**

<u>Correcto</u>/incorrecto: **La gente que trata de quitarse la vida puede mejorar después de que reciba esperanza y encuentre formas de manejar sus problemas.**

La gente que piensa en el suicidio es gente normal. Como todas las personas, ellos tienen días buenos y días malos. Entonces las cosas cambian. Tal vez alguien a quien aman o de quien dependen, muere. O se enferman. Después de eso, cada día es un mal día, sin ninguna esperanza de que vuelvan a sentirse felices. Tal vez no ha llovido en mucho tiempo y no pueden alimentar a sus hijos, porque no hubo cosechas. Quizá se enferman y el dolor empeora las cosas. Tal vez el esposo o la esposa se fue y entonces la vida sin esa persona se vuelve más y más difícil cada día. No saben a quién acudir por ayuda. Empiezan a pensar que el suicidio es la única respuesta que les queda. Piensan que el suicidio es la única manera de acabar con el sufrimiento. Se sienten vacíos, y por fin pierden la esperanza. Cuando no tienen esperanza, no ven otra posibilidad de acabar con su dolor, excepto la muerte.

Si alguien a quien ustedes conocen habla acerca del suicidio, tómenlo en serio. Cuando la gente habla acerca de quitarse la vida, lo que quieren decir es que están desesperados. Están clamando por ayuda. Mediante lo que estudiemos aprenderán a reconocer si un amigo está deprimido.

La gente que está pensando en acabar con su vida generalmente da varias señales de advertencia.

Escoja a dos niños para que sostengan una cuerda o soga más o menos a un metro de altura. Mientras usted habla, fije allí (con las pinzas para ropa o los sujetapapeles) cada una de las nueve señales de advertencia. Dé a nueve niños las señales de "Busca ayuda de un adulto de confianza". Después que haya hablado acerca de cada una de las señales de advertencia y las haya fijado en la cuerda, pida a un niño que pegue con cinta una señal de "Busca ayuda de un adulto de confianza" sobre la señal de advertencia (siga así con cada advertencia). Esto es lo que los niños deben hacer si un amigo muestra indicios de pensar en el suicidio.

Éstas son las nueve frases que debe escribir en las nueve hojas de papel, antes de la clase. Escriba con letras tan grandes que los niños las puedan leer.

1. Piensa en la muerte todo el tiempo.
Diga que a veces las personas hablan mucho acerca de la muerte. Alguien pudiera decir: "Me pregunto qué se sentirá estar muerto."

- **¿Qué deben hacer si les parece que alguien pasa mucho tiempo pensando en la muerte y hablando de ese tema?**

Un niño pega un papel con "Busca ayuda de un adulto de confianza" sobre la señal. Siga este patrón para las nueve frases.

2. Cambios en el humor o la personalidad.
3. Cambios en la alimentación o el sueño.
4. Se aparta de sus amigos y de sus actividades.
5. Toma riesgos.
Estos riesgos muestren que la persona no valora la vida. Es como si tratara de morirse.
6. Se droga.
7. Regala sus pertenencias.
A veces alguien le regala a un amigo sus más preciadas pertenencias. Es su manera de decir adiós.
8. Habla mucho acerca de acabar con su vida.
9. Te dice que no se lo digas a nadie.

Al hablar con alguien que está muy deprimido se le da la oportunidad de pedir ayuda. La conversación abre la puerta para que expresen sus sentimientos. Escuchen atentamente lo que dice la persona y no le digan que sus sentimientos no son importantes. No tienen que tener muchas respuestas para la persona. Lo principal es que le digan cuánto se preocupan por ella y cuánto valoran su amistad.

- **¿Cómo se sentirían si una amiga les dijera que está pensando en suicidarse?**
- **¿Qué le dirían? ¿Qué harían?**
- **Supongan que su amiga les pidiera una promesa, que no le dirán a nadie lo que ella está pensando. ¿Qué deben hacer?**
  No prometan nada. Esto en verdad es un asunto de vida o muerte. Si se lo dicen a una persona de confianza, pueden salvar la vida de su amiga.
- **¿Cómo creen que se sentirá su amiga si le prometen que no lo dirán a nadie y después se lo cuentan a alguien para que ella pueda recibir ayuda?**
  Enojada; tanto como para ya no sea su amiga.

Diga a los niños que algunas decisiones son difíciles de tomar. Haga hincapié en que está en juego la vida de una persona. Es mejor avisar algo así y tener una amiga enojada, pero viva, que guardar un secreto y tener una amiga muerta. Nunca un niño debe dejar de recibir ayuda de un adulto de confianza.

Cada uno de nosotros tenemos momentos en que todo parece ir mal, y buscamos un escape del dolor. Dios nos da esperanza para el futuro y nos ayuda a pasar por esos tiempos desalentadores. Cuando ayudamos a un amigo, nuestra meta es que esa persona acepte la esperanza que Dios ofrece y que agradezca a Dios por el regalo de la vida.

2. Aprendamos la verdad acerca del suicidio

Objetivo: que los niños dramaticen cómo los héroes bíblicos trataron los tiempos duros, tan difíciles que desearon la muerte.

Aun algunos de los héroes de la Biblia pasaron por tiempos en que pensaban que nadie se interesaba en ellos o que nadie los comprendía. Pensaban que no valía la pena vivir. Vamos a escuchar un programa de televisión imaginario y veremos cómo dos de estos héroes se sintieron y la ayuda que recibieron.

Escoja 3 niños que sean buenos lectores. Pida que lean sus partes con expresión. Una idea: deles el guión anticipadamente esta semana para que tengan tiempo de practicar.

- **¿Qué hicieron Moisés y Elías cuando les pareció que la vida ya no tenía significado? ¿Qué hacen ustedes cuando se sienten de esa manera?**
- **Dios dio ayudantes a Moisés. ¿Cómo creen que eso le ayudó a superar la depresión?**
- **¿Por qué creen que Dios le dio a Elías comida y lo dejó descansar antes de que hiciera algo más por el profeta?**
- **Tanto Moisés como Elías escucharon a Dios. Cuando estamos desanimados, podemos seguir el ejemplo de Elías y buscar al Señor. Dios siempre está cerca de nosotros y quiere ayudarnos. ¿En qué formas podemos escuchar hoy la voz de Dios?**
  Leer la Biblia y buscar lo que Dios nos dice a través de sus palabras. Preguntarles a amigos cristianos lo que debemos hacer. Orar y escuchar tranquilamente para ver si Dios nos dice algo en nuestra mente.

3. Aplicación de lo aprendido

Objetivo: que los niños le pidan a Dios que los haga más sensibles al dolor de otros.

Tal vez lo más provechoso que podemos hacer por los que sienten que su vida no tiene sentido es mostrarles que realmente nos preocupamos por ellos. La ayuda que ustedes como niños puedan dar probablemente no sea suficiente, necesitan pedir ayuda de otras personas, cristianos adultos en quien confían. Aun si ustedes tengan dudas en cuanto a pedir ayuda de un adulto, deben hacerlo. Los adultos tienen más experiencia, y más sabiduría y autoridad. Ellos tienen mejor posibilidad de ayudar.

Para concluir, pida que los niños se tomen de las manos, pero en lugar de que formen un círculo, deben formar un corazón. Finalice la clase con oración, pidiendo a Dios que les ayude, a usted y a cada niño, a ser más sensibles hacia quienes se sienten deprimidos.

Moisés y Elías quieren morirse

Una entrevista de televisión imaginaria
Basada en historias bíblicas

Reportero: ¡Hola! Me llamo (ponga aquí su nombre) y voy a entrevistar a dos famosos hombres de la Biblia: Moisés y Elías. Hola, Moisés y Elías. Bienvenidos. A ustedes se los reconoce como grandes líderes que sirvieron a Dios; pero también tuvieron que pasar por gran sufrimiento y depresión. Ambos pensaron en la muerte como un escape del dolor. ¿Cuándo ocurrió eso?

Moisés: Cuando estaba guiando a los israelitas por el desierto hacia la Tierra Prometida, me sentí muy desanimado. No importaba cuánto me esforzaba, para el pueblo nunca era suficiente. Yo estaba deprimido y enojado por sus quejas. Sentía como que ya no podía soportar más. Eran como niños desagradecidos. Yo me sentía muy solo y desalentado. Sabía que Dios me había llamado para guiar a ese pueblo, pero me preguntaba por qué Dios no hacía que me trataran mejor.

Elías: Yo sé cómo te sentías. El Señor me dio una gran victoria sobre los falsos profetas del ídolo Baal. En respuesta a mi oración, Dios puso fin a una sequía de tres años. ¿Crees que alguien me lo agradeció? ¡No! Entonces la malvada reina Jezabel amenazó con matarme. Nadie me defendió. Me sentí abandonado, vacío y herido. Tenía tanto miedo que huí al desierto.

Reportero: ¿Qué hicieron para escapar de tan horrible sufrimiento?

Moisés: Yo hablé con Dios acerca de eso. Le dije que si me amaba, que me matara, para que ya no tuviera más problemas.

Elías: Yo también hablé con Dios. Le dije que ya no podía más y le pedí que me quitara la vida.

Reportero: ¡Qué desesperados estaban ustedes! Debe de haber sido un tiempo muy difícil para ustedes. ¿Cómo les ayudó su fe en Dios a pasar por esos tiempos tan duros?

Moisés: Dios me mostró que no tenía que hacer solo el trabajo de guiar a esa gente que solo se quejaba. Él me dio 70 auxiliares y me prometió que tendrían el mismo ánimo de oración y lealtad a Dios que yo tenía. Ellos facilitarían mi trabajo.

Elías: Dios me alimentó en el desierto y me dio descanso. Después me enseñó a olvidarme de los problemas que me rodeaban y a escuchar su voz. Fue entonces que me di cuenta de que su propósito para mi vida no había acabado. También me dijo que había más creyentes fieles en el país. Me había sentido solo, pero no estaba solo.

Reportero: ¿Qué consejo tienen para las personas que están desanimadas y que les parece difícil la vida? Tal vez hasta quieran acabar con su vida.

Moisés: Dígales: "Nunca pongan fin a su vida. La vida es un regalo de Dios y debe ser valorada. Debemos buscar maneras de disfrutarla y usarla para servir a Dios." Esta es la única vida sobre la tierra que cualquiera de nosotros tendrá. Necesitamos valorarla, aun cuando las cosas sean difíciles.

Elías: Dios nos dio la vida. Dios es el único que mejor nos puede decir cómo usar nuestra vida. Él tiene planes maravillosos para cada uno de nosotros. Su plan nos puede dar gozo y satisfacción.

Reportero: Gracias a ambos por sus valiosos consejos. La Biblia dice: "Éste es el día en que el Señor actuó; regocijémonos y alegrémonos en él." Eso es lo que voy a hacer; regocijarme y alegrarme porque Dios me ama y yo le amo.

Moisés y Elías quieren morirse

Una entrevista de televisión imaginaria Basada en historias bíblicas

Reportero: ¡Hola! Me llamo (ponga aquí su nombre) y voy a entrevistar a dos famosos hombres de la Biblia: Moisés y Elías. Hola, Moisés y Elías. Bienvenidos. A ustedes se los reconoce como grandes líderes que sirvieron a Dios; pero también tuvieron que pasar por gran sufrimiento y depresión. Ambos pensaron en la muerte como un escape del dolor. ¿Cuándo ocurrió eso?

Moisés: Cuando estaba guiando a los israelitas por el desierto hacia la Tierra Prometida, me sentí muy desanimado. No importaba cuánto me esforzaba, para el pueblo nunca era suficiente. Yo estaba deprimido y enojado por sus quejas. Sentía como que ya no podía soportar más. Eran como niños desagradecidos. Yo me sentía muy solo y desalentado. Sabía que Dios me había llamado para guiar a ese pueblo, pero me preguntaba por qué Dios no hacía que me trataran mejor.

Elías: Yo sé cómo te sentías. El Señor me dio una gran victoria sobre los falsos profetas del ídolo Baal. En respuesta a mi oración, Dios puso fin a una sequía de tres años. ¿Crees que alguien me lo agradeció? ¡No! Entonces la malvada reina Jezabel amenazó con matarme. Nadie me defendió. Me sentí abandonado, vacío y herido. Tenía tanto miedo que huí al desierto.

Reportero: ¿Qué hicieron para escapar de tan horrible sufrimiento?

Moisés: Yo hablé con Dios acerca de eso. Le dije que si me amaba, que me matara, para que ya no tuviera más problemas.

Elías: Yo también hablé con Dios. Le dije que ya no podía más y le pedí que me quitara la vida.

Reportero: ¡Qué desesperados estaban ustedes! Debe de haber sido un tiempo muy difícil para ustedes. ¿Cómo les ayudó su fe en Dios a pasar por esos tiempos tan duros?

Moisés: Dios me mostró que no tenía que hacer solo el trabajo de guiar a esa gente que solo se quejaba. Él me dio 70 auxiliares y me prometió que tendrían el mismo ánimo de oración y lealtad a Dios que yo tenía. Ellos facilitarían mi trabajo.

Elías: Dios me alimentó en el desierto y me dio descanso. Después me enseñó a olvidarme de los problemas que me rodeaban y a escuchar su voz. Fue entonces que me di cuenta de que su propósito para mi vida no había acabado. También me dijo que había más creyentes fieles en el país. Me había sentido solo, pero no estaba solo.

Reportero: ¿Qué consejo tienen para las personas que están desanimadas y que les parece difícil la vida? Tal vez hasta quieran acabar con su vida.

Moisés: Dígales: "Nunca pongan fin a su vida. La vida es un regalo de Dios y debe ser valorada. Debemos buscar maneras de disfrutarla y usarla para servir a Dios." Esta es la única vida sobre la tierra que cualquiera de nosotros tendrá. Necesitamos valorarla, aun cuando las cosas sean difíciles.

Elías: Dios nos dio la vida. Dios es el único que mejor nos puede decir cómo usar nuestra vida. Él tiene planes maravillosos para cada uno de nosotros. Su plan nos puede dar gozo y satisfacción.

Reportero: Gracias a ambos por sus valiosos consejos. La Biblia dice: "Éste es el día en que el Señor actuó; regocijémonos y alegrémonos en él." Eso es lo que voy a hacer; regocijarme y alegrarme porque Dios me ama y yo le amo.

Moisés y Elías quieren morirse

Una entrevista de televisión imaginaria Basada en historias bíblicas

Reportero: ¡Hola! Me llamo (ponga aquí su nombre) y voy a entrevistar a dos famosos hombres de la Biblia: Moisés y Elías. Hola, Moisés y Elías. Bienvenidos. A ustedes se los reconoce como grandes líderes que sirvieron a Dios; pero también tuvieron que pasar por gran sufrimiento y depresión. Ambos pensaron en la muerte como un escape del dolor. ¿Cuándo ocurrió eso?

Moisés: Cuando estaba guiando a los israelitas por el desierto hacia la Tierra Prometida, me sentí muy desanimado. No importaba cuánto me esforzaba, para el pueblo nunca era suficiente. Yo estaba deprimido y enojado por sus quejas. Sentía como que ya no podía soportar más. Eran como niños desagradecidos. Yo me sentía muy solo y desalentado. Sabía que Dios me había llamado para guiar a ese pueblo, pero me preguntaba por qué Dios no hacía que me trataran mejor.

Elías: Yo sé cómo te sentías. El Señor me dio una gran victoria sobre los falsos profetas del ídolo Baal. En respuesta a mi oración, Dios puso fin a una sequía de tres años. ¿Crees que alguien me lo agradeció? ¡No! Entonces la malvada reina Jezabel amenazó con matarme. Nadie me defendió. Me sentí abandonado, vacío y herido. Tenía tanto miedo que huí al desierto.

Reportero: ¿Qué hicieron para escapar de tan horrible sufrimiento?

Moisés: Yo hablé con Dios acerca de eso. Le dije que si me amaba, que me matara, para que ya no tuviera más problemas.

Elías: Yo también hablé con Dios. Le dije que ya no podía más y le pedí que me quitara la vida.

Reportero: ¡Qué desesperados estaban ustedes! Debe de haber sido un tiempo muy difícil para ustedes. ¿Cómo les ayudó su fe en Dios a pasar por esos tiempos tan duros?

Moisés: Dios me mostró que no tenía que hacer solo el trabajo de guiar a esa gente que solo se quejaba. Él me dio 70 auxiliares y me prometió que tendrían el mismo ánimo de oración y lealtad a Dios que yo tenía. Ellos facilitarían mi trabajo.

Elías: Dios me alimentó en el desierto y me dio descanso. Después me enseñó a olvidarme de los problemas que me rodeaban y a escuchar su voz. Fue entonces que me di cuenta de que su propósito para mi vida no había acabado. También me dijo que había más creyentes fieles en el país. Me había sentido solo, pero no estaba solo.

Reportero: ¿Qué consejo tienen para las personas que están desanimadas y que les parece difícil la vida? Tal vez hasta quieran acabar con su vida.

Moisés: Dígales: "Nunca pongan fin a su vida. La vida es un regalo de Dios y debe ser valorada. Debemos buscar maneras de disfrutarla y usarla para servir a Dios." Esta es la única vida sobre la tierra que cualquiera de nosotros tendrá. Necesitamos valorarla, aun cuando las cosas sean difíciles.

Elías: Dios nos dio la vida. Dios es el único que mejor nos puede decir cómo usar nuestra vida. Él tiene planes maravillosos para cada uno de nosotros. Su plan nos puede dar gozo y satisfacción.

Reportero: Gracias a ambos por sus valiosos consejos. La Biblia dice: "Éste es el día en que el Señor actuó; regocijémonos y alegrémonos en él." Eso es lo que voy a hacer; regocijarme y alegrarme porque Dios me ama y yo le amo.

Moisés y Elías quieren morirse

Una entrevista de televisión imaginaria Basada en historias bíblicas

Reportero: ¡Hola! Me llamo (ponga aquí su nombre) y voy a entrevistar a dos famosos hombres de la Biblia: Moisés y Elías. Hola, Moisés y Elías. Bienvenidos. A ustedes se los reconoce como grandes líderes que sirvieron a Dios; pero también tuvieron que pasar por gran sufrimiento y depresión. Ambos pensaron en la muerte como un escape del dolor. ¿Cuándo ocurrió eso?

Moisés: Cuando estaba guiando a los israelitas por el desierto hacia la Tierra Prometida, me sentí muy desanimado. No importaba cuánto me esforzaba, para el pueblo nunca era suficiente. Yo estaba deprimido y enojado por sus quejas. Sentía como que ya no podía soportar más. Eran como niños desagradecidos. Yo me sentía muy solo y desalentado. Sabía que Dios me había llamado para guiar a ese pueblo, pero me preguntaba por qué Dios no hacía que me trataran mejor.

Elías: Yo sé cómo te sentías. El Señor me dio una gran victoria sobre los falsos profetas del ídolo Baal. En respuesta a mi oración, Dios puso fin a una sequía de tres años. ¿Crees que alguien me lo agradeció? ¡No! Entonces la malvada reina Jezabel amenazó con matarme. Nadie me defendió. Me sentí abandonado, vacío y herido. Tenía tanto miedo que huí al desierto.

Reportero: ¿Qué hicieron para escapar de tan horrible sufrimiento?

Moisés: Yo hablé con Dios acerca de eso. Le dije que si me amaba, que me matara, para que ya no tuviera más problemas.

Elías: Yo también hablé con Dios. Le dije que ya no podía más y le pedí que me quitara la vida.

Reportero: ¡Qué desesperados estaban ustedes! Debe de haber sido un tiempo muy difícil para ustedes. ¿Cómo les ayudó su fe en Dios a pasar por esos tiempos tan duros?

Moisés: Dios me mostró que no tenía que hacer solo el trabajo de guiar a esa gente que solo se quejaba. Él me dio 70 auxiliares y me prometió que tendrían el mismo ánimo de oración y lealtad a Dios que yo tenía. Ellos facilitarían mi trabajo.

Elías: Dios me alimentó en el desierto y me dio descanso. Después me enseñó a olvidarme de los problemas que me rodeaban y a escuchar su voz. Fue entonces que me di cuenta de que su propósito para mi vida no había acabado. También me dijo que había más creyentes fieles en el país. Me había sentido solo, pero no estaba solo.

Reportero: ¿Qué consejo tienen para las personas que están desanimadas y que les parece difícil la vida? Tal vez hasta quieran acabar con su vida.

Moisés: Dígales: "Nunca pongan fin a su vida. La vida es un regalo de Dios y debe ser valorada. Debemos buscar maneras de disfrutarla y usarla para servir a Dios." Esta es la única vida sobre la tierra que cualquiera de nosotros tendrá. Necesitamos valorarla, aun cuando las cosas sean difíciles.

Elías: Dios nos dio la vida. Dios es el único que mejor nos puede decir cómo usar nuestra vida. Él tiene planes maravillosos para cada uno de nosotros. Su plan nos puede dar gozo y satisfacción.

Reportero: Gracias a ambos por sus valiosos consejos. La Biblia dice: "Éste es el día en que el Señor actuó; regocijémonos y alegrémonos en él." Eso es lo que voy a hacer; regocijarme y alegrarme porque Dios me ama y yo le amo.

Dios todo lo sabe

Unidad 2 • Semana 4 • Día 1

Enfoque en la Palabra de Dios

Tema: Dios sabe cuando pecamos y siempre nos perdonará.

Hoy los niños aprenderán que Dios ama a todos, aun a aquellos que los hayan herido. Él se encarga de disciplinar a las personas cuando hacen cosas malas; no nos toca a nosotros.

Hoy los niños decidirán si han de seguir el ejemplo de Dios y perdonarán a quienes los lastiman.

MATERIALES NECESARIOS

Noneco

DESARROLLO DE LA LECCIÓN

1. Historia bíblica: Génesis 4

Objetivo: que los niños aprendan acerca de la asombrosa habilidad de Dios de amar a las personas aun cuando hacen cosas muy malas y pecaminosas.

Les voy a hacer algunas preguntas muy difíciles. Pero no quiero que me contesten una palabra. En lugar de eso, quiero que piensen en su respuesta. Para hacer esto, quiero que cierren sus ojos mientras yo hago estas preguntas. Después de cada pregunta, me quedaré en silencio por un rato mientras ustedes piensan en su respuesta.

- **¿Ha habido alguien que realmente te ha herido? Tal vez te haya hecho algo malo.**

- **Si pudieras castigar a la persona que te lastimó, ¿qué harías?**
- **Si te dijera que si quieres vivir como Jesús tienes que perdonar a esa persona, ¿cómo te sentirías?**
- **Algunos de ustedes tal vez odian a la persona que los lastimó. ¿Qué hace ese odio a su interior? ¿Cómo les hace sentir?**

Pida a los niños que abran los ojos y dígales:

Ser cristiano no siempre es fácil, especialmente para ustedes. Yo sé que a algunos de ustedes les han pasado cosas muy difíciles en su vida. Algunos de ustedes han sido muy heridos. A veces en su exterior, donde se puede ver, y a veces en su interior, donde nadie lo puede ver. Si te estoy describiendo, entonces esta historia bíblica es para ti. Es la historia del primer asesino. El asesino fue uno de los hijos de Adán y Eva. ¿Saben a quién mató? ¡A su hermano! Esta historia es acerca de lo que Dios le hizo al asesino después de que mató a su hermano. ¡Presten atención!

HISTORIA BÍBLICA: DIOS Y EL ASESINO CAÍN

Caín golpeó con su puño un árbol. Estaba enojado por lo que había pasado ese día. ¡No es justo! --pensó Caín--. *Dios debió haber aceptado mi ofrenda.*

Caín y su hermano Abel sabían que una ofrenda a Dios debía ser de lo mejor. Una ofrenda significaba que querían dar a Dios algo importante. Caín era agricultor. Esa mañana él había tomado algo de la cosecha de su campo para dar su ofrenda. Abel era pastor. Para su ofrenda, había escogido cuidadosamente la mejor oveja de todo su rebaño.

Entonces Caín y Abel trajeron sus ofrendas a Dios. A Dios no le agradó la ofrenda de Caín. ¡Pero Dios recibió con agrado la ofrenda de Abel! Caín se enojó. Él sabía que Abel tenía fe en Dios, y hasta eso lo enojó. Parecía que Abel siempre hacía las cosas bien. Caín estaba cada vez más enojado con su hermano.

Dios sabía lo que Caín estaba pensando, y le dijo:

--Caín, ¿por qué estás tan enojado? Si haces lo debido, yo acepto tu ofrenda. Pero si sigues con esta mala actitud, eso es pecado.

Lea exactamente lo que Dios dijo, directamente de la Biblia.

"Si hicieras lo bueno, podrías andar con la frente en alto. Pero si haces lo malo, el pecado te acecha, como una fiera lista para atraparte. No obstante, tú puedes dominarlo."
Génesis 4:7

Pero Caín no aceptó que estaba haciendo lo malo. No le pidió perdón a Dios. En vez de eso, hizo un plan. Le pidió a Abel que fuera al campo. Y entonces, Caín mató a Abel. De pronto, Caín oyó una voz. Él miró alrededor; no había nadie allí. ¡Pero era la voz de Dios!

--¿Dónde está Abel? --Dios le preguntó a Caín.

--¿Cómo voy a saberlo? --dijo Caín, enojado--. ¡No es mi responsabilidad cuidarlo!

--¡Mira lo que has hecho! --dijo Dios--. La sangre de tu hermano clama a mí desde el lugar donde lo mataste.

Pero Caín aun así no admitió que había hecho algo malo. Dios tuvo que castigarlo por lo que había hecho. Escuchen el castigo que Dios le dio a Caín. Fue tremendo.

Lea la disciplina de Dios directamente de la Biblia.

"Cuando cultives la tierra, no te dará sus frutos, y en el mundo serás un fugitivo errante."
Génesis 4:12

--¡No! --exclamó Caín cuando escuchó el castigo--. No puedo soportarlo. Me echas de la tierra, y estaré oculto de tu presencia. Seré un vagabundo sin hogar, y cualquiera que me encuentre me matará. Este castigo es demasiado horrible.

Dios castigó a Caín severamente, porque Caín había hecho una cosa horrible. Él fue el primer asesino del mundo. Pero Dios aún así se preocupaba de Caín. A pesar de todo lo que había hecho, Dios lo amaba. Así que Dios le puso una marca para protegerlo. La Biblia no dice qué marca era, pero para cualquiera que la veía era prueba de que Dios estaba castigando a Caín pero también protegiéndolo.

Caín había pecado. Nunca lo admitió ni le pidió a Dios que lo perdonara. Así que aunque Dios aún lo amaba y lo protegía, Caín llevó una vida infeliz.

Hable acerca de estas preguntas. Permita que más de un niño conteste, si alguien tenga otra perspectiva.

- **¿Cómo supo Dios del pecado de Caín?**
  Dios sabe todo y ve todo; nadie tuvo que decírselo.
- **¿Escapó Caín del castigo de su pecado?**
- **De esta historia, ¿cómo sabemos que Dios aún amaba a Caín y cuidaba de él?**
  Dios le dio a Caín la oportunidad de admitir su pecado y pedir perdón a Dios. Dios puso una marca en Caín para que no fuera herido por otros. El amor de Dios no cambia aun cuando pecamos. Aunque Caín pecó, Dios lo amó y siguió cuidando de él. No obstante, Dios también lo castigó severamente por su pecado.
- **¿Cómo podría la historia haber tenido un final feliz?**
  Dios sabe todo acerca de nosotros y de nuestro pecado. Caín pudo haber pedido perdón cuando Dios le hizo ver su maldad. Él debió haber admitido que había hecho lo malo. Eso hubiera cambiado su vida por completo. No sabemos lo que Dios hubiera hecho, pero sabemos que cuando confesamos a Dios nuestros pecados, Él nos perdona si en verdad estamos arrepentidos. Él nos ayuda a volver a ser sus buenos amigos.

2. Por qué esta historia es importante para mí

Objetivo: que los niños consideren su respuesta a la pregunta: "Si Dios puede perdonar, ¿puedo yo?"

Recuerden que cuando empezamos la clase hoy, pensaron en las personas que los habían herido. Algunas heridas son pequeñas y otras parecen tan grandes como el mundo. Dios sabe todo lo que te ha pasado, y Él está muy triste y hasta enojado con la persona que te lastimó. Él castigará a esa persona, en su propio tiempo y a su manera. Tal vez queramos que Él derrame fuego sobre la cabeza de esa persona, pero eso no es la forma en que Dios obra. Piensa en Caín, y que Dios lo castigó. Pero Dios también mostró su amor por él al no permitir que cualquiera lo matara. Dios quiere que todos reconozcan su pecado, que pidan su perdón, y que comiencen a vivir como es debido. Dios les ha dado a las personas el derecho de elegir. Pueden arrepentirse y seguirlo, o pueden continuar pecando contra Él.

Hay un versículo maravilloso en la Biblia que habla de que dejemos que Dios trate con las personas que nos han herido. Es del primer libro de Samuel.

El Señor es un Dios que todo lo sabe, y él es quien juzga las acciones.
1 Samuel 2:3

Pida a varios niños que hagan una paráfrasis de este versículo para asegurarse de que lo hayan comprendido. Ellos podrían decir algo como esto: "El Señor Dios sabe todo lo que las personas hacen, tanto lo bueno como lo malo, y Él decidirá si lo que han hecho le trae alabanza o si lo que han hecho merece castigo porque han pecado."

- **¿Qué significa cuando digo: "La gente que sigue odiando a quienes los han herido se perjudican más a sí mismos que a la persona que los lastimó"?** Algunos de los niños mayores pueden expresar algo como lo siguiente. Complete lo que haga falta.
  - Cuando estamos enojados con las personas que no nos quieren, usamos mucha energía pensando en lo malo que nos hicieron y en lo que nos gustaría hacer para castigar a esas personas. Cuando nuestra mente está llena de esos pensamientos, no tenemos tiempo ni energía para estar felices o para servir a Cristo.
  - A veces nuestro odio se convierte en temor, y el temor nos deja paralizados. Tememos que alguien nos pueda lastimar otra vez.
  - El odio y el temor nos pueden dañar físicamente. Pueden causar dolores estomacales, cansancio, insomnio, sarpullidos, y toda clase de dolencias físicas.

¿Qué puedes hacer para aliviar tu odio y el temor de las personas que te han herido? Éstas son algunas sugerencias.

1. **Cada vez que sientas que te enojas o te da temor o recuerdas lo que te pasó, puedes pedirle a Jesús que te quite esos pensamientos. En vez de eso, piensa en alguien que ha sido amable contigo y que te ha mostrado el amor de Dios.**

2. **Habla de tus sentimientos con un adulto cristiano. Esa persona puede escuchar lo que te ha pasado y ayudarte a seguir adelante en tu vida.**

3. **Ponte pequeñas metas. Di algo como esto: "No dejaré que el recuerdo de las cosas malas que me han pasado me impida ser la mejor persona posible. Así que este mes, (me esforzaré para obtener una buena calificación en una materia que me parece difícil). O, este mes, (memorizaré 1 Samuel 2:3 y trataré de creer lo que dice).**

3. Lo que Dios quiere que yo haga

Objetivo: que los niños decidan si pueden empezar a perdonar a las personas que los han herido.

Diga que va a usar casi las mismas preguntas que usó al inicio de la clase. También va a pedir a los niños que de nuevo cierren los ojos y que contesten para sí mismos. Además, diga que se quedará hasta más tarde para hablar con cualquiera que desee hacerlo individualmente.

- **Piensa otra vez en la persona que te lastimó. ¿Crees que Dios tiene poder para ayudarte a perdonar a esa persona? ¿Quieres perdonar a esa persona? Recuerda que Dios castigó al primer asesino, pero también mostró que amaba a Caín.**
- **¿Piensas que podrías dejar, aunque sea un poco, tu dolor y coraje porque crees que Dios sabe lo que esa persona te hizo y que Él se hará cargo? Dios no quiere que tu enojo y tu dolor te lastimen.**
- **Muchas veces puede ser de ayuda que hables con un adulto. ¡El dolor compartido a veces parece mucho menos! ¿Quisieras hablar con un adulto? ¿Conmigo o con otra persona? Si es así, ¿cuándo lo harás?**
- **Si verdaderamente pudieras empezar a perdonar a la persona que te lastimó, ¿cómo crees que te sentirías?**

Finalice la clase con un momento de oración en silencio. Después de un minuto, diga: **"En el nombre de Jesús, amén."**

Convicción 4

Unidad 2 • Semana 4 • Día 2

Enfoque en rasgos de personalidad

La convicción es adherirse tan firmemente a un valor ético o una fe religiosa que esto influya en lo que somos y en lo que hacemos.

Tema: una fe firme me ayuda a hacer lo que Dios me pide.

Hoy los niños aprenderán a diferenciar entre las convicciones cristianas y las que no glorifican a Dios.

Hoy los niños decidirán que han de tomar buenas decisiones, basadas en sus convicciones cristianas.

MATERIALES NECESARIOS

- ❑ Hojas de papel blanco o tarjetas
- ❑ Lápices de color

Una nota para usted, el maestro:

La siguiente vez que se reúna con los niños les pedirá a algunos que digan cómo conocieron a Jesús y llegaron a amarlo. (Vea la siguiente lección, sección 2.) Pregunte a varios niños si estarían dispuestos a dar su testimonio la siguiente vez que se reúnan. Esto les dará tiempo para pensar en lo que van a decir.

Desarrollo de la lección

1. Rasgo de personalidad: *la convicción*

Objetivo: los niños escucharán la historia de un hombre sudafricano que tuvo convicciones tan fuertes que no le importaba si lo mataban.

Las personas son valiosas e importantes para Dios. Nelson Mandela creía en esa verdad tan firmemente que estaba dispuesto a ir a la cárcel, en lugar de rendir su convicción. Veamos la vida de Nelson Mandela.

Nelson Mandela, un hombre sudafricano de color, creció durante el tiempo que los sudafricanos blancos gobernaban el país. Nelson creía en la verdad de Dios, de que la gente es valiosa e importante, sin consideración de su inteligencia, sus riquezas, o el color de su piel. Nelson mantuvo firme sus convicciones. En ese tiempo, no era muy seguro hacer eso. En efecto, cuando él trató de ayudar a los sudafricanos negros pobres, lo metieron en la cárcel.

La cárcel era horrible. Allí lo trataron muy mal. ¡Pero él no se rindió! En vez de eso, usó su tiempo en la cárcel para estudiar y convertirse en abogado. Él sabía que con un entendimiento de la ley, podría ayudar a más gente si es que saliera libre.

Por fin, sucedió. Sudáfrica estaba cambiando y él pudo salir de la cárcel. Antes de que lo pusieran en la cárcel, él había ayudado a mucha gente, y mientras estuvo en cárcel, había crecido su reputación. ¿Saben lo que pasó? La gente de Sudáfrica eligió a Nelson Mandela como su presidente. ¡Ese fue un gran cambio para el país! Mucha gente de color miró a Nelson y pensó: "¡Ja! ¡Ahora es nuestra oportunidad de estar al poder! ¡Ahora podemos ser malos con las personas que fueron malas con nosotros!"

Pero Nelson Mandela se había vuelto sabio en la cárcel. Él permaneció firme en su convicción de que todas las personas son importantes para Dios; blancos y negros, pobres y ricos, enfermos y sanos. ¡Toda la gente!

Nelson Mandela dijo que no a las personas que querían que él se vengara. Él dijo a los africanos blancos y a los africanos negros: "Somos sudafricanos. No somos enemigos unos de otros. El prejuicio es nuestro enemigo. Pelearemos contra el prejuicio. Debemos perdonar."

Nelson Mandela tuvo que ser muy valiente para mantenerse firme en sus convicciones. Pero él sabía la verdad de Dios, de que cada persona es importante. Él fue valiente y condujo a su país a hacer lo recto y justo.

2. Ejemplo del rasgo de personalidad: *la convicción*

Objetivo: los niños hablarán acerca de la influencia que puede tener una persona.

Repase la historia de Nelson Mandela:

- **Las convicciones inspiran a gente ordinaria a hacer cosas extraordinarias. ¿Qué cosas extraordinarias hizo Nelson Mandela?**
- **¿Cómo podría ser Sudáfrica hoy si Nelson Mandela hubiera renunciado a sus convicciones?**
- **¿Qué piensan que harían, si los jefes de nuestro país les dijeran que ya no apoyen los derechos de la gente, porque si los siguieran apoyando serían encarcelados?**
- **¿Qué convicciones tienen ustedes acerca del valor de cada persona en nuestro país? Contesten terminando esta frase: "Creo que cada persona en este país. . ."**

3. Cómo vivir con *convicción* esta semana

Objetivo: que los niños practiquen a tomar decisiones basadas en convicciones.

Actividad

dé a cada niño un pequeño pedazo de papel o una tarjeta. Deben dibujar una cara sonriente en un lado del papel o la tarjeta y una cara triste en el otro lado.

Necesito que me ayuden con esta parte de la lección. Voy a leer en alta voz comportamientos que veo en los niños cada día. Algunos son buenos y otros no lo son. Si les parece que lo que digo muestra a un niño que cumple una convicción cristiana, levanten la cara sonriente. Si les parece que el niño no cumple una convicción cristiana, levanten la cara triste. Yo escogeré a uno de ustedes para que explique por qué levantó la cara sonriente o la triste.

Una niña defiende a su hermanito que está siendo maltratado.

Ella cree que los cristianos debemos tratar a otros como quisiéramos que nos traten. Ésta es una importante convicción cristiana.

Un niño dice una mentira para ayudar a un amigo, porque para él las amistades son más importantes que decir la verdad.

Un niño lee las respuestas de un compañero de clase y les dice a todos que son las suyas, porque él piensa está bien engañar mientras no lo descubran.

Una niña le dice algo feo a una compañera de clase, porque ella desprecia a los niños a quienes no conoce.

Un niño comparte su merienda con un nuevo compañero de clase, que no tiene merienda, porque cree que compartir con otros es algo bueno.

Una niña desobedece una norma escolar, porque piensa que no la descubrirán. Cree que la integridad cuenta solo cuando otros están mirando.

Un niño devuelve un libro perdido que encuentra en el patio de juegos, porque

Bien hecho, ¡felicitaciones!

Diga que hoy harán un juego de repaso. La próxima semana será la última lección de la Unidad 2. El repaso se hará hoy y la próxima lección será una celebración con una manualidad.

Juego de repaso

Concluya la clase de hoy con un juego de acción. Escoja a alguien para que "la lleve". Diga a los niños cuál es el área en que se hará el juego. Si un niño sale fuera de esa área, tendrá que esperar un minuto antes de regresar al juego. Diga que "el que la lleva" tratará de atrapar a alguien. Tan pronto como atrape a alguien, haga una pregunta a ese niño sobre algo que aprendieron este mes. Si contesta correctamente, el niño será "el que la lleva". Continúe el juego hasta que haya hecho todas las preguntas. Haga las preguntas más fáciles de la lista para los más pequeños. Si así lo desea, añada más preguntas.

- **Nombra cinco animales que Dios creó.**
- **¿Qué es tu favorito de lo que Dios hizo en el quinto día?**
- **Los cristianos tienen fuertes convicciones. ¿Qué es una convicción?**
- **¿Cuál es una fuerte convicción que Dios quiere que todos los cristianos tengan?**
- **Dios dio un maravilloso bebé a dos personas ancianas. ¿Cómo se llaman esos ancianos?**
- **¿Qué hizo Dios para ver si Abraham tenía una fe firme en Él?**
- **¿Cómo se llamaban el primer hombre y la primera mujer?**
- **¿Cómo desobedecieron a Dios Adán y Eva?**
- **¿Cuál es un estado de duelo por el que pasa una persona cuando pierde a alguien a quien ama muchísimo?**
- **No es una historia bíblica, pero hablamos del perro y el lobo. ¿Qué fuerte convicción tenía el perro?**
- **No es una historia bíblica, pero hablamos del perro y el lobo. ¿Qué fuerte convicción tenía el lobo?**
- **¿Cuál es una señal de advertencia que podría dar una persona que está pensando en suicidarse?**
- **Nombra uno de los dos personajes bíblicos de los que hablamos que estaban tan deprimidos y tristes que pidieron a Dios que les quitara la vida.**
- **Recita uno de los versículos que memorizaste en esta clase.**

Finalice la clase dando la oportunidad a dos o tres voluntarios para que agradezcan a Dios por todo lo que aprendieron en esta unidad.

La vida después de la muerte

Unidad 2 • Semana 4 • Día 3

Enfoque en aptitudes para la vida

Tema: Dios, mi Padre celestial, tiene un hogar para mí.

Hoy los niños aprenderán lo que la Palabra de Dios enseña acerca de la vida después de la muerte.

Hoy los niños decidirán aceptar la gozosa vida familiar que Dios nos promete en el cielo.

MATERIALES NECESARIOS

- ❑ Señales de "¿Qué pasa después de la muerte?" escritas y fijadas en la pared. Una señal por cada 5 niños.
- ❑ Juan 11:25,26 y Juan 14:2,3 escritos en la pizarra o en cartulinas grandes.
- ❑ Hilo o tiras de tela, cualquier material de arte, suficiente para que cada niño haga un collar
- ❑ Varias cuentas o abalorios para cada niño
- ❑ Refrigerio

DESARROLLO DE LA LECCIÓN

1. Enfoque en la vida después de la muerte

Objetivo: que los niños dialoguen sobre lo que ellos creen que pasa después de la muerte.

Antes que los niños lleguen, fije las señales en la pared, alrededor del salón de clases, suficientes para que no haya más de cinco niños junto a cada señal. Todas las señales deben decir: "¿Qué pasa después de la muerte?" Cuando todos estén presentes, pida a los niños que vayan a una señal y hablen acerca de sus respuestas por tres minutos. Después de los tres minutos, reúnalos en un solo grupo. Pida voluntarios que digan algunas de las cosas que dijeron en su grupo. En ese momento, no corrija ningún concepto equivocado. El propósito ahora es que los niños se expresen. Esto le dará a usted la oportunidad de oír lo que ellos creen y las ideas a las que han sido expuestos antes de llegar a la clase.

Después que los niños hayan dicho sus conceptos, diga que hoy van a aprender lo que la Biblia dice acerca de lo que pasa después de la muerte. Enfatice que lo que aprenderán hoy es cierto, porque así dice en la Santa Biblia de Dios.

Hoy estaremos hablando de lo que la gente cree acerca de la vida después de la muerte y lo que la Biblia enseña acerca de este importante tema.

- **Si pudieras pedirle a Dios que te explique una cosa acerca de la vida después de la muerte, ¿cuál sería?**

Lo desconocido es una razón por la que la muerte es tan espantosa. Debido a que los muertos no pueden regresar para contarnos acerca de esa experiencia, la gente ha creado sus propias ideas.

Estas son algunas de esas ideas. Compártalas con los niños.

- Algunas personas creen que no hay vida después de la muerte, que le muerte es el fin de todo. Creen que solo hay esta vida terrenal.
- Algunas personas creen en la reencarnación. Creen que cuando la gente muere regresa en una forma diferente o como otra persona, para vivir otra vida. Muchas de estas personas creen que lo que fuiste en la vida pasada determina lo que serás en la próxima vida. El cuerpo muere y nunca se resucita. Los que creen esto, esperan que el espíritu se vaya acercando al cielo por ser mejor en cada periodo de vida. Si fuiste bueno, te eleva un poco más alto en la escala social. Si fuiste malo, regresas peor y

podrías ser un animal o un insecto. Cuando el espíritu alcanza la perfección, regresa al lugar de la morada de su dios.

- Algunas personas creen que los muertos regresan como espíritus, fantasmas, o demonios que permanecen en los bosques, en las casas, y en los ríos. Estas criaturas a menudo atormentan a la gente que no los respeta o que hace cosas que a ellos no les gusta. La gente que cree esto también cree que cuando los espíritus están infelices, la gente tiene que hacerles sacrificios y ejecutar rituales espirituales, como limpiar tumbas y sepulturas, para que nada malo les pase.
- Algunas personas creen que la gente muerta va a un purgatorio donde tienen que hacer obras para limpiar sus pecados antes de que vayan al cielo.
- Algunas personas creen que los que aman a Dios y confían en Él están invitados a reunirse con Él en el cielo para vivir con Él por siempre jamás como parte de su amada familia. Esto es lo que enseña la Biblia. El cielo es el hogar especial de Dios. Es un lugar de gozo donde las personas que confiaron en Jesús disfrutan una amistad infinita con Dios. Esto es lo que creen los cristianos.

Hemos hablado de que Jesús murió por nuestros pecados para que nosotros seamos perdonados. Pero Jesús no solo murió. Él también resucitó de entre los muertos.

Jesús murió y volvió a la vida después de haber muerto. Él es el único que resucitó de la muerte para nunca más morir. Por esta razón, tenemos que buscar en Jesús la dirección de Dios acerca de la vida y la muerte. Basados en su ejemplo, los cristianos creemos que nuestro cuerpo y nuestro espíritu resucitarán después de la muerte. Tendremos vida eterna y viviremos eternamente con Jesús. Los que aman a Jesús pueden estar absolutamente seguros de lo que pasará cuando mueran. Irán al cielo para ser parte de la familia de Dios.

Cuando un cristiano muere, sus amigos cristianos saben que lo verán nuevamente cuando ellos mueran. Jesús ha prometido que los cristianos estarán con Él en el cielo. Por supuesto, si un amigo muere estamos tristes porque no lo podemos ver cada día en la tierra, pero sabemos que la muerte en la tierra no es el fin.

Lea los siguientes versículos directamente de la Biblia. Luego escríbalos en la pizarra o muestre una cartulina en la que haya escrito estos versículos antes que los niños lleguen.

Jesús le habló a una mujer en la Biblia y también a nosotros.
Él dijo: "Yo soy la resurrección y la vida.
El que cree en mí vivirá, aunque muera;
y todo el que vive y cree en mí no morirá jamás."
Juan 11:25, 26

Jesús dijo: "En el hogar de mi Padre hay muchas viviendas;
si no fuera así, ya se lo habría dicho a ustedes.
Voy a prepararles un lugar. Y si me voy y se lo preparo,
vendré para llevármelos conmigo.
Así ustedes estarán donde yo esté."
Juan 14:2,3

Hable de estos versículos valiéndose de estas preguntas:

- **¿Qué dijo Jesús que pasará con el cuerpo físico de los que lo aman cuando ellos mueran?**
  Los que creen en Él, en realidad nunca morirán.
- **¿Qué significó Jesús cuando dijo: "Yo soy la resurrección"?**
  Los que creen en Jesús no morirán. Su cuerpo y su espíritu resucitarán para estar con Él en el cielo.
- **¿Cómo sabemos que Jesús nos ama? ¿Qué está haciendo por nosotros?**
- **¿Cómo se imaginan que es el hogar que Jesús nos está preparando en el cielo?**
- **Les voy a leer el versículo 11 del Salmo 16. Lo leeré dos veces y después me dirán cómo será nuestro hogar en el cielo con Jesús. "Me llenarás de alegría en tu presencia, y de dicha eterna a tu derecha."**
- **Les voy a leer lo que Jesús dice en Apocalipsis 21:4. Lo leeré dos veces. Después me dirán lo que no habrá en el cielo. "[Dios] les enjugará toda lágrima de los ojos. Ya no habrá muerte, ni llanto, ni lamento ni dolor."**

El cielo es el hogar de Dios. Después de su resurrección, Jesús fue llevado al cielo para vivir con su Padre. Cuando muramos, también nosotros iremos a nuestro hogar celestial para encontrarnos con nuestro Padre celestial.

Si cree que los niños tienen preguntas acerca del juicio, o si le hacen una pregunta, hable acerca de este tema. La Biblia dice que los que han servido a Dios serán recompensados. ¿Saben qué? Esas personas sentirán tan gran amor por el Señor que le devolverán las recompensas. Cada cristiano que ama de veras al Señor quiere tener muchas recompensas para poner a los pies de Cristo. La gente que no ha servido a Dios y que no lo ama estará separada de Él por siempre. Este es un castigo horrible.

2. Aprendamos más acerca de la vida después de la muerte

Objetivo: los niños que saben que Jesús es el Hijo de Dios dirán cómo lo conocieron y llegaron a amar a Dios.

La última vez que se reunieron, usted tal vez les pidió a varios niños que dieran su testimonio de cómo conocieron a Jesús y llegaron a amarlo. Pida ahora que testifiquen. Si no, cuente su propio testimonio nuevamente, tal vez subrayando por qué está contento de haberle entregado su vida a Cristo. También dé a cualquiera la oportunidad de testificar.

Si a los niños les es difícil testificar, pero quisieran hacerlo, ayúdelos haciendo preguntas como en una entrevista.

Una nota para usted, el maestro:

Algunos de los niños pudieran estar preocupados por miembros de su familia que hayan muerto sin conocer a Cristo. Le pueden preguntar qué pasó con esa persona. Maneje estas preguntas con mucha sensibilidad. La Biblia enseña que las personas que no amaron a Dios no son parte de su familia celestial. Esta es una de las razones de que es muy importante que los niños oigan acerca del amor de Dios y lo acepten hoy. Dígales que Dios es el único que sabe con seguridad si sus familiares lo conocieron y lo amaron. Anime a los niños a que todos los días oren por los miembros de su familia, y que pidan a Dios que los use a ellos o a otro cristiano para que les muestre a sus seres amados lo que significa ser parte de la familia de Dios.

3. Aplicación de lo aprendido

Objetivos: que los niños tengan la oportunidad de llegar a ser parte de la familia de Dios por siempre. Festejarán la Unidad 2 y harán collares.

Pida a los niños que piensen en la familia de Dios y cuán maravilloso es ser parte de ella. Dígales que usted se quedará después de la clase para hablar con cualquiera que desee llegar a ser parte de la familia de Dios. La siguiente información le ayudará a explicar lo que significa ser cristiano. También hay información adicional en la primera parte de esta Guía del maestro. Conozca esta información tan bien que pueda hablar de forma natural con un niño. No se la lea.

Los niños de 8 a 14 años de edad pueden entender las siguientes cosas acerca de pertenecer a Dios.

- Pueden entender que Dios es un Padre celestial amoroso y que Él gobierna todo.
- Pueden sentir remordimiento por sus propias malas acciones.
- Pueden decir con sinceridad que se arrepienten.
- Pueden entender que Jesús tomó el castigo que ellos merecen.
- Pueden entender que Jesús murió por sus pecados y que resucitó. Él puede cumplir lo que ha dicho.

Ayude a los niños a entender el fundamento bíblico para estas verdades. Léales estos versículos directamente de la Biblia.

Hebreos 11:6; Hechos 2:28; 22:16; Efesios 2:8-10

Anime a los niños a hacer preguntas y a expresar el plan de Dios en sus propias palabras. Asegúreles que Jesús tiene un lugar especial en su corazón para los niños. Algunos niños tal vez no comprendan aún lo que usted les está pidiendo que hagan. Ore con ellos y dígales que les seguirá hablando más acerca de esto. Pronto, un día, entenderán el plan de Dios, y será el momento para que pidan a Jesús que guíe su vida.

¡Festejo de la Unidad 2!

¡Llegó el momento de celebración! Hemos trabajado muy duro estas semanas aprendiendo acerca de la convicción. Hagamos collares sencillos para regalar y así animar a otros a ser amables y cariñosos.

Actividad

Provea lana gruesa, tiras de tela, o cualquier cosa que se pueda usar para hacer un collar. También provea a cada niño de varias cuentas. Cada uno hará un collar, una pulsera o un llavero. Deben dar su collar/pulsera/llavero a otro niño. Ninguno debe tener dos collares/ pulseras/llaveros, sino solo uno. Cada niño debe decir algo amable acerca del amigo que reciba el collar/la pulsera/el llavero. Anímelos a decir algo acerca de una convicción que hayan visto que su amigo cumple. Por ejemplo: "He visto que siempre tratas de decir la verdad. Esa es una fuerte convicción que tienes." O: "He visto que eres bueno con los niños que otros maltratan. Creo que esa amabilidad es una convicción que tienes."

Proporcione un refrigerio especial para este momento de celebración.

Cierre el festejo dando gracias a Dios por todos los niños tan amados. Si hay tiempo y tiene una clase pequeña, mencione a cada niño por nombre en su oración.

Unidad 3

Niños en riesgo

Lo que usted enseñará este mes.

	Historia bíblica	Rasgos de personalidad	Aptitudes para la vida
Semana 1	Adiós al enojo El hombre que no quiso perdonar *Lección 1*	Dominio propio 1 *Lección 2*	Buena comunicación 1 *Lección 3*
Semana 2	Lo recto y justo *Lección 4*	Dominio propio 2 *Lección 5*	Importancia de la honradez *Lección 6*
Semana 3	Altar de agradecimiento *Lección 7*	Dominio propio 3 *Lección 8*	Buena comunicación 2 *Lección 9*
Semana 4	Siguiendo la dirección de Dios Abraham *Lección 10*	Dominio propio 4 *Lección 11*	Buena comunicación 3 *Lección 12*
	La semana adicional de lecciones de este trimestre Use estas lecciones en el mes de este trimestre que tenga cinco semanas.		
Semana 5	Cómo llevarse bien con otros: Abraham y Lot *Lección 13*	El problema del temor *Lección 14*	Una caminata de oración *Lección 15*

Adiós al enojo

Unidad 3 • Semana 1 • Día 1

Enfoque en la Palabra de Dios

Tema: Dios tiene una solución para nuestro enojo.

Hoy los niños aprenderán que Dios nos ayuda a decir adiós al enojo y la amargura.

Hoy los niños decidirán que perdonarán y vencerán el enojo.

MATERIALES NECESARIOS

- ❑ Opción para el drama: pastel o plátanos/bananas (vea la sección 1)
- ❑ Tarjetas pequeñas (una por cada niño)
- ❑ Lápices de color o crayones
- ❑ Hojas de papel para cada niño
- ❑ Cesto de basura

DESARROLLO DE LA LECCIÓN

1. Historia bíblica: El hombre que no quiso perdonar (Mateo 18:21-35)

Objetivo: después de un drama rápido que demuestra el efecto destructivo del enojo, los niños descubrirán que el perdón es la solución de Dios para el enojo.

Drama rápido

Invite a algunos alumnos a practicar rápidamente el siguiente drama para actuarlo. Corte las cuatro copias del drama y déselas a Juan, a Amigo, a Narrador, y a Niño.

Juan: Amigo, mi papá nunca me da dinero, porque lo gasta todo bebiendo. Ahora tengo hambre, y necesito algo de comer. ¿Puedes darme alguito para comer, y yo compartiré mi merienda contigo la próxima semana? Mi hermano mayor me ha prometido dinero cuando termine un trabajo de construcción al fin del mes.

Amigo: ¿Puedo confiar en que traerás una merienda la próxima semana?

Juan: Sí, Amigo. Por favor, ayúdame. Tengo mucha hambre.

Amigo: Está bien. Aquí tienes algo. (Amigo puede darle algo que sea común donde ustedes viven, como plátanos, pan, o pastel. O el amigo puede simplemente simular que le está dando comida a Juan.)

Juan: *(feliz)* ¡Sí, gracias!

(Toma la merienda y se va. Amigo también sale de la escena.)

Narrador: Después de una semana.

(Amigo está de regreso en el mismo lugar. Un niño pasa caminando.)

Juan: *(toma al niño del cuello)* Mira, te di los caramelos cuando lo quisiste, y tú prometiste comprarme unos al siguiente día. Ya pasaron tres días y dices que no tienes dinero para comprármelos.

Niño: Juan, por favor, espera unos cuantos días. Encontraré la manera de comprarlos y dártelos.

Juan: ¿Por qué debo esperar? Los quiero ahora, o me llevaré tu mochila.

Niño: *(en tono de súplica)* No, Juan, por favor.

Amigo: *(se acerca)* Juan, te comiste mi merienda y prometiste traer algo para mí esta semana, ¿o no? Dámela ahora mismo.

Juan: Eh . . . ah . . . Amigo, no, no, por favor, dame algo de tiempo . . .

Amigo: Pero tú no le diste tiempo al niño.

Juan: *(pensativo)* No me di cuenta de que estaba siendo tan malo. Me diste tiempo para traerte la merienda, pero yo no estoy listo a darle tiempo a este niño. Ya no lo voy a molestar. Disculpa lo que hice, Amigo. Solo dame un poco más de tiempo.

Amigo: *(en un tono amenazante)* Está bien; pero si te veo cometiendo el mismo error. . .

(Juan sonríe y se va, pasando el brazo sobre el hombro del niño.)

- **¿Has visto a personas que se comportan como Juan?**
  Que los niños den sus opiniones.

Sí, hay personas que toman prestado, pero no están dispuestas a dar prestado. Hay personas que están dispuestas a tomar, pero no a dar. Y hay personas que hacen cosas malas y necesitan ser perdonadas, pero no están dispuestas a perdonar a otros. ¿Han conocido gente así? En realidad, me parece que todos somos un poquito así, ¿no creen?

HISTORIA BÍBLICA: EL HOMBRE QUE NO QUISO PERDONAR

Pedro, un discípulo y amigo de Jesús, le hizo una pregunta interesante. "Cuántas veces debo perdonar a alguien que me ha ofendido? ¿Siete veces?"

¿Creen que Pedro estuvo enojado con alguien? ¿Tal vez alguien lo haya molestado más de siete veces? Pedro probablemente pensaba que era muy amable al estar dispuesto a perdonar siete veces.

La respuesta de Jesús a Pedro fue: "No, Pedro. No debes perdonar solo siete veces, ¡sino 77 veces! (O, como está en la Biblia Reina-Valera: ¡70 veces 7!)

Si los niños tienen La Biblia en Acción, pida que lean ahora la página 588. Si no tienen este libro, simplemente continúe con la lección.

¿Cómo podríamos contar cuántas veces alguien nos está haciendo algo malo? Es fácil contar hasta cinco veces, pero después de eso perdemos la cuenta. Tal vez eso es lo que Jesús estaba tratando de decir. No debemos llevar la cuenta de cuántas veces alguien nos lastima, sino perdonar cada vez que nos ofenden.

Jesús decidió contarle a Pedro una historia para ayudarlo a comprender lo que estaba tratando de enseñarle. Escuchemos la historia.

Jesús contó una parábola acerca de un rey que quería ajustar cuentas con sus siervos. Había un hombre que le debía diez mil bolsas de oro. Puesto que el hombre no tenía dinero para pagar su deuda, el amo ordenó que el siervo, su esposa, sus hijos, y todo lo que él tuviera fueran vendidos para que pagara la deuda. Eso era lo que se hacía en esos tiempos cuando alguien no podía pagar una deuda. ¿Les parece horrible?

Cuando el hombre escuchó esto, cayó de rodillas ante el rey. "Sé paciente conmigo --le suplicó--, y yo te pagaré todo." Él rey se compadeció de él, canceló la deuda, y lo dejó ir.

Cuando ese siervo salió, se encontró con uno de sus consiervos que le debía cinco monedas de plata. Esa es una cantidad bastante pequeña comparada con las diez mil bolsas de oro que él le había debido a su amo. Pero el siervo no pensó en eso ahora, sino que agarró al hombre que le debía el dinero y le exigió: "¡Págame lo que me debes!"

Su consiervo cayó de rodillas y le imploró: "Ten paciencia conmigo, y te lo pagaré." Pero el siervo que había sido perdonado se negó. En lugar de eso, hizo meter al hombre en la cárcel hasta que le pagara la deuda.

- **¿Qué piensan de lo que hizo este siervo?**
  Que los niños den sus opiniones.

Como ustedes, a los otros siervos también les pareció que este siervo estaba siendo muy injusto. Así que fueron y le contaron a su amo todo lo que había pasado.

Entonces el rey llamó al siervo. "¡Siervo malvado! --le dijo--. Yo te cancelé la deuda porque me rogaste. ¿No debías haber sido amable con tu consiervo, así como yo fui contigo?" El rey estaba enojado y lo entregó a los carceleros para que lo metieran en la cárcel hasta que hubiera pagado todo lo que debía.

- **¿Cuál es la relación que Jesús hace entre los deudores de la historia y el perdón?**
  Permita que los alumnos hablen.
  - Hemos cometido muchos pecados contra Dios y necesitamos su perdón por todos esos pecados. Si Dios nos perdona cientos de pecados, ¿no debemos perdonar a los que nos hacen mal?
  - Dependiendo de las situaciones de los niños, tal vez debe mencionar que si perdonamos a una persona eso no significa que le permitamos que nos lastime una y otra vez. Dios quiere que hagamos lo posible para evitar que esa persona nos lastime. Pero necesitamos perdonar a la persona de todo corazón, porque Dios nos perdona.

Jesús quería que sus discípulos aprendieran que para recibir el perdón de Dios, ellos debían también perdonar a otros de todo corazón. Este mensaje de Jesús es también para nosotros. ¿No creen que es algo que todos necesitamos recordar? Perdonar a otros nos librará del enojo hacia ellos.

2. Por qué esta historia es importante para mí

Objetivo: que los niños hagan una tarjeta bíblica sobre el perdón.

Anime a los niños a hablar acerca de esta historia.

- **¿Cómo creen que se sintió Pedro después que Jesús contó la parábola? ¿Qué creen que aprendió Pedro?**
- **¿Ven muy seguido a gente que no está dispuesta a perdonar a otros? Expliquen su respuesta.**
- **¿Por qué a veces les parece difícil perdonar a las personas que los lastiman?**

No es fácil perdonar a otros, especialmente si han sido injustos con ustedes, si los han herido físicamente, o si los han maltratado. La gente a veces nos trata muy mal aun cuando no hemos hecho nada para herirlos. Otros dicen cosas que nos lastiman, aun cuando no tienen razón para hacerlo. A veces, aún los que nos aman y son nuestra familia, hacen cosas que nos hacen sentir mal. Es difícil entender por qué lo hacen. Puede ser de ayuda si recordamos que aun a Jesús lo maltrataron. La gente mintió acerca de Él y lo acusaron de hacer cosas malas. ¡Lo insultaron! Se burlaron de Él y lo golpearon. Aun así, Él pidió a Dios que los perdonara.

Estos son dos versículos de la Biblia que les ayudarán cuando alguien los lastime.

Explique las palabras que los niños menores tal vez no entiendan.

Abandonen toda amargura, ira y enojo,
gritos y calumnias, y toda forma de malicia.
Más bien, sean bondadosos y compasivos unos con otros,
y perdónense mutuamente,
así como Dios los perdonó a ustedes en Cristo.
Efesios 4:31,32

Escribamos estos versículos en una tarjeta. Pongamos en un lado lo negativo, y en el toro lado lo positivo. (Para algunos es un texto muy largo. Ellos pueden escribir: "Sean bondadosos y compasivos unos con otros.")

Deles los materiales para hacer esto.

Tengan esta tarjeta en su bolsillo o en su mochila o en su Biblia por una o dos semanas. Cada vez que alguien les lastime, vayan a un lugar privado, aunque sea al baño, saquen esta tarjeta, y léanla. Al mismo tiempo, oren a Dios pidiendo que les ayude a perdonar y a quitar el enojo del corazón.

3. Lo que Dios quiere que yo haga

Objetivo: que los niños decidan quitar de su vida el enojo y que aprendan a perdonar cada vez que alguien los lastime.

Aquí está una hoja de papel para cada uno. Reparta las hojas. En la hoja, deben escribir las cosas que alguien les ha hecho, que los ha enojado o herido. Pueden escribir cualquier cosa, y lo que escriban es totalmente privado. Nadie verá la hoja.

Dé a los niños suficiente tiempo para que piensen y escriban.

Tal vez alguien los regañó cuando no habían hecho nada malo. Quizás alguien en quien confiaban les decepcionó. Cualquier cosa que sea, solo escríbanlo.

Cuando parezca que la mayoría haya terminado, diga:

¿Quieren perdonar a estas personas? A veces no sentimos deseos de perdonar, pero recuerden lo que aprendimos hoy. ¿Quieren perdonar? Si es así, cada uno de nosotros orará en silencio, pidiendo a Dios que nos ayude a perdonar a cada persona anotada en las hojas de papel. Después de la oración, tachen el nombre de cada persona o situación que hayan perdonado. Luego estrujen el papel y tírenlo en el cesto de basura.

Una vez que todos lo hayan hecho, mire a los niños y deles una gran sonrisa.

¿Se sienten bien de que hayan decidido perdonar a esas personas? Sí, nos sentimos bien cada vez que obedecemos a Dios. Así que no dejen de perdonar. No olviden que Dios quiere que perdonemos, así como Él nos perdona. Cuando en verdad intentamos perdonar, Dios nos ayuda a quitar el enojo que a menudo llena nuestra vida cuando no podemos perdonar a otros.

Diga que es difícil y trabajo duro perdonar a alguien que nos ha herido. Hoy algunos de los niños han iniciado ese trabajo. Dígales que los sentimientos de enojo pueden volver, y que cada vez que vuelvan, deben pedir a Dios que los ayude a perdonar otra vez. Poco a poco el enojo se irá hasta que hayan perdonado completamente a la persona, tal como Dios les perdona completamente cuando se lo piden.

Oren juntos, pidiendo especialmente a Dios que ayude a cada niño a perdonar a otros, y a amar a los demás aunque los hayan herido.

Drama rápido

Juan: Amigo, mi papá nunca me da dinero, porque lo gasta todo bebiendo. Ahora tengo hambre, y necesito algo de comer. ¿Puedes darme alguito para comer, y yo compartiré mi merienda contigo la próxima semana? Mi hermano mayor me ha prometido dinero cuando termine un trabajo de construcción al fin del mes.

Amigo: ¿Puedo confiar en que traerás una merienda la próxima semana?

Juan: Sí, Amigo. Por favor, ayúdame. Tengo mucha hambre.

Amigo: Está bien. Aquí tienes algo. (Amigo puede darle algo que sea común donde ustedes viven, como plátanos, pan, o pastel. O el amigo puede simplemente simular que le está dando comida a Juan.)

Juan: *(feliz)* ¡Sí, gracias!

(Toma la merienda y se va. Amigo también sale de la escena.)

Narrador: Después de una semana.

(Amigo está de regreso en el mismo lugar. Un niño pasa caminando.)

Juan: *(toma al niño del cuello)* Mira, te di los caramelos cuando lo quisiste, y tú prometiste comprarme unos al siguiente día. Ya pasaron tres días y dices que no tienes dinero para comprármelos.

Niño: Juan, por favor, espera unos cuantos días. Encontraré la manera de comprarlos y dártelos.

Juan: ¿Por qué debo esperar? Los quiero ahora, o me llevaré tu mochila.

Niño: *(en tono de súplica)* No, Juan, por favor.

Amigo: *(se acerca)* Juan, te comiste mi merienda y prometiste traer algo para mí esta semana, ¿o no? Dámela ahora mismo.

Juan: Eh . . . ah . . . Amigo, no, no, por favor, dame algo de tiempo . . .

Amigo: Pero tú no le diste tiempo al niño.

Juan: *(pensativo)* No me di cuenta de que estaba siendo tan malo. Me diste tiempo para traerte la merienda, pero yo no estoy listo a darle tiempo a este niño. Ya no lo voy a molestar. Disculpa lo que hice, Amigo. Solo dame un poco más de tiempo.

Amigo: *(en un tono amenazante)* Está bien; pero si te veo cometiendo el mismo error. . .

(Juan sonríe y se va, pasando el brazo sobre el hombro del niño.)

Drama rápido

Juan: Amigo, mi papá nunca me da dinero, porque lo gasta todo bebiendo. Ahora tengo hambre, y necesito algo de comer. ¿Puedes darme alguito para comer, y yo compartiré mi merienda contigo la próxima semana? Mi hermano mayor me ha prometido dinero cuando termine un trabajo de construcción al fin del mes.

Amigo: ¿Puedo confiar en que traerás una merienda la próxima semana?

Juan: Sí, Amigo. Por favor, ayúdame. Tengo mucha hambre.

Amigo: Está bien. Aquí tienes algo. (Amigo puede darle algo que sea común donde ustedes viven, como plátanos, pan, o pastel. O el amigo puede simplemente simular que le está dando comida a Juan.)

Juan: *(feliz)* ¡Sí, gracias!

(Toma la merienda y se va. Amigo también sale de la escena.)

Narrador: Después de una semana.

(Amigo está de regreso en el mismo lugar. Un niño pasa caminando.)

Juan: *(toma al niño del cuello)* Mira, te di los caramelos cuando lo quisiste, y tú prometiste comprarme unos al siguiente día. Ya pasaron tres días y dices que no tienes dinero para comprármelos.

Niño: Juan, por favor, espera unos cuantos días. Encontraré la manera de comprarlos y dártelos.

Juan: ¿Por qué debo esperar? Los quiero ahora, o me llevaré tu mochila.

Niño: *(en tono de súplica)* No, Juan, por favor.

Amigo: *(se acerca)* Juan, te comiste mi merienda y prometiste traer algo para mí esta semana, ¿o no? Dámela ahora mismo.

Juan: Eh . . . ah . . . Amigo, no, no, por favor, dame algo de tiempo . . .

Amigo: Pero tú no le diste tiempo al niño.

Juan: *(pensativo)* No me di cuenta de que estaba siendo tan malo. Me diste tiempo para traerte la merienda, pero yo no estoy listo a darle tiempo a este niño. Ya no lo voy a molestar. Disculpa lo que hice, Amigo. Solo dame un poco más de tiempo.

Amigo: *(en un tono amenazante)* Está bien; pero si te veo cometiendo el mismo error. . .

(Juan sonríe y se va, pasando el brazo sobre el hombro del niño.)

Drama rápido

Juan: Amigo, mi papá nunca me da dinero, porque lo gasta todo bebiendo. Ahora tengo hambre, y necesito algo de comer. ¿Puedes darme alguito para comer, y yo compartiré mi merienda contigo la próxima semana? Mi hermano mayor me ha prometido dinero cuando termine un trabajo de construcción al fin del mes.

Amigo: ¿Puedo confiar en que traerás una merienda la próxima semana?

Juan: Sí, Amigo. Por favor, ayúdame. Tengo mucha hambre.

Amigo: Está bien. Aquí tienes algo. (Amigo puede darle algo que sea común donde ustedes viven, como plátanos, pan, o pastel. O el amigo puede simplemente simular que le está dando comida a Juan.)

Juan: *(feliz)* ¡Sí, gracias!

(Toma la merienda y se va. Amigo también sale de la escena.)

Narrador: Después de una semana.

(Amigo está de regreso en el mismo lugar. Un niño pasa caminando.)

Juan: *(toma al niño del cuello)* Mira, te di los caramelos cuando lo quisiste, y tú prometiste comprarme unos al siguiente día. Ya pasaron tres días y dices que no tienes dinero para comprármelos.

Niño: Juan, por favor, espera unos cuantos días. Encontraré la manera de comprarlos y dártelos.

Juan: ¿Por qué debo esperar? Los quiero ahora, o me llevaré tu mochila.

Niño: *(en tono de súplica)* No, Juan, por favor.

Amigo: *(se acerca)* Juan, te comiste mi merienda y prometiste traer algo para mí esta semana, ¿o no? Dámela ahora mismo.

Juan: Eh . . . ah . . . Amigo, no, no, por favor, dame algo de tiempo . . .

Amigo: Pero tú no le diste tiempo al niño.

Juan: *(pensativo)* No me di cuenta de que estaba siendo tan malo. Me diste tiempo para traerte la merienda, pero yo no estoy listo a darle tiempo a este niño. Ya no lo voy a molestar. Disculpa lo que hice, Amigo. Solo dame un poco más de tiempo.

Amigo: *(en un tono amenazante)* Está bien; pero si te veo cometiendo el mismo error. . .

(Juan sonríe y se va, pasando el brazo sobre el hombro del niño.)

Drama rápido

Juan: Amigo, mi papá nunca me da dinero, porque lo gasta todo bebiendo. Ahora tengo hambre, y necesito algo de comer. ¿Puedes darme alguito para comer, y yo compartiré mi merienda contigo la próxima semana? Mi hermano mayor me ha prometido dinero cuando termine un trabajo de construcción al fin del mes.

Amigo: ¿Puedo confiar en que traerás una merienda la próxima semana?

Juan: Sí, Amigo. Por favor, ayúdame. Tengo mucha hambre.

Amigo: Está bien. Aquí tienes algo. (Amigo puede darle algo que sea común donde ustedes viven, como plátanos, pan, o pastel. O el amigo puede simplemente simular que le está dando comida a Juan.)

Juan: *(feliz)* ¡Sí, gracias!

(Toma la merienda y se va. Amigo también sale de la escena.)

Narrador: Después de una semana.

(Amigo está de regreso en el mismo lugar. Un niño pasa caminando.)

Juan: *(toma al niño del cuello)* Mira, te di los caramelos cuando lo quisiste, y tú prometiste comprarme unos al siguiente día. Ya pasaron tres días y dices que no tienes dinero para comprármelos.

Niño: Juan, por favor, espera unos cuantos días. Encontraré la manera de comprarlos y dártelos.

Juan: ¿Por qué debo esperar? Los quiero ahora, o me llevaré tu mochila.

Niño: *(en tono de súplica)* No, Juan, por favor.

Amigo: *(se acerca)* Juan, te comiste mi merienda y prometiste traer algo para mí esta semana, ¿o no? Dámela ahora mismo.

Juan: Eh . . . ah . . . Amigo, no, no, por favor, dame algo de tiempo . . .

Amigo: Pero tú no le diste tiempo al niño.

Juan: *(pensativo)* No me di cuenta de que estaba siendo tan malo. Me diste tiempo para traerte la merienda, pero yo no estoy listo a darle tiempo a este niño. Ya no lo voy a molestar. Disculpa lo que hice, Amigo. Solo dame un poco más de tiempo.

Amigo: *(en un tono amenazante)* Está bien; pero si te veo cometiendo el mismo error. . .

(Juan sonríe y se va, pasando el brazo sobre el hombro del niño.)

Dominio propio 1

Unidad 3 • Semana 1 • Día 2

Enfoque en rasgos de personalidad

Esforzarse en cumplir metas dignas sin dejarse impedir por la preocupación o los deseos personales.

Tema: seré disciplinado.

Hoy los niños aprenderán acerca del rasgo de personalidad de dominio propio.

Hoy los niños decidirán que exhibirán dominio propio en su vida esta semana.

MATERIALES NECESARIOS

- ❑ Hojas de papel en blanco
- ❑ Escriba en una hoja grande de papel "Mi meta de dominio propio" (vea la sección 3 para las palabras exactas)
- ❑ Lápices
- ❑ Lápices de color o crayones

Una introducción para usted, el maestro:

El buen desarrollo de los rasgos de personalidad ayudará a los niños a llegar a ser ciudadanos responsables. Para que los niños dejen de lado los deseos egoístas y desarrollen en cristianos amorosos, todos ellos, no importa su edad o sus circunstancias difíciles, tienen que aprender la diferencia entre lo bueno y lo malo y tener como meta seguir lo recto y justo.

En cada unidad los niños se centran en un rasgo de personalidad. En esta unidad, el enfoque es en el rasgo de personalidad del dominio propio.

Como usted sabe, los niños de hoy viven en un mundo difícil. Sin embargo, si han de llevar vidas independientes, de dignidad y confianza en sí mismos, necesitan creer en la esperanza de Dios y en sus propias aptitudes y potencial. Muchos niños necesitan una razón para la esperanza. Con el amor de Cristo en sus corazones, y la realidad de un Dios que nunca los dejará, la vida de los niños se iluminará. Con el apoyo de fuertes rasgos de personalidad, pueden experimentar el buen éxito.

No es fácil enseñar a los niños los rasgos de personalidad. Sin embargo, el buen ejemplo del maestro es un excelente medio en que aprendan. ¿Qué mejor manera de aprender el dominio propio que ver esa cualidad en el maestro? Inspire a sus alumnos y sea un ejemplo digno de seguir.

En esta caja escriba formas en que usted puede llegar a ser un modelo de conducta para los niños. Se dan dos ejemplos.

- Dominio propio: *practicaré la paciencia esta semana. Felicitaré a los niños por su buen comportamiento; les agradeceré por su honradez e integridad.*
- Dominio propio: *trataré de ver lo que motiva el comportamiento de cada niño.*
- Dominio propio:
- Dominio propio:
- Dominio propio:

DESARROLLO DE LA LECCIÓN

1. Rasgo de personalidad: *el dominio propio*

Objetivo: la historia bíblica de Nehemías (Nehemías 1-6) ayudará a los niños a definir el dominio propio y cómo, con la ayuda de Dios, ellos pueden llevar una vida disciplinada.

Los niños practicarán el dominio propio con un juego en que esperarán con paciencia su turno para jugar. Hágalos formarse en fila, lado a lado, en la parte posterior del salón de clase. El propósito es que sigan las reglas del juego y lleguen hasta usted primero.

Dele al primer niño en la fila la siguiente instrucción: "¡Da dos grandes pasos hacia mí!" Antes de moverse, el niño debe preguntar, respetuosamente: "Maestro (o la forma en que lo llamen a usted), ¿puedo?" Usted responderá: "Sí, puedes." Una vez que el niño se mueva, debe permanecer en su lugar mientras otros reciben sus instrucciones. Debe quedarse inmóvil, como si fuera una estatua.

Si un alumno se olvida decir: "Maestro, ¿puedo?", si se mueve sin permiso, o se mueve en lugar de estar totalmente quieto, debe regresar a la fila de inicio. Otros sencillos movimientos del juego pueden ser: "Da cinco pasitos hacia mí." "Da tres brincos hacia el frente." "Salta cuatro veces." No olvide que cada niño debe preguntar: "Maestro, ¿puedo?" antes de moverse. (Los niños sin duda han hecho este juego antes, un poco diferente, así que será divertido para ellos jugarlo otra vez.)

Cuando el juego termine, reúna a los niños alrededor de usted.

- **¿Te fue fácil o difícil esperar tu turno?**
- **La cortesía y esperar tu turno, ¿cómo te ayudó a moverte hacia adelante?**
- **Los juegos, ¿deben tener reglas que seguir? ¿O se debe permitir que los jugadores hagan lo que quieran? ¿Tiene importancia seguir las reglas?**
- **Los mejores jugadores, que colaboran con su equipo, tienen dominio propio. Esto significa que tienen una meta, y que están dispuestos a seguir las reglas para llegar a esa meta. ¿Tienes dominio propio?**
- **¿Cómo sabes que a otros niños les gusta jugar contigo? ¿Dirían ellos que eres un buen colaborador?**

Comparta con los niños la siguiente información acerca del dominio propio.

Es fácil desobedecer las reglas y hacer lo que queremos. Pero el que queramos hacer lo que nos plazca no significa que debamos hacerlo. Dios creó al mundo

en forma ordenada. Él nos dio reglas para protegernos. Las reglas traen orden al mundo en que vivimos. Honramos a Dios al seguir sus reglas y vivir de manera cuidadosa con los que nos rodean.

Cuando nos centramos en Dios y nos sometemos a sus reglas, mostramos dominio propio. Dios enseña a sus seguidores que ellos pueden ser disciplinados aún en tiempos difíciles. Cuando amamos a Dios, no debemos reclamar que se hagan las cosas a nuestra manera. Podemos ser lo suficientemente disciplinados para seguir sus reglas. Cuando controlamos el egoísmo, honramos a Dios.

Tenemos dominio propio cuando obedecemos a nuestros padres y maestros que cuidan de nosotros, y cuando jugamos bien con otros niños.

Pida a los niños que repitan después de usted:

El dominio propio me permite seguir las reglas de Dios, aún cuando sea difícil. (Repitan)

El dominio propio les muestre a otros que amo a Dios y lo sigo. (Repitan)

Cuando soy disciplinado, Dios puede confiar en que yo haré lo recto y justo. (Repitan)

El dominio propio significa que controlo mis deseos y mi egoísmo. (Repitan)

Con dominio propio, obedezco a las personas en autoridad con mis actitudes y mi conducta. (Repitan)

Ahora, cuénteles a los niños la siguiente historia bíblica.

HISTORIA BÍBLICA: NEHEMÍAS

Nehemías estaba triste. Él trabajaba en el palacio de un rey persa en un país extraño, porque Persia había conquistado su tierra natal, Israel. Hacía su trabajo, pero no podía esconder cuán triste estaba al acordarse de la ciudad de Jerusalén. Cuando el rey vio la tristeza en el rostro de Nehemías, le preguntó por qué estaba tan triste. Nehemías le dijo que estaba triste porque su ciudad estaba en ruinas, los muros derribados, y las puertas consumidas por fuego. El rey entendió. Así que mandó a Nehemías a Jerusalén para que reparara la ciudad. Fue un viaje a caballo, largo y accidentado, que le llevó muchos días.

La reconstrucción no fue tan fácil como Nehemías había esperado.

En Jerusalén, Nehemías vio mucha tristeza. Los obreros no trabajaban bien en equipo. Muchos se quedaban parados sin hacer nada, aunque había mucho que hacer. Los ricos y los pobres no se trataban con respeto. Y hubo ataque de los enemigos. Todo mundo había perdido la esperanza.

Pero Nehemías propuso en su corazón que se haría el trabajo. Él hizo un buen plan. Puso fin a que los ricos maltrataran a los pobres. Hizo detener los ataques de los enemigos. Les dio esperanza a los obreros.

La gente vio que Nehemías era disciplinado y confió en su liderazgo. Cuando vieron la meta que tenía Nehemías, decidieron trabajar con el mismo ánimo y esfuerzo que mostraba Nehemías.

¡Jerusalén fue reconstruida en menos de dos meses! La seguridad de la ciudad fue restablecida.

Al inicio de nuestra historia Nehemías estaba triste por Jerusalén, la ciudad de su pueblo Israel. Él podría haber perdido la esperanza. Se podría haber encogido de hombros, sin darle importancia. Se podría haber rendido. Pero Nehemías era un hombre que tenía dominio propio. Con Dios de su lado, tuvo la fuerza necesaria para dirigir el trabajo de reconstrucción. Con dominio propio, Nehemías trabajó duro para reconstruir a Jerusalén.

- **¿Cómo hubiera sido diferente la historia si Nehemías no hubiera tenido dominio propio? Recuerden que el dominio propio significa que uno se esfuerza en cumplir buenas metas sin dejar que la preocupación o aun los deseos personales se interpongan en el logro de esas metas.**

2. Ejemplo del rasgo de personalidad: *el dominio propio*

Objetivo: que los niños practiquen el dominio propio en terminar una tarea utilizando la mano izquierda (la derecha, si son zurdos).

Como vimos con Nehemías, es trabajo duro ejercitar dominio propio. Requiere de práctica y disciplina personal. Practiquemos ahora.

Dé a cada niño un lápiz y un papel, y crayones para compartir.

En el papel quisiera que dibujen a Nehemías y sus compañeros de trabajo reconstruyendo la ciudad de Jerusalén. Dibujen a los obreros como palotes. ¡Pero esto es lo difícil! Deben dibujar con la mano izquierda, o con la mano derecha si normalmente escriben con la izquierda. ¡No va a ser fácil! Pero les ayudará a practicar el dominio propio. ¡No cambien de mano! Sean lo suficientemente disciplinados para seguir las reglas. Esto será difícil; pero divertido. Pongan a cada figura de palote una cabeza, cabello, ojos, nariz, y boca. ¿Saben qué? La Biblia dice que las niñas también trabajaron en la reconstrucción del muro. Así que pongan niñas en el dibujo.

Si los niños no comprenden, use este dibujo para explicar lo que quiere que hagan. Las figuras de palote son simples dibujos con líneas.

Haga una pausa mientras los niños trabajan.

Ahora, dibujen la nueva ciudad de Jerusalén. Usen los lápices de color o los crayones para colorear todos los nuevos edificios. Otra vez, háganlo con la mano contraria a la que suelen usar para colorear. Les ayudará a practicar el dominio propio.

Es natural que uno quiera cambiar de mano para que sea más fácil. Pero como diversión, estamos obedeciendo reglas difíciles. Estamos siendo disciplinados al obedecer las reglas difíciles. A veces en la vida tendremos que practicar el dominio propio. Será muy difícil. Pero le agrada a Dios cuando nos esforzamos en ser disciplinados en todo. Necesitamos ser lo suficientemente disciplinados para hacer lo que Dios quiere que hagamos, ¡aun cuando nadie nos esté mirando!

Los niños deben escribir el siguiente versículo bíblico en sus dibujos. Ahora sí pueden usar la mano con la que suelen escribir. Diga que saber dominarse significa ser disciplinado o que se tiene dominio propio.

Como ciudad sin defensa y sin murallas es quien no sabe dominarse.
Proverbios 25:28

---

3. Cómo vivir con *dominio propio* esta semana

Objetivo: que los niños jueguen a "lo haré" como metas de dominio propio.

Antes de la clase escriba las siguientes cinco frases en hojas grandes de papel o en la pizarra. Subraye el verbo de promesa en cada meta.

MIS METAS DE DOMINIO PROPIO

1. **Yo seré cortés y me comportaré bien con otros.**
2. **Yo terminaré mi trabajo a tiempo.**
3. **Yo pensaré en las necesidades de otros.**
4. **Yo haré lo mejor con las tareas difíciles aunque no tenga éxito al principio.**
5. **Yo practicaré el dominio propio cuando me sienta enojado o molesto.**

Pida a los niños que repitan la lista juntamente con usted.

Luego, pida que dos alumnos se pongan de pie, se tomen del brazo, y digan la primera meta de dominio propio. El primer alumno dirá la primer parte: "Yo seré…" seguido por su compañero que dirá: "…cortés y me comportaré bien con otros." Los siguientes dos alumnos se levantarán, se tomarán del brazo, y repetirán la meta recién escuchada y después añadirán la siguiente meta de la lista. El juego continuará con parejas que repetirán todo lo dicho antes y añadirán una nueva meta. Dependiendo de cuántos niños tenga en la clase, deberá hacer esto varias veces. Todos deben participar.

Hablaremos más acerca del dominio propio en la siguiente reunión.

Buena comunicación 1

Unidad 3 • Semana 1 • Día 3

Enfoque en aptitudes para la vida

Tema: puedo ayudar a otros al comunicarme con buenas palabras y acciones.

Hoy los niños aprenderán a distinguir entre la buena y la mala comunicación.

Hoy los niños decidirán a comunicarse efectivamente con las debidas palabras y acciones.

MATERIALES NECESARIOS

- ❑ Hoja de papel para cada niño
- ❑ Lápices
- ❑ Tarjetas para notas (una por niño)

Una nota para usted, el maestro:

Usted ya se habrá dado cuenta de que la comunicación con los niños puede llevar a malentendidos y sentimientos heridos. Si personalmente ha resultado herido en su trato con algunos de los niños, puede ser debido a que sus grandes necesidades físicas, emocionales, y espirituales no les permiten expresar debidamente el amor. No debe sorprenderse si los niños en ocasiones no se expresan apropiadamente. Por ejemplo, los que han sufrido el abandono pueden ser extremadamente inseguros. Para algunos niños, buscar seguridad y conseguir comida es lo que más les interesa. En realidad, para ellos la comunicación apropiada no es una alta prioridad. Conforme crecen y tienen contacto con más y más personas, se puede agravar el problema de mala comunicación entre los niños cuando buscan jugar e interactuar apropiadamente. Ellos necesitan aprender a comunicarse.

Dios es un gran comunicador. Él creó el mundo no solo con majestuosidad para la vista sino que lo hizo estimulante también para los demás sentidos. Sentir una brisa fresca en un día caluroso, disfrutar de una buena comida, recibir un abrazo de otra persona cuando estamos angustiados son todas formas en que Dios muestra su amor por nosotros. Nosotros también podemos usar nuestros sentidos cuando queremos mostrar a otros quién es Dios. Todos podemos participar en la comunicación que usa las debidas palabras y acciones. Los niños saben más que bien que lo que hacemos habla más fuerte que las palabras. Muchos dentro de su grupo han sido rechazados, sus seres amados les han vuelto la espalda, y dentro de una multitud los han corrido. Aun si han oído palabras amorosas en el pasado, posiblemente no saben cómo incorporar palabras amorosas en su vida. Al enseñar a los niños a aplicar aptitudes de comunicación, les estará ayudando a tener un mejor futuro. Cuando ellos comprendan que Dios los ama tanto que Él envió a su Hijo a morir por ellos, estarán más abiertos a aceptar las palabras que Él tiene para ellos en la Biblia. Qué maravilloso es guiar a los niños a comprender cómo conducirse y hablar en formas que agraden a Dios y a otros.

DESARROLLO DE LA LECCIÓN

1. Enfoque en la aptitud de hoy

Objetivo: los niños experimentarán malentendidos, que contemplen por qué ocurren, y que aprendan que Dios puede ayudarles a tratar con los malentendidos que pasan en la vida.

Conforme los niños se reúnen para el desarrollo de lección, pida que se sienten en círculo. Explique:

Hoy tengo un mensaje especial para ustedes. Voy a susurrar mi mensaje en el oído de un niño. Ese niño debe pasar el mensaje especial susurrándolo en el oído del compañero a su lado. La única regla es ésta: el mensaje especial puede ser susurrado una sola vez. La siguiente persona lo debe pasar tal y como lo escuchó, sin pedir aclaraciones. Sigan pasando el mensaje alrededor del círculo hasta que llegue a la última persona. Ese niño lo dirá en alta voz al grupo.

El resultado generalmente muestra cómo los mensajes pueden ser malentendidos y cómo ocurren los problemas en la comunicación. Una persona oye mal una palabra o la pierde. Así que añade la palabra que piensa que debe ser. Cuando esto pasa dos o tres veces, el mensaje al final no es en nada como el mensaje original.

He aquí algunas ideas para el mensaje secreto que susurrará:

– **El mensaje secreto es que vamos a tratar de pasar este mensaje alrededor del círculo sin que las palabras se confundan.**
– **¿Cuántos niños se necesita para que un mensaje secreto vaya alrededor del círculo?**
– **¡Sorpresa! ¡Sorpresa! Tengo un mensaje secreto. Es más secreto aún cuando lo digo en un murmullo.** (Dígalo calladamente)

Después que el mensaje secreto haya sido pasado alrededor del círculo, pregunte a los niños:

- **¿Qué pasó con el mensaje secreto?**
- **¿Cómo fue diferente el mensaje al final del círculo que cuando lo susurré?**
- **¿Por qué creen que los mensajes en la vida real se confunden?**

Es importante aprender a comunicarse con las debidas palabras y acciones para llevarse bien con otros.

- **¿Cuáles son algunas formas en que nos comunicamos?**
  Nos comunicamos con palabras, hacemos contacto visual, hacemos contacto físico, mandamos cartas o correos electrónicos, mandamos mensaje de texto, usamos teléfonos celulares, y hasta comunicamos mensajes por altoparlantes. Los mensajes a veces se confunden porque las personas pueden pensar algo en su mente que no es lo que la persona que está hablando quiere decir. Cuando eso pasa se llama malentendido o problema de comunicación.

Una de las aptitudes más importantes que debemos aprender en la vida es comunicarnos bien con otros. Muchos de los mayores problemas que tenemos tienen que ver con la falta de comunicación clara. Si aprendemos buenas formas de comunicarnos unos con otros, a menudo podemos evitar los malentendidos, los sentimientos heridos, y los remordimientos sobre cosas que quisiéramos haber dicho o no haber dicho.

En las siguientes cuatro semanas trabajaremos juntos para comunicar y expresar sentimientos en sus debidas formas. En la Biblia, Dios muchas veces se comunica con su pueblo a través de milagros.

Moisés, un hebreo que vivía en Egipto, fue una persona con quien Dios habló mediante un milagro. Moisés había escapado para salvar su vida. Él había matado a un capataz egipcio que golpeaba a un esclavo hebreo. Él sabía que si lo capturaban, sería ejecutado. Moisés se fue de Egipto. Pasó el tiempo. Se casó y trabajaba como pastor de las ovejas de su suegro en la tierra de Madián. Ya habían pasado 40 años

desde el incidente, y Moisés creía que nunca regresaría a Egipto. Entonces, un día, cerca del monte de Sinaí, Dios decidió comunicarse con Moisés en una forma no común.

Moisés estaba solo en la ladera de la montaña, excepto por las ovejas que estaba cuidando, cuando de repente vio un arbusto que estaba en llamas. El fuego no es cosa rara; pero el arbusto no se quemaba. Moisés se acercó para ver esta cosa asombrosa cuando escuchó una voz que lo llamaba:

--¡Moisés! No te acerques; quítate las sandalias porque estás pisando tierra santa. Yo soy el Dios de tu padre, y el Dios de Abraham, Isaac y Jacob.

Moisés se quitó las sandalias y se cubrió el rostro. Dios siguió hablando:

--Yo he visto el sufrimiento de mi pueblo en Egipto, y he descendido para salvarlos. Quiero que tú los saques de esa tierra. Los guiarás a un nuevo hogar, a una tierra donde abundan la leche y la miel. ¡Ahora ve! Te estoy enviando al faraón.

Ahora bien, Egipto no era precisamente el lugar a donde Moisés quería ir. Y el faraón era el rey que posiblemente aún quería matarlo por haber matado a otro egipcio.

Moisés decidió contestarle a Dios.

--¿Quién soy yo para hablarle al faraón de Egipto? --le dijo a Dios--. ¿Quién soy yo para guiar a los hebreos? No soy un líder.

Dios podría haber matado a Moisés por oponerse a lo que Él quería que hiciera. Pero en lugar de eso, Dios le contestó. Dios sabía que Moisés tenía miedo.

--Yo soy tu líder y estoy contigo --le dijo Dios--. Créeme que tú y los israelitas vendrán a adorarme en este monte.

Moisés continuó haciendo preguntas.

--Yo no soy profeta ni sacerdote. ¿Qué diré si la gente me pregunta por tu nombre?

--Yo soy el que soy –contestó Dios--. Voy a hacer maravillas en contra de los egipcios porque ellos han esclavizado a mi pueblo.

Preguntas para hacer:

- **En esta historia, ¿cómo se comunicó Dios con Moisés?**
- **¿Cuál es una manera en que Dios se comunica contigo?**
- **¿A dónde quería Dios que fuera Moisés? ¿Por qué creen que Moisés no quería ir a donde Dios lo mandaba?**

Moisés no tenía facilidad de palabra, y empezó a poner excusas para no ir a Egipto.

- **¿Alguna vez ponen excusas para salirse de hacer sus deberes en casa, sus tareas escolares, o para no estar con una persona que les cae mal? ¿Por qué piensan que ponen excusas?**

Dios no dejó que Moisés continuara poniendo excusas. Dios tenía un trabajo importante para él. Moisés quería salirse de la obligación de hacer lo que Dios le mandaba. Ese no era el plan de Dios; en cambio, Dios mandó a Aarón, el hermano de Moisés, para que fuera con él al faraón a ayudarle a hablar. Juntos podrían comunicar el mensaje de Dios y hacer su obra.

La comunicación era importante para Moisés. También es muy importante para nosotros.

Dios se comunica con nosotros, y necesitamos escuchar lo que nos dice. En esta clase aprendemos que Dios se comunica con nosotros cuando leemos la Biblia. En la Biblia Dios nos dice que Él envió a Jesús para amarnos y quitarnos nuestro pecado. Nosotros nos comunicamos con Dios cuando pensamos en lo que hemos leído en la Biblia y cuando oramos. La comunicación es muy importante para Dios.

2. Aprendamos acerca de la comunicación

Objetivo: los niños aprenderán que se pueden comunicar efectivamente con otros usando un lenguaje corporal y siendo amables.

Reparta papel y crayones a los niños. Pida que piensen en alguna vez cuando alguien se comunicó con ellos en una forma amable, de una manera que pudieron comprender. Diga que ilustren esa situación con dibujos de figuras de palotes.

Luego diga que volteen sus papeles y piensen en alguna vez cuando alguien se comunicó con ellos en una forma que no comprendieron o en un modo que los hizo enojar y por eso no quisieron escuchar. Deben ilustrar también esa situación con dibujos de figuras de palotes. Cuando hayan terminado, pídales que se junten en grupos de tres y que hablen acerca de las figuras que han dibujado.

Después de que los niños hayan terminado las hojas de trabajo, pídales que levanten las manos si hablan más de un idioma. Si alguien levanta la mano, pregúntele qué otro idioma habla. Pregunte si alguien conoce el lenguaje de señas (usado por los sordos) o si sabe leer Braille (que es para los ciegos). Mencione que éstos también son idiomas. Los idiomas o lenguajes son una forma en que nos comunicamos con otros.

Aún si no podemos entender las palabras que alguien está hablando podemos tratar de comunicarnos usando un lenguaje corporal. Sonreír es un lenguaje universal; tocar a alguien es otro lenguaje universal. Eso significa que no importa qué idioma alguien hable, todos comprenden una sonrisa. La amabilidad es otra forma de comunicación positiva. Uno puede mostrar amabilidad aunque no pueda comunicarse verbalmente. Algunas formas de comunicación amable pueden incluir: invitar a un niño con quien no sueles jugar a que juegue contigo en el recreo en la escuela o puedes orar con un niño que esté llorando. Puedes poner tu mano en el hombro de un niñito que está tratando de mostrarte algo para captar tu atención. Todas estas son formas fáciles de ser amable y de comunicarte positivamente.

Opción, si hay tiempo:

Juego de charadas

Haga un breve juego de charadas con los niños. Escoja un sentimiento, como tristeza, y pida que los niños lo muestren con movimientos y expresiones faciales. Después escoja el sentimiento de felicidad y vea la diferencia en la reacción de los niños. Diga que no es tan difícil ver cómo una persona se siente cuando se mira su cara y se observa su lenguaje corporal. Si hay tiempo, que los niños comuniquen diferentes mensajes por la expresión facial y por la forma en que caminan. Por ejemplo, el rostro o la forma de caminar podrían comunicar cuán cansada está una persona o lo emocionada que está o aun si está enferma.

Fin de la opción.

Una forma de comunicarnos claramente con otros es que tratemos de ver cómo se siente una persona antes de acercarnos a ella. Si te das cuenta de que un amigo está triste, no debes comenzar tu conversación con una broma. Si tu amiga está feliz, es casi seguro que puedes decirle algo importante y no se molestará contigo. Un buen inicio para la buena comunicación es notar cómo se siente alguien y luego ser sensible a sus sentimientos. Si estás enojado y no quieres conversar con alguien, generalmente puedes decírselo. Esa persona te dejará solo por unos minutos hasta que se te pase el enojo. Esta es una buena manera de impedir peleas antes de

que empiecen. A los amigos que parecen enojados o molestos, déjalos solos unos minutos antes de que empieces una conversación.

En las próximas semanas esperamos desarrollar estas buenas aptitudes de comunicación.

3. Aplicación de lo aprendido

Objetivo: que los niños se comuniquen positivamente con los del grupo y aprendan que Dios nos ha hecho parte de un cuerpo.

A veces es fácil sentirse nervioso cuando uno necesita comunicarnos con otros.

- *¿Qué debo decir?*
- *¿Qué va a pensar él o ella?*
- *¿Me estoy comunicando con claridad o estoy causando problemas con lo que hago y digo?*

Todas estas son preguntas comunes.

Todos tenemos que esforzarnos en la comunicación. No es algo que sea fácil. A veces nos resentimos debido a que alguien se comunica mal con nosotros, y es igual de fácil que nosotros lastimemos a alguien cuando hay mala comunicación. Conforme aprendan a comunicarse con otros, verán cómo desarrollará su amistad con ellos.

Diga que todos practicarán la comunicación. Reparta las tarjetas de notas y asigne a cada niño una pareja. Las parejas deben ir a distintos lugares del salón y pasar tiempo conociéndose. Pueden preguntarse las cosas que les gusta hacer, qué talentos tienen, cómo era su vida antes de que llegaran al orfanato, lo que esperan hacer cuando sean adultos. Solo tienen que conversar.

Después que los niños hayan conversado un rato, anime a cada uno a comunicar algo bonito acerca de su pareja, escribiéndolo en la tarjeta de notas. Diga que intercambien las tarjetas y que lean lo que la otra persona escribió. Los niños deben quedarse con su tarjeta.

Cuando nos comunicamos bien con otros les mostramos que los amamos. La amabilidad y las sonrisas son excelentes medios de comunicación. Si escriben una nota de ánimo a alguien, la persona que la reciba se sentirá muy feliz. Pueden incluso comunicar sus sentimientos a sus maestros… ¡sí, a nosotros! En este

instante podemos conversar. Si tienen un problema de comunicación con otro niño, les podemos dar algunas ideas acerca de cómo mejorar las cosas. Más que todo, podemos orar juntos y pedirle a Jesús que nos ayude a comunicamos con las personas a nuestro alrededor.

Termine con oración.

Lo recto y justo

Unidad 3 • Semana 2 • Día 1

Enfoque en la Palabra de Dios

Tema: Dios quiere que sigamos el ejemplo de Noé de una vida recta.

*Hoy los niños **aprenderán*** cuán importante es seguir a Dios, no a la gente.

*Hoy los niños **decidirán*** que seguirán a Dios haciendo lo que a Él le agrada.

MATERIALES NECESARIOS

❑ Crayones

❑ Papel para cada niño

❑ Opción, si tiene fotocopiadora saque copias del poema (sección 1)

Una nota para usted, el maestro:

Hay muchas historias en la Biblia acerca de personas que se rindieron a la presión de otras personas e hicieron lo malo en lugar de lo recto y justo. La lección de hoy animará a los niños a buscar amigos que estén decididos a hacer lo recto y justo. Pero, ¿qué de usted? Los adultos esperamos que nuestra madurez y las experiencias de la vida nos hayan enseñado a ser individuos independientes y no rendirnos a la mentalidad de grupo. Pero, ¿alguna vez dejamos nuestras normas porque cierta cosa es algo normal en nuestra sociedad?

En el estudio de hoy, Noé podría haber tenido buena razón de no hacerse la molestia de obedecer a Dios. El mundo entero estaba lleno de maldad y de gente pecadora. Noé no encajaba en esa multitud. El libro de Hebreos nos recuerda lo que motivó a Noé a seguir a Dios a pesar de lo que los demás hacían.

Por la fe Noé, advertido sobre cosas que aún no se veían,
con temor reverente construyó un arca para salvar a su familia.
Por esa fe condenó al mundo y
llegó a ser heredero de la justicia que viene por la fe.
Hebreos 11:7

Noé no tenía la Biblia o una iglesia que le ayudara a hacer lo que fuera recto y justo. Piense en los recursos que usted tiene disponibles para fortalecerse de modo que no peque. Tome ánimo; Dios está a su lado para ayudarle a cumplir su compromiso de hacer lo justo. Tenga presente que cada niño con quien tenga contacto lo mira como ejemplo de lo que debe hacer o no debe hacer un cristiano.

DESARROLLO DE LA LECCIÓN

1. Historia bíblica: Génesis 6:9—7:24

Objetivo: que los niños admiren a Noé como héroe, porque no siguió el ejemplo de sus vecinos en pecar contra Dios.

Hoy hablaremos acerca de un hombre que fue un héroe. Él no siguió a sus vecinos en lo que hicieron, fuera bueno o malo. ¡No! Él defendió lo bueno. Piensen en lo difícil que es ser valiente y hacer lo que es recto y justo. El hombre de nuestra historia siguió a Dios, aun cuando todos alrededor de él defraudaron a Dios haciendo lo malo.

Él era un verdadero héroe. ¿Saben cómo tratamos a los héroes? Los aplaudimos y nos ponemos de pie para honrarlos. Hagamos eso ahora, y luego les contaré la historia de un héroe llamado Noé.

(Dirija a los niños en una ovación de pie y en un grito de victoria por el gran héroe, Noé. Es una manera divertida de captar la atención de los niños antes de que les narre la historia bíblica; también pueden deshacerse de un poco de energía.)

Voy a contarles la historia bíblica como una balada. Una balada significa que la historia está escrita como un poema o una canción que rima.

Esta historia tuvo lugar cientos de años después de la creación de Adán y Eva. Se cree que antes de lo que pasó en esta historia nunca había llovido sobre la tierra. El rocío regaba la tierra. Si piensa que los niños no entenderán la palabra arca, explíqueles que es un barco. En esta historia es un barco enorme, probablemente de tres pisos de altura.

LA HISTORIA BÍBLICA

Hace mucho, mucho tiempo
Desde el cielo Dios a la tierra miró.
Buscaba un hombre recto y bueno.
¿Creen que Dios lo encontró?

Hace mucho, mucho tiempo
Las cosas habían cambiado.
La gente solo hacía lo malo
¡El mundo estaba lleno de pecado!

Hace mucho, mucho tiempo
Dios buscó en la tierra un hombre
Que hiciera lo bueno y no lo malo.
"¿Habrá alguien que respeta mi nombre?"

Hace mucho, mucho tiempo
Dios encontró un hombre que tenía fe
Entre toda la maldad de la tierra
Alguien amaba a Dios. ¡Era Noé!

Hace mucho, mucho tiempo
Dios decidió castigar al mundo infiel.
Una lluvia inundaría la tierra.
Noé era justo. ¿Cómo se salvaría él?

Hace mucho, mucho tiempo
Dios quiso salvar del diluvio a Noé.
"Hazte un arca grande", dijo Dios.
"Todas las medidas yo te las daré."

Hace mucho, mucho tiempo
Noé y sus hijos empezaron a trabajar
Día por día construyeron el arca
El barco grande que los iba a salvar.

Hace mucho, mucho tiempo
Nunca en la tierra había llovido.
¿Será que la gente se burlaba del arca?
No creían lo que Dios había hablado.

Hace mucho, mucho tiempo
Lo que dijo Dios Noé obedeció.
Trabajó largo y constante…
¡Y el inmenso barco listo quedó!

Hace mucho, mucho tiempo
Noé y sus hijos empezaron a juntar
Trigo y cebada, frutas y verduras.
De comida el arca tenían que llenar.

Hace mucho, mucho tiempo
Llegaron parejitas de dos en dos.
Del norte y del sur, del este y del oeste
Dios mandó a los animales, de dos en dos.

Hace mucho, mucho tiempo
Dios mandó que Noé entrara al arca.
Él y su familia estaban allí seguros
Cuando Dios mismo les cerró la puerta.

Hace mucho, mucho tiempo
En la tierra murió toda la gente.
Mientras la lluvia caía, ¿creen que Noé
cantaba contento en el zoológico flotante?

Hace mucho, mucho tiempo
Cuarenta días y cuarenta noches la lluvia cayó.
El agua cubrió casas, árboles y montañas.
Pero en el arca Noé con su familia se salvó.

Hace mucho, mucho tiempo
Desde el cielo Dios a la tierra miró.
Buscaba un hombre recto y bueno.
Dime ahora, ¿a quién Dios lo encontró?

La historia bíblica está escrita en forma de rima, así que es fácil usarla como lectura rítmica.

Opción, si tiene una fotocopiadora:

Haga copias del poema para que los niños lo lean expresivamente. Lo podrían cantar también como un rap. Que los niños añadan aplausos, chasquidos de los dedos, zapateados, o palmadas en las piernas en las partes que ellos piensen que hace más interesante la historia.

Fin de la opción.

Dé participación a los niños en la historia haciéndoles las siguientes preguntas.

- **¿Qué cosas malas creen que la gente hacía en los tiempos de Noé? Esas cosas enojaron a Dios.**
- **¿Cuáles son algunas cosas malas que la gente hace hoy que hacen entristecer y enojar a Dios?**
- **¿Qué creen que los vecinos de Noé dijeron al ver la construcción del arca? Recuerden que nunca antes había llovido.**
- **Algunos dirían que esta historia es acerca de Noé, pero realmente es acerca de Dios. ¿Cuáles son algunas cosas asombrosos que Dios hizo, que vemos en esta historia?**
- **Dios podría haber dejado que todos en la tierra se ahogaran, pero no lo hizo. ¿Por qué creen que salvó a Noé y a su familia? ¿Por qué creen que salvó a tantos animales?**

2. Por qué esta historia es importante para mí

Objetivo: que los niños practiquen a hacer lo bueno frente a la presión de hacer algo malo.

Divida la clase en grupos de tres. Diga que cada grupo va a inventar su propio drama. Deben asignarse los números 1, 2, ó 3. Usted les dará tareas conforme a su número.

Drama improvisado

Número 1: eres una persona como Noé. Estás decidido a hacer lo que complace a Dios.

Números 2 and 3: ustedes quieren que el Número 1 los siga, aunque lo que quieren hacer no complace a Dios. Tengan una conversación. Los Números 2 y 3, hablen acerca de lo que quieren que el Número 1 haga. Debe ser algo que los niños de su edad hacen a menudo, aunque sepan que eso desagrada a Dios. El Número 1 debes

contestarles. Explícales por qué no quieres desagradar a Dios. Cuéntales partes de la historia de Noé a los otros dos niños. Sigan conversando.

Drama improvisado

Cambien de papeles. Esta vez el Número 2 debe ser una persona como Noé y los Números 1 y 3 deben tratar de hacer que el Número 2 haga algo que desagrade a Dios.

Drama improvisado

Cambien los papeles una tercera vez. Esta vez el Número 3 debe ser una persona como Noé y los Números 1 y 2 deben tratar de hacer que el Número 3 haga algo que desagrade a Dios.

- **¿Por qué creen que es mucho más fácil seguir a quienes desagradan a Dios que hacer lo que Dios quiere que hagamos?**

3. Lo que Dios quiere que yo haga

Objetivo: que los niños dibujen cosas que les ayuden a recordar lo que es recto y justo.

Una nota para usted, el maestro:

En esta sesión, como en muchas, otras hay proyectos de arte. No los salte. Para los niños que han tenido vidas difíciles a menudo es difícil expresarse por medio del lenguaje. Cuando eran muy pequeños, los adultos tal vez no les hablaron. Sus patrones neurológicos para el lenguaje quizá no estén del todo desarrollados. Una actividad manual, tal como el dibujo, a menudo es un mejor medio para que estos niños se comuniquen, mucho mejor que palabras.

Un proyecto de arte

Reparta papeles y crayones. Diga a los niños que van a dibujar cosas que les ayuden a recordar. Deben dibujarse a sí mismos haciendo algo que es justo y bueno, algo que complacería a Dios. Por ejemplo, podrían orar por un amigo enfermo; ayudar a una anciana a recoger cosas que se le han caído de su canasta. Podrían estudiar en la tarde antes del día de un examen importante en lugar de salir y jugar con sus amigos. Diga que los dibujos deben ser un recordatorio para ellos cuando estén tentados a hacer algo que dañaría su relación con Cristo. En la parte inferior del dibujo deben escribir: "Quiero ser como Noé".

Cuando los niños hayan terminado, pida voluntarios para que muestren a todos lo que han dibujado. Diga que pongan su dibujo donde lo puedan ver a menudo. Cada vez que vean el dibujo, les recordará que quieren ser como Noé; que quieren obedecer a Dios.

Sugiérales que recuerden lo que han dibujado la próxima vez que sean tentados a hacer lo mismo que sus amigos, aunque sepan que eso no complace a Dios.

Muestre una tarjeta en la que haya escrito el versículo bíblico de hoy.

No se cansen de hacer bien.
2 Tesalonicenses 3:13

Este es un versículo fácil de memorizar. Pida a los niños que se levanten y caminen alrededor del salón; deben acercarse a por lo menos seis personas. Cuando se acerquen a alguien deben decir el nombre de la persona seguido por el versículo.

Para finalizar la clase todos deben repetir juntos tres veces el versículo.

Dominio propio 2

Unidad 3 • Semana 2 • Día 2

Enfoque en rasgos de personalidad

Esforzarse en cumplir metas dignas sin dejarse impedir por la preocupación o los deseos personales.

Tema: seré disciplinado.

Hoy los niños aprenderán acerca del rasgo de personalidad de dominio propio.

Hoy los niños decidirán cómo mostrarán dominio propio en su vida esta semana.

MATERIALES NECESARIOS:

- ❑ 4 baldes
- ❑ Canicas o piedritas
- ❑ 2 cucharas
- ❑ Opción: proyecto de arte mosaico (vea la sección 3 sobre cómo hacer este proyecto)
- ❑ Opción: papel de color (se puede cortar el papel en pedacitos antes de que los niños lleguen o ellos pueden hacerlo)
- ❑ Opción: pegamento
- ❑ Un caramelo para cada niño

DESARROLLO DE LA LECCIÓN

1. Rasgo de personalidad: *el dominio propio*

Objetivo: los niños estudiarán nuevamente el personaje bíblico Nehemías (Nehemías 1-6). Nehemías es un buen ejemplo de un hombre que tuvo gran dominio propio. Él sabía lo que Dios quería que hiciera y puso manos a la obra hasta que terminara el trabajo.

- **Díganme tres cosas que recuerdan acerca de Nehemías de la historia bíblica de la semana pasada.**
  Que los niños den detalles hasta que cuenten toda la historia.

Nehemías puso en acción el dominio propio. Los obreros confiaban en él. La ciudad de Jerusalén fue reconstruida. Todos se centraron en metas dignas en lugar de preocuparse o de estar pensando en otras cosas, que tal vez preferirían estar haciendo. ¡Buenas noticias! Se hizo el trabajo. Eso requirió de mucho dominio propio.

- ***Nehemías era un líder de confianza.* ¿Cómo mostró Nehemías dominio propio?**
- ***Nehemías tomó el control.* Él no cerró los ojos a lo que había que hacer. No esperó que alguien más terminara el trabajo. Pero el dominio propio requiere de esfuerzo. ¿De qué maneras eres tú, o alguien a quien conoces en esta clase, como Nehemías?**
- **¿Qué metas difíciles tienes? ¿Cómo estás mostrando dominio propio para cumplir tus metas?**

Griten fuerte: "¡Sí, por favor!" si les gustaría escuchar una historia acerca de pájaros que caminan, ¡pero que nunca vuelan! Es una historia acerca de unos pájaros grandes llamados pingüinos.

Camine por el salón con la fotografía de los pingüinos hasta que todos la hayan visto.

Estos pájaros grandes llevan una vida dura en la costa de la Antártica. Escuchen atentamente, y oirán cómo el dominio propio entre los pingüinos adultos mantiene a sus crías seguros y alimentados.

PÁJAROS GRANDES

Cada año, en marzo, los grandes pingüinos emperador caminan tierra adentro desde la costa de la Antártica. Los pingüinos caminan por muchos días. ¿Por qué

hacen este viaje difícil? Sufren hambre y pasan por mucho frío. ¿Por qué no se quedan cerca del agua donde es fácil conseguir comida? Porque los pingüinos saben que si hacen esta larga caminata tierra adentro, sus crías nacerán seguros de cualquier daño, especialmente de los depredadores que se los quieren comer.

La señora pingüino pone solo un huevo. Con gran cuidado ella le da el huevo al señor pingüino. Él lo balancea sobre sus pies y lo cubre con las plumas de su cuerpo para mantenerlo caliente. La hembra regresa al mar por comida. Ella está muy, pero muy hambrienta al momento en que llega allí. La mayoría de las hembras llegan al mar, pero no todas.

Todos los machos se juntan para darse calor. Por muchos meses, sopla el viento y cae nieve. ¿Se van los pingüinos? ¡Nunca! Los machos se paran en el frío congelante y protegen a las crías que están dentro de los huevos.

En julio el huevo finalmente se abre. La hembra regresa del océano con pescado, y el macho y la hembra se turnan en alimentar al pingüinito.

Pronto todos los pingüinos, los padres y las crías, inician la larga caminata de regreso a su hogar en la orilla del mar.

2. Rasgo de personalidad: *el dominio propio*

Objetivo: que los niños comenten el dominio propio.

- **Los pingüinos soportan los vientos fríos y el hambre. ¿Por qué lo hacen?**
- **¿Qué pasaría si los pingüinos no cuidaran de sus huevos?**
- **¿Les inspira esta historia? ¿Sufrirían todo esto para cuidar de alguien?**
- **Los pingüinos pagan un alto precio por su dominio propio. A veces las hembras mueren cuando van de camino al océano por comida. A veces los machos se congelan. A veces el huevo se congela, y el bebé nunca nace. ¿Por qué creen que es tan difícil ser disciplinado? ¿Creen que vale la pena?**
- **¿A quién conocen que deja su comodidad para que ustedes puedan tener una mejor vida? ¿A un maestro, un amigo, o un padre?**
  Maestro, esté preparado para contar algo de su propia vida si ningún niño lo hace.

Cada día tenemos que tomar muchas pequeñas decisiones de dominio propio. Con el tiempo, esas decisiones forman lo que llegamos a ser. Por ejemplo, ustedes se levantan y se visten a tiempo para ir a la escuela. Hacen sus tareas cuando preferirían estar jugando. Estas cosas requieren de disciplina o de dominio propio.

Cuando alguien les grita, ustedes no le gritan. Comparten un caramelo con alguien que no tiene ninguno, aunque quisieran comerse los dos que tienen. Estas cosas requieren de dominio propio.

Opción, si hay tiempo:

Vamos a hacer un proyecto de arte que requiere de mucha disciplina. Vamos a hacer un mosaico. Un mosaico es un cuadro hecho de muchas pequeñas piezas. Un artista puede usar muchos pedazos de vidrio o de madera. A veces un mosaico está hecho de arena de diferentes colores. Nosotros vamos a usar muchos pedacitos de papel. No dejen su mosaico hasta que esté terminado. No hagan un trabajo desordenado. Traten de hacer algo hermoso. ¡Esto requerirá de mucho dominio propio!

Si es posible, haga una fotocopia de este dibujo para cada niño. Si no es posible y tiene una clase pequeña, puede calcar este dibujo para cada niño. Si no puede hacer ninguna de estas opciones, muestre el dibujo a los niños. Que lo dibujen en una hoja de papel blanco. Las tres opciones siguen las instrucciones de abajo.

1. Parta papel de color o de seda en pedacitos. (Puede hacer esto antes de la clase o pedir que los niños lo hagan.)
2. Ponga pegamento en una pequeña sección del papel.
3. Presione los pedacitos de papel sobre el pegamento, uno a la vez, y póngalos juntos. Asegúrese que se pueda ver el dibujo. Es divertido. Entre más pequeñas las piezas, más bonito el mosaico.

¡Buen trabajo! Como en los cuadros que han hecho, sus buenas decisiones forman buenos hábitos cristianos de dominio propio, pieza por pieza y pedazo por pedazo.

Fin de la opción.

3. Cómo vivir con *dominio propio* esta semana

Objetivo: que los niños muestren dominio propio en un juego y en su forma de tratar a las personas a su alrededor.

Divida la clase en dos grupos. Por cada grupo, tenga dos baldes (cubetas) y póngalos en lados opuestos del salón. Llene un balde con canicas o piedras pequeñas. Ponga una cuchara junto a cada balde lleno. Ponga el otro balde al otro lado del salón o del patio de juegos.

Diga a cada grupo que el propósito es mover las canicas o las piedrecitas de un balde lleno al que está vacío, tan rápidamente como sea posible, sosteniendo una cuchara con solo una mano. Deben tratar de hacerlo más rápidamente que el otro equipo.

Si levantaran el balde y caminaran llevándolo al otro lado del salón sería mucho más fácil. Pero la vida no es fácil, ¿verdad que si? Háganlo por turnos, por favor, y usen la cuchara para mover las canicas o las piedrecitas. Recuerden que mostramos dominio propio al mirar un problema y buscar una solución, y llevarla a cabo.

Esta actividad requiere de cuatro baldes. Si solo tiene dos, mida el tiempo en que el primer grupo hace la actividad, luego mida el tiempo del segundo grupo. Gana el grupo que lo hace en menos tiempo.

Dé al grupo ganador dos caramelos por cada jugador. Diga que requerirá de dominio propio no comerse ambos. Jesús quiere que aprendamos a compartir. Así que cada niño debe dar el segundo caramelo a alguien que no tenga uno. Fíjese que todos reciban un caramelo.

- **¿Qué cosas resultaron bien en nuestra actividad?**
- **¿Qué nos fue mal? ¿Qué ideas tienen para que se haga la actividad en menos tiempo?**
- **¿Cómo se sintieron al terminar de mover las canicas o las piedrecitas?**
- **Piensen en un gran trabajo que se necesite hacer en nuestra ciudad o barrio. ¿Cómo podemos ayudar?**
- **Dios puede ayudarnos a hacer cualquier trabajo. Alabémoslo por su poder. Alabémoslo por su grandeza. ¿Cuáles son algunas de las grandes cosas que Dios hace por nosotros?**
- **¿Cuáles son algunas grandes cosas que algún día ustedes harán por Dios?**

Pida a los niños que inclinen la cabeza en oración, y que oren algo como esto:

Amado Señor Jesús, no es suficiente decir que queremos actuar con sabiduría y ser disciplinados. Debemos trabajar duro y ser responsables. Jesús, con tu ayuda, seremos disciplinados. Gracias por ayudarnos. En el nombre de Jesús, amén.

Importancia de la honradez

Unidad 3 • Semana 2 • Día 3

Enfoque en aptitudes para la vida

Tema: debo ser sincero en mi comunicación con otros.

Hoy los niños aprenderán a identificar barreras que pueden impedir que sean sinceros en su comunicación.

Hoy los niños decidirán a ser sinceros en su comunicación con otros y con Dios al decir cómo se sienten y al permitir que otros hagan lo mismo.

MATERIALES NECESARIOS

- ❑ Papel
- ❑ Lápices

Una nota para usted, el maestro:

"¿Honradez? Muchos de estos niños han sobrevivido por las mentiras. ¿Por dónde comienzo mi enseñanza?" En el caso de muchos niños, especialmente los que no son de familias estables, la comunicación sincera puede parecer una meta imposible. "Pero nada hay imposible para Dios." Eso es lo que dijo María cuando el ángel le dijo que tendría un hijo que sería llamado Hijo de Dios. Es nuestra oración que usted aborde el tema de esta semana con la misma determinación que María. Dios es un hacedor de milagros. Usted probablemente ha visto a Dios obrar milagros en los niños. Dios quiere hacer más; quiere ayudar a los niños a ser honrados uno con el otro; pero lo más importante es que derramen sinceramente su corazón en oración al Señor.

Para muchos niños que han pasado por situaciones difíciles el pensamiento de bajar la guardia puede parecer intimidante. Hay niños que mienten para ganarse la vida. Otros, niegan la realidad de lo que pasa en su vida para sepultar el dolor, al menos por un momento. ¿Por qué querrían ellos ser francos acerca de su situación familiar con alguien que no los conoce o alguien que los juzgará? Ayude a los niños a ver por qué la mentira no es manera de tratar los problemas; Dios tiene todo poder para ayudarlos. Él envió a Jesucristo a esta tierra para llevar nuestros dolores. Jesús puso nuestras cargas sobre sí mismo y dijo:

"Carguen con mi yugo y aprendan de mí,
pues yo soy apacible y humilde de corazón,
y encontrarán descanso para su alma.
Porque mi yugo es suave y mi carga es liviana."
Mateo 11:29, 30

Usted y los niños pueden dejar sus pesadas cargas con Jesús. ¡Él vino a llevarlas! Ser sinceros con Dios y los demás es una bendición que nos ha sido dada como cristianos. Sea paciente. La honradez no es un concepto que los niños captarán en una o dos lecciones, pero ore que cuando lo hagan, sea un concepto que nunca abandonen.

DESARROLLO DE LA LECCIÓN

1. Enfoque en la aptitud de hoy

Objetivo: que los niños aprendan una historia bíblica que muestra que Dios toma muy en serio la mentira.

Cuando los niños se reúnan hoy, diga que les va a decir tres cosas acerca de usted mismo. Dos cosas que dirá serán ciertas y una cosa será falsa, o una mentira. (Si hay otro adulto ayudándole, que también tenga tres cosas para compartir.) Las tres cosas deben parecer creíbles. Esta es una oportunidad de decir cosas increíbles acerca de usted que piense que los niños puedan no creer y que son ciertas. Trate de dejarlos perplejos con algo que parezca cierto, pero que no lo es.

Por ejemplo, podría decir:

1. Cuando yo era niño viajé a Brasil en avión.

2. A los 16 años, me mordió una víbora. Obviamente sobreviví porque no era venenosa.
3. El mejor día de mi vida es cuando fui al Museo Nacional de Arte en la Ciudad de México.

Nota: los tres detalles son datos interesantes y los tres podrían ser ciertos; pero en el juego, uno no lo es. Vuelva a decir las tres cosas; los niños que piensan que (1) es mentira deben levantar la mano, después diga lo mismo del (2) y del (3). Dígales la verdad.

Pregunte a los niños:

- **¿Pudieron descubrir por mis expresiones o mi lenguaje corporal que una cosa que dije no era cierta?**
- **¿Cómo pueden saber cuando una persona no dice la verdad?**

No es fácil ver si una persona está diciendo la verdad o no. La gente generalmente espera que seamos honrados. Cuando alguien miente, pierde la confianza de las personas. Para recuperarla, tendrán que mostrar una y otra vez que se puede confiar en ellos. Cuando alguien ha perdido la confianza es difícil que la recupere.

Invite a los niños que quieran hacerlo (sin mencionar nombres), que cuenten acerca de alguna vez cuando alguien no fue sincero con ellos. Después que los niños hayan compartido experiencias, pregúnteles cómo se sintieron al ser engañados. Acepte los comentarios sin hacer preguntas. (Si alguien habla de algo que pudiera ser de peligro para él, hable con ese niño después de la clase.)

- **¿Pueden decirme qué es una barrera? Den algunos ejemplos.**

Una barrera es un obstáculo. Por ejemplo, un pedazo grande de madera frente a una puerta podría ser una barrera para que la gente no entre o salga por la puerta. Una barrera en nuestra vida es algo que puede impedir que hagamos lo recto y justo. En el caso de la honradez una barrera podría ser algo que nos impida decir la verdad.

Pregunte:

- **¿Qué barreras podrían hacer que un niño decida mentir?**
- **Decir una mentira puede sacarnos de un problema por un rato, ¿pero qué consecuencias tiene?**

Los niños pueden mentir porque no quieren que sus amigos los miren mal o porque sienten que una mentira los hace aparecer mejores de lo que son. Una de las barreras más comunes para que los niños digan la verdad es que tengan miedo de meterse en problemas por algo que han hecho, y con una mentira esperan que engañarán a la persona que está a cargo de ellos. Aunque a veces parece la única salida, nunca vale la pena mentir.

Haga saber a los niños:

Siempre pueden acudir a Dios cuando se sientan atrapados para decir una mentira. Él les ayudará a encontrar una salida. Un adulto de confianza también puede ayudarles si están en una situación en que quieran mentir. Un adulto tiene años de experiencia y puede ayudarles a resolver las cosas, sin que recurran a mentiras.

Un dicho popular, basado en un versículo bíblico, dice así: "¡Cuidado, tus pecados te alcanzarán!" (En realidad el versículo dice: "Y pueden estar seguros de que no escaparán de su pecado", Números 32:23b). De acuerdo con esta declaración, es solo cuestión de tiempo antes de que alguien descubra la verdad. Generalmente, cuando dices una mentira tienes que decir más mentiras para cubrir la primera. Al final, tienes una larga sarta de mentiras, y esas mentiras te harán sentir mal hasta que acabes confesándolas todas.

Un huérfano fue adoptado por una maravillosa pareja que lo amaba. Pero él nunca sintió que era lo suficientemente bueno para ellos. Pensaba que si ellos supieran quién era él en verdad y lo que en realidad pensaba y lo que había hecho, lo regresarían al orfanato. Cuando menos, dejarían de amarlo. Cuando llegó a ser adulto siguió mintiendo acerca de todo. Mentía acerca de sus padres biológicos y quiénes eran sus familiares. Mentía acerca de cuánto dinero tenía y las cosas importantes que había hecho. Sus mentiras no lastimaban a otras personas, pero él se lastimaba a sí mismo cada día. Finalmente admitió a un Amigo: **"He mentido acerca de quién soy todos estos años, y ahora, sinceramente, ¡ya no sé quién soy!"**

Dios siempre sabe cuando no decimos la verdad, y aunque podamos engañar a alguien por un tiempo, nunca podremos engañar a Dios. La Biblia tiene muchas cosas que decir acerca de la comunicación sincera.

Hay una historia en el libro de Hechos acerca de dos personas que mintieron y a quienes Dios castigó muy severamente. No sabemos por qué el castigo de Dios fue tan severo. Podría ser porque ellos eran parte de la primera iglesia y Dios quería que su pueblo supiera, desde el principio, que nunca debían mentirle a Él.

Las dos personas eran Ananías y su esposa Safira. Ellos vendieron una propiedad. El dinero les pertenecía a ellos y podrían haber hecho lo que quisieran con él. Decidieron dar algo a los dirigentes de la iglesia para ayudar a los pobres. Esto era algo bueno, pero le dijeron a Pedro que le estaban entregando a la iglesia todo el dinero. Ananías dijo esta mentira a Pedro.

-- Ananías –le dijo Pedro--, podrías haber hecho lo que quisieras con tu dinero, pero no digas que estás dando todo cuando no es así. No me has mentido a mí, ¡le has mentido a Dios!

Inmediatamente, ¡Ananías cayó muerto!

Más tarde, Safira, la esposa de Ananías, fue adonde Pedro. Ella no sabía que su esposo estaba muerto. Y dijo la misma mentira.

--Safira –dijo Pedro--, ¿cómo te atreves a engañar a Dios? ¡Escucha! Aquí vienen los hombres que acaban de sepultar a tu marido. Ahora te sepultarán a ti.

¡Y ella cayó muerta!

Generalmente, Dios nos trata con paciencia con cuando mentimos; pero es importante entender que Dios aborrece la mentira y que mentir tiene consecuencias. La pareja de la historia quería aparecer como que eran muy buenos. Ellos aparentaron ser más generosos de lo que en realidad eran. Pedro le advirtió a Ananías de la mentira de que había dado todo el dinero a Dios, cuando en realidad se había quedado con una parte. Pedro dijo que Ananías no le estaba mintiendo a él sino a Dios. Cuando Safira, la esposa de Ananías, también mintió, ella también tuvo las graves consecuencias. Es una necedad tratar de engañar a Dios porque, como nos muestre la historia, Él todo lo sabe.

A veces es duro comunicarnos sinceramente con otros. Tendremos que traspasar barreras que pudieran impedir que digamos la verdad. Siempre es mejor decir la verdad de una vez. Eso puede salvarnos de muchos sufrimientos y es también lo que Dios requiere de nosotros.

2. Aprendamos acerca de esta aptitud

Objetivo: que los niños muestren que la honradez y la confianza van de la mano.

En nuestra historia acerca de Ananías y Safira la consecuencia de su mentira fue la muerte. Piensen por un momento lo que podría haber pasado si Dios les hubiera permitido vivir. Ellos se habían jactado de haber dado todo el dinero a la iglesia; pero realmente solo habrían dado parte del dinero para la obra de Dios. Lo malo no fue cuánto dieron. Podrían haber dado veinte por ciento o hasta la mitad. Era su dinero. Ellos podrían haber dado cualquier porcentaje. Lo malo fue que mintieron a los dirigentes de la iglesia, y a Dios, cuando dijeron que habían dado todo y no era cierto.

Pregunte:

- **¿Qué consecuencias habría tenido lo que hicieron Ananías y Safira si Dios les hubiera permitido vivir?**
- **¿Creen que la mentira de Ananías y Safira se hubiera descubierto? Expliquen su respuesta.**
- **Después del incidente, ¿podrían los dirigentes haber confiado en Ananías y Safira para darles puestos de responsabilidad en la iglesia?**

Ananías y Safira no recibieron una segunda oportunidad para corregir la mentira; pero si se les hubiera dado la oportunidad, ya habrían perdido la confianza de los dirigentes de la iglesia. ¿Qué clase de persona es alguien que dice que ha dado dinero a la iglesia pero que en vez de eso se ha quedado con el dinero? ¡Nada bueno! Para que las personas confíen en nosotros es muy importante NO mentir. Cada vez que mentimos acerca de nosotros o para conseguir algo que no merecemos, perdemos la confianza de los adultos en nuestra vida, así como también la confianza de nuestros amigos y compañeros de clase. Obviamente, también entristecemos el corazón de Dios.

Opción, si hay tiempo:

Mencione que hay un cuento famoso de una colección conocida como las Fábulas de Esopo, llamado "El niño y el lobo". Recuerde a los niños que ya han escuchado antes la historia. Repásela brevemente con ellos, y si alguien la recuerda, permítale contarla.

Un niño pastor que cuidaba a un rebaño de ovejas se aburrió. Entonces decidió gritar "¡Lobo, lobo!" para ver qué pasaba. Cuando los aldeanos escucharon los

lamentos del niño, corrieron al campo para ayudarlo a salvar a las ovejas, y para ahuyentar al lobo. Cuando llegaron y vieron que ninguna oveja estaba en peligro, dijeron al Niño: **"¡No grites lobo, niño pastor, cuando no hay lobo!" Un poco después, el niño decidió gritar "lobo" otra vez. Le gustaba toda la emoción que causaba cuando los aldeanos venían para ayudarlo. Esta vez los aldeanos se apresuraron otra vez para ayudar al niño. Cuando vieron que no había ovejas en problemas, se fueron. Más tarde, un lobo vio el rebaño de ovejas y lo atacó. El niño se llenó de miedo y gritó pidiendo ayuda, pero esta vez nadie vino a ayudarlo. Algunas ovejas murieron, y otras se dispersaron. Para el niño fue horrible que nadie viniera para ayudarlo. Todos los aldeanos se enojaron con él porque habían perdido valiosas ovejas. La lección que aprendemos de esta historia es:**

"Nadie le cree a un mentiroso. . . aun cuando esté diciendo la verdad."

Invite a los niños a decir sus reacciones a la historia. Recuérdeles que cuando mienten una y otra vez, sus amigos y los adultos que los rodean ya no pueden confiar en ellos. Una consecuencia de la falta de honradez es que se pierde la confianza. Volver a ganar la confianza es difícil y lleva mucho tiempo. A veces, tristemente, nunca se puede restaurar la confianza.

Fin de la opción.

Haga un breve juego que enseñe confianza a los niños. Escoja a un voluntario y dígale que es muy importante que confíe en usted. El voluntario debe pararse dándole la espalda. Indíquele que debe estar muy quieto, que se ponga tieso, y que cruce las manos sobre el pecho. Párese detrás del niño y dígale que se deje caer lentamente hacia atrás cuando usted se lo diga. Asegúrele que usted lo agarrará y no lo dejará caer. Agarre al niño cuando se haga caer y ayúdelo a ponerse de pie. Dígale que se haga caer nuevamente. Pregunte si se sintió menos nervioso la segunda vez. Mencione al grupo que él ahora confía en usted y sabe que lo agarrará, así que no siente miedo de caer. Invite a unos cuantos niños más a intentarlo, si hay tiempo. Por razones de seguridad, no permita que los niños hagan este juego entre ellos.

- **Si yo me hubiera alejado y hubiera dejado caer a alguno de ustedes, ¿me tendrían confianza después?**
  No, porque yo les había mentido.

Diga que ser honrados con otros y decir siempre la verdad es como este juego de "Caída de confianza". Cuando siempre somos honrados, las personas comienzan a confiar en nosotros. Si les mentimos, lleva tiempo para que recuperen la confianza, pero generalmente es posible. Recuerde a los niños que nada es imposible para Dios (Lucas 1:37).

Dios recompensará la honradez remplazándola con confianza. Cuando las personas confían en ti puedes sentirte seguro y creerán lo que digas.

La mejor fuente de verdad es la Biblia. Todo en la Biblia es verdad. No hay ninguna mentira en ella. Podemos leer la Biblia con confianza y aprender de su verdad. Distintos hombres escribieron la Biblia a lo largo de muchos años; ¡pero cada parte está inspirada por Dios! Esto significa que toda la Biblia es verdad y que toda es de Dios. ¡Podemos confiar en la Biblia!

3. Aplicación de lo aprendido

Objetivo: que los niños ilustren con dibujos los sentimientos que tienen cuando mienten y los que tienen cuando dicen la verdad.

Pregunte a los niños:

¿Hay alguien en tu vida a quien necesitas decirle la verdad? Si le has mentido a una persona, es importante que le digas la verdad. Si necesitas que un adulto de confianza te acompañe, yo, o algún otro cristiano adulto, con gusto iremos contigo. Si la persona con la que necesitas hablar no está físicamente presente, necesitas orar y pedirle a Dios perdón por lo que has hecho. En el futuro quizás puedas confesar tu mentira, pero si no, puedes tener una conciencia limpia al confesarle tus pecados a Dios.

Dé a cada niño un pedazo de papel, que doblarán por la mitad. En un lado deben dibujar cómo se sienten al mentir. En el otro lado deben dibujar cómo se sienten al decir la verdad. Anímelos a mostrar a un amigo lo que han dibujado y explicarle los dibujos.

Explique:

En la Biblia tenemos una carta que Pablo escribió a la iglesia de Éfeso, animándolos a estar unidos en Cristo, porque había división entre ellos, en que hacían las cosas por su cuenta sin comunicarse bien unos con otros. Pablo escribe:

En cambio, hablaremos la verdad con amor y así creceremos en todo sentido hasta parecernos más y más a Cristo, quien es la cabeza de su cuerpo, que es la iglesia.
Efesios 4:15

En un mundo perfecto, todos seríamos honrados unos con otros; pero eso no va a pasar, porque pecamos.

Si descubres a alguien en una mentira, no tengas temor de pedirle que repita lo que dijo. Dale a esa persona la oportunidad de decir la verdad. Háblale en una forma amorosa, y haz un esfuerzo de no mentir. La Biblia dice que Satanás, nuestro enemigo, se llama "padre de mentiras" (Juan 8:44). Cuando decimos mentiras estamos agradando a Satanás. ¡Qué feo! En vez de eso, queremos siempre decir la verdad.

Cierre en oración, pidiendo a Dios que ayude a los niños a decir la verdad. Exprese su deseo de confiar en cada niño presente y que cada uno de ellos confíe en usted.

Altar de agradecimiento

Unidad 3 • Semana 3 • Día 1

Enfoque en la Palabra de Dios

Tema: agradecer a Dios es algo maravilloso.

Hoy los niños aprenderán que le agrada a Dios cuando sus hijos amados le agradecen.

Hoy los niños decidirán seguir el excelente ejemplo de Noé y agradecer a su Padre celestial.

MATERIALES NECESARIOS

- ❑ Pegamento
- ❑ Hoja de papel de fondo para cada niño
- ❑ Bastante papel de los colores del arcoíris para que los niños los partan en pedacitos (sin tijeras)
- ❑ Opción: Pizarra o una hoja grande de papel y marcador
- ❑ 8 piedritas para cada niño (vea la sección 3)

DESARROLLO DE LA LECCIÓN

1. Historia bíblica: Génesis 8-10. Noé y su familia salen del arca y alaban a Dios por su protección.

Objetivo: que los niños pongan especial atención al ejemplo de Noé. Lo primero que hizo al salir del arca fue agradecer a Dios por su protección.

Diga que esta es la siguiente parte de la historia que estudiaron hace algunas semanas, la historia de cómo Dios protegió a Noé, a su familia, y a los animales en el arca. Diga que usted quiere ver cuánto recuerdan de la primer parte de la historia. Si saben la respuesta a su pregunta, deben ponerse de pie. Entonces usted indicará a un niño para que dé la respuesta. Después de cada respuesta correcta, los niños deben sentarse hasta que sepan la respuesta a otra pregunta. Si ninguno sabe las respuestas de repaso, complete usted la historia.

- **¿Por qué Dios le dijo a Noé que construyera un arca?**
- **¿Qué es un arca?**
- **¿Por qué les habrá parecido una tontería a los vecinos de Noé que estuviera construyendo un arca, un barco inmenso?**
- **¿Por qué Dios quería que Noé y su familia entraran en el arca? ¿Por qué Dios tuvo cuidado especial de ellos?**
- **Cuando los animales y Noé y su familia estuvieron en el arca, ¿quién cerró la puerta?**
- **¿Creen que la gente se sorprendió cuando empezó a llover?**
- **¿Cuánto tiempo llovió?**

Ahora llegamos a la historia de hoy.

Como todo el mundo estaba pecando, Dios mandó un gran diluvio para limpiar la tierra. Pero Dios dijo a Noé y a su familia que construyeran un arca para ellos y los animales. El inicio de la historia de hoy es cuando la familia de Noé había estado en el arca por casi un año. Por fin, dejó de llover. El agua empezó a bajar lentamente y el arca poco a poco se acercó a la tierra. Un día, el arca se detuvo sobre el monte Ararat. Noé y su familia esperaron dentro del barco hasta que la tierra se secara.

Noé mandó una paloma fuera del arca para que revisara si la tierra estaba seca; pero la paloma regresó al arca. No pudo encontrar un lugar seco donde posarse. La segunda vez que Noé mandó a la paloma, ésta regresó con una ramita de olivo en el pico. Eso significaba que la tierra estaba empezando a secarse y que los árboles estaban empezando a brotar.

Noé mandó a la paloma una tercera vez. Esta vez la paloma no regresó. Había encontrado un lugar para anidar. Así Noé supo que era seguro para que su familia saliera del arca. ¡Dios los había salvado a todos! Salieron del arca un año y diez días después de que se habían embarcado. Ese es mucho tiempo para estar en un barco, pero estaban a salvo.

¿Qué decidieron hacer de inmediato? Edificar un altar y alabar a Dios, por supuesto. El altar que edificaron era un lugar donde podían agradecer a Dios por salvarlos. Noé y su familia prometieron amar y obedecer a Dios.

Después que Noé y su familia salieron del arca, Dios les hizo una promesa especial, a ellos y a todos los seres vivientes. Dios prometió que nunca más mandaría un diluvio para destruir a todo el mundo. Dios le dio a Noé una señal de que Él cumpliría su promesa. Por primera vez, Dios puso un arcoíris en el cielo. Cada vez que Noé y nosotros vemos un arcoíris, podemos estar seguros de que Dios nunca más enviará un diluvio para destruir al mundo entero. Dios cumple sus promesas.

Proporcione bastantes papeles de color y pegamento, pero no tijeras. Dé a cada niño una hoja de papel de fondo y diga que deben partir papeles de color y hacer un arcoíris colorido en el papel de fondo. Diga que dejen espacio en la parte inferior para que escriban un versículo importante que vendrá más adelante en la lección. Diga que mientras trabajan les va a hacer preguntas acerca de la historia. Deben tratar de trabajar en silencio para que participen y escuchen las respuestas. En algunos casos, más de un niño puede contestar la misma pregunta.

- **¿Qué creen que Noé y su familia sintieron acerca de Dios mientras flotaban por meses en el arca?**
- **En esta historia, Dios usó una pequeña paloma para ayudar a Noé. ¿Cómo ayudó la paloma a Noé?**
- **¿Cómo creen que era el arca?**
- **¿Por qué creen que lo primero que hizo Noé después que salir del arca fue edificar un altar?**
- **¿Cómo creen que Dios se siente cuando alguien a quien Él ama le agradece por lo que Él hace?**
- **Un altar es un lugar donde el pueblo de Dios oraba. ¿Qué lugar especial tienen ustedes a donde pueden ir a orar?**

Si los niños no han terminado para cuando haya hecho las preguntas, cante algunos coros favoritos mientras trabajan.

2. Por qué esta historia es importante para mí

Objetivo: que los niños recuerden tiempos en que Dios tuvo cuidado de ellos, así como lo hizo con Noé.

Una nota para usted, el maestro:

En las dos próximas secciones de esta lección, estará pidiendo a los niños que hablen en alta voz. Muchos niños en situaciones familiares difíciles no han desarrollado las aptitudes de comunicación que los niños de familias saludables desarrollan. Usted les está enseñando acerca de Dios, y al mismo tiempo puede ayudarles a desarrollar sus aptitudes del habla. Anímelos a hablar en oraciones completas. Esto les ayudará a ser más competentes al usar palabras. (Generalmente los varones tienen más problemas en este aspecto que las niñas.) Cuando alguien diga una frase u oración especialmente larga o compleja, felicítelo. Para los que tengan dificultad en pensar en algo, sugiérales lo que podrían decir. Después haga que lo repitan después de usted. Por ejemplo, cuando usted pida a una niña que hable acerca de alguna vez en que Dios cuidó de ella, y ella diga: "En la escuela", pregunte: "¿Qué pasó en la escuela?" Cuando ella responda: "Quería pelear", usted podría decir: "¿Estás agradecida a Dios porque te ayudó a no pelear en la escuela? Puedes decirle eso." Entonces ella debe decir: "Gracias, Dios, porque me ayudaste para que no pelee en la escuela." Anímela y felicítela.

Hablemos de las veces que Dios cuidó de nosotros. Tal vez no nos hayamos dado cuenta de que Él estaba cuidándonos en ese momento; pero al recordarlo, podemos decir: "Dios cuidó de mí, tal como cuidó de Noé."

Tenga listo un ejemplo de su propia vida para contar a los niños. Anímelos a que participen. Podrían decir cosas como éstas:

- Dios tuvo cuidado de mí cuando nací. Él me dio vida.
- Dios tuvo cuidado de mí cuando mi papá nos dejó y mi tío nos llevó a su casa.
- Dios tuvo cuidado de mí cuando me dio pulmonía.

Si es posible, escriba las respuestas de los niños en la pizarra o en una hoja grande de papel.

Diga que terminen sus cuadros de arcoíris escribiendo este versículo bíblico al pie de la página.

Alabaré al Señor mientras viva.
Salmo 146:2

3. Lo que Dios quiere que yo haga

Objetivo: que los niños hagan un altar simbólico y agradezcan a Dios por todo lo que les ha dado.

Antes de la clase llene un balde u otro recipiente con muchas piedritas. Necesitará 8 piedritas por cada niño. Diga que no van a edificar un altar como lo hizo Noé. En lugar de eso, harán una pila de piedras que representará un lugar especial donde pueden agradecer a Dios por amarlos y cuidarlos. Muéstreles cómo hacerlo. Tome una piedra del balde y vaya a un lugar céntrico entre los niños. Levante la piedra sobre su cabeza y ore algo como esto: "Amado Padre celestial, gracias por darme buena salud para que cada semana pueda venir a hablar con estos niños, mis amigos."

Los niños deben pensar en cosas que quisieran decir para agradecer a Dios. Uno por uno, tomarán una piedrita y la llevarán a la pila, la levantarán, y dirán a su Padre celestial algo por lo cual están agradecidos. Deben decir una frase completa y hablar tan fuerte que todos escuchen. Una vez que todos los niños hayan pasado, repita varias veces la actividad hasta que todas las piedritas estén en el montón que representa un altar. (Los niños no siempre tendrán que decir algo nuevo. Los más pequeños querrán repetir las oraciones de los más grandes.) Si tiene un grupo muy grande, más de un niño a la vez podría traer su piedrita. No importa si dos o tres niños hablan al mismo tiempo.

Cuando todos hayan terminado, hagan un círculo alrededor de las piedras y tómense de las manos. Cierre la clase con una oración.

Dominio propio 3

Unidad 3 • Semana 3 • Día 2

Enfoque en rasgos de personalidad

Esforzarse en cumplir metas dignas sin dejarse impedir por la preocupación o los deseos personales.

Tema: seré disciplinado.

Hoy los niños aprenderán acerca del rasgo de personalidad de dominio propio.

Hoy los niños decidirán cómo mostrar dominio propio en su vida esta semana.

MATERIALES NECESARIOS

- ❑ Lápices
- ❑ Crayones
- ❑ Hojas de papel en blanco
- ❑ Pelota
- ❑ Calcomanías (stickers) en forma de corazón (Opcional)

DESARROLLO DE LA LECCIÓN

1. Rasgo de personalidad: *el dominio propio*

Objetivo: una fábula de Esopo acerca de un ganso enseña a los niños una valiosa lección acerca del dominio propio.

Complacemos a Jesús cuando ponemos a otros primero. Cuando nos ayudamos mutuamente mostramos dominio propio. Poner a otros primero es una meta digna. Una persona que pone primero el dominio propio y después sus deseos personales es muy sabia.

La historia que voy a leerles ha sido adaptada de una leyenda popular para niños. No es una historia bíblica. Es la historia de una mujer que tenía un fuerte deseo pero que no tenía dominio propio. Después que escuchen la historia, hablaremos acerca de ella. Recuerden que no es una historia bíblica. Es una fábula, un cuento escrito para enseñar a los niños una lección importante. A veces los adultos también aprendemos lecciones de estas historias.

EL GANSO QUE PUSO UN HUEVO DE ORO

Hace mucho tiempo una mujer pobre vivía en una pequeña choza con su nieta. Cada mañana la niña juntaba los huevos que ponían las gallinas, los patos, y los gansos de la mujer.

Un día la niña encontró un huevo dorado y brillante. El huevo era pesado. Ella corrió a mostrárselo a su abuela. ¡La anciana comprendió que era un huevo de oro! Ella vio que lo había puesto el ganso y construyó un corral para ese ganso tan especial.

Cada mañana el ganso ponía un huevo dorado. Cada día la mujer vendía el huevo. Pronto se había hecho rica. Pero la anciana no estaba contenta con solo un huevo de oro. Ella quería muchos huevos de oro. "¡Mataré al ganso y tendré muchos huevos!" le dijo a su nieta. La anciana entonces mató al ganso; pero no había huevos de oro dentro del ganso.

Tristemente, la mujer se volvió pobre otra vez.

- **¿Qué lección piensan que el escritor de la fábula estaba tratando de enseñar a los niños y a los adultos?**
- **¿Te gustaría tener un ganso que pusiera huevos de oro? ¿Qué harías con el primer huevo?**

- **La anciana cedió a su deseo ambicioso en lugar de pensar en las necesidades de ella y de su nieta. ¿Qué le habrá pasado a ella? ¿Qué le habrá pasado a la nieta? ¿Cómo es esta historia un mal ejemplo de dominio propio?**
- **¿Cómo la falta de dominio propio de la mujer arruinó su futuro?**
- **¿Cómo podrías usar esta fábula para enseñarle a un niño más pequeño la verdad bíblica del dominio propio?**

Si hay tiempo, repase la historia leyéndola nuevamente en alta voz. Pida a los niños que escuchen cuando se mencione la palabra huevo. Cuando la escuchen deben darse una palmada en los muslos y golpear con los pies el piso.

2. Ejemplo del rasgo de personalidad: *el dominio propio*

Objetivo: que los niños hagan un pequeño libro de metas de dominio propio, que les ayude a recordar que controlen sus deseos.

Actividad

Para hacer un pequeño libro de bolsillo, que los niños hagan lo siguiente:

1. Doblen una hoja de papel blanco por la mitad y dóblenlo luego por el contrario; ábranlo.
2. Escriban "Mi corazón es de Jesús" sobre la cubierta.
3. Abran el libro y escriban allí las metas de dominio propio. (Escriba las metas en la pizarra o en un cartel para que los niños copien.)

   MIS METAS DE DOMINIO PROPIO

   1. Seré respetuoso y me comportaré bien con otros.
   2. Terminaré mi trabajo a tiempo.
   3. Pensaré en las necesidades de otros.
   4. Haré los deberes difíciles aún si no tengo éxito al principio.
   5. Practicaré el dominio propio cuando me sienta enojado o molesto.

4. Pongan su nombre en el libro.
5. Adornen el libro con calcomanías en forma de corazón. O dibujen corazones con crayones.

Para terminar esta actividad, pida a los niños que repitan las siguientes oraciones después de usted:

El dominio propio **nos permite vivir felices con Dios.** (Repitan)

El dominio propio **muestra el poder de Dios en mi vida.** (Repitan)

El dominio propio **nos ayuda a ser personas dignas de confianza.** (Repitan)

El dominio propio **significa que controlo mis deseos personales.** (Repitan)

El dominio propio **me ayuda a obedecer a los que están en autoridad.** (Repitan)

3. Cómo vivir con *dominio propio* esta semana

Objetivo: que los niños jueguen a la pelota y que practiquen el dominio propio cuando otro jugador trate de engañarlos para que pierdan.

Diga que este es solo un juego divertido que muestra cuán difícil es ser disciplinado. En este juego no se debe mover los brazos para atrapar la pelota hasta que ésta haya sido lanzada. Esto es cómo se hace.

Pida a los niños que formen un círculo. El primer jugador lanzará la pelota a cualquier niño en el círculo. Todos deben estar listos para atraparla. Si el primer jugador solo simula lanzar la pelota y cualquier niño mueve sus manos para atraparla, ese jugador no mostró la disciplina necesaria para seguir las difíciles reglas. Ese jugador debe salir del círculo. El niño que atrape la pelota será el siguiente en lanzarla. Continúe jugando hasta que solo quede un jugador.

Después del juego, diga:

A Dios le importa nuestro dominio propio en la vida, no en juegos divertidos como el que acabamos de hacer. Cuando tenemos dominio propio, desarrollamos fuerza de carácter.

- **¿Cuáles son algunos aspectos de dominio propio en nuestra vida que realmente importan a Dios?**

Cierre con esta oración:

Amado Señor, ayúdanos a ser disciplinados. Ayúdanos a ser disciplinados en nuestros estudios. Ayúdanos a ser disciplinados en cómo manejamos el enojo. Ayúdanos a ser disciplinados en nuestra vida de oración. Señor, escucha nuestras palabras. Tú comprendes lo que estamos pensando. En el nombre de Jesús, amén.

Buena comunicación 2

Unidad 3 • Semana 3 • Día 3

Enfoque en aptitudes para la vida

Tema: puedo escuchar con atención.

Hoy los niños aprenderán cinco formas de mejorar sus aptitudes de prestar oído.

Hoy los niños decidirán que practicarán el arte de escuchar.

MATERIALES NECESARIOS

- ❑ Lápices
- ❑ Figuras sencillas (Opciones: fotocopie una figura por cada dos niños. O dibuje una figura en papelitos para cada dos niños. O muestre la hoja a los niños y que por parejas dibujen una figura.)
- ❑ Hojas de papel en blanco

Una nota para usted, el maestro:

Conseguir comunicarse con niños que tienen el corazón lastimado lleva tiempo. A veces usted habla y habla y es como si no lo oyeran. Dios tiene un gran plan para cada niño en su grupo. Solo Él comprende el potencial en cada vida, hoy y en el futuro.

Con todas las decepciones que los niños pudieran haber experimentado, tal vez la única solución que ellos ven es cerrar sus oídos a la enseñanza y las palabras de aliento por parte del maestro. Esto elimina sus temores de que las buenas cosas que usted les está diciendo sean solo para alguien más, pero no para ellos. (Quizá piensan: "Soy demasiado sucio." "Ella no conoce mis pensamientos y las cosas malas que he hecho.")

Continúe amando a los niños y escúchelos. Muéstreles cómo es la comunicación efectiva. Usted será de gran bendición para ellos.

DESARROLLO DE LA LECCIÓN

1. Enfoque en la aptitud de hoy

Objetivo: al completar sencillos dibujos geométricos los niños practicarán a hablar y a escuchar.

Escoja la opción que sea mejor para usted. Antes de la clase, (1) haga una fotocopia de la hoja de trabajo "Figuras" para cada dos niños. (2) Dibuje figuras en pequeñas hojas de papel; una figura por cada dos niños. (3) Muestre la hoja a los niños y pida que dibujen una figura. Los niños no deben mostrar a nadie sus figuras.

Cuando se reúnan los niños, póngalos de dos en dos, y pídales que participen en esta actividad de escuchar. Cada pareja se sienta espalda a espalda. Uno de los niños tiene una hoja de papel en blanco y un lápiz, y el otro tiene una copia de una de las figuras de la hoja de trabajo "Figuras". Es importante que el niño que tenga la figura no se la muestre al otro niño. Explique al grupo que los niños que tienen las figuras son "remitentes", y que les toca ayudar a su compañero a dibujar la figura que tienen en su papel aunque éste no la haya visto. Los "remitentes" tendrán que decirle a su pareja cómo dibujarla. Los "receptores" necesitarán escuchar muy atentamente las instrucciones que los "remitentes" les dan. Los "receptores" no pueden hacer preguntas durante el tiempo de dibujo. Deles el tiempo necesario para que completen sus dibujos. Cuando hayan terminado, las parejas deben comparar sus papeles. Pase entre los niños y muestre las figuras que se parezcan al original y las que no son para nada como el original.

Pregunte:

- **¿Por qué algunos niños pudieron dibujar las figuras correctamente?**
- **¿Por qué para algunos niños fue difícil dibujar las figuras?**

Para que dibujaran las figuras correctamente, la persona que daba las instrucciones tenía que hacerlo claramente, y la persona que recibía las instrucciones tenía que escuchar atentamente. Aún con las mejores aptitudes de comunicación, los mensajes pueden confundirse. Por eso algunas figuras no se ven para nada como debieran ser. Este juego demuestre que no siempre es fácil escuchar y entender.

2. Aprendamos acerca de esta aptitud

Objetivo: que los niños aprenden cinco maneras de mejorar sus aptitudes de prestar oído.

Cuando alguien te presta oído, es decir que te escucha, esa persona muestre que se preocupa por ti. Una persona que está bostezando y mirando a lo lejos mientras le hablas puede aparentar que te escucha pero probablemente está pensando en otra cosa mientras le hablas. Alguien que sabe prestar oído te mirará a los ojos y mostrará interés en lo que le estás diciendo; asentirá con la cabeza, sonreirá, y tomará parte en la conversación.

Las cinco reglas siguientes pueden ayudarte a llegar a saber cómo escuchar cuando alguien te habla.

Para escuchar debes:

1. **Dar toda la atención a la persona que está hablando.**
2. **Hacer preguntas acerca de lo que está diciendo la persona que habla.**
3. **Verificar que comprendes lo que la persona está diciendo.**
4. **Tratar de sentir (identificarte con) lo que la otra persona está sintiendo. Si la persona está triste, no debes reírte tontamente. Si la persona está feliz, debes mostrar que compartes su felicidad.**
5. **Fijarte en el lenguaje corporal de la otra persona para escuchar mejor. Si tiene la cabeza agachada y los hombros unidos hacia adelante, puedes deducir que está triste o deprimida. Si sabes lo que está sintiendo, puedes escuchar el mensaje completo de lo que está diciendo.**

Repita cada regla lentamente con el grupo. Pida voluntarios que digan el significado de cada regla en sus propias palabras, o que los niños den ejemplos de cómo sería cada regla puesta en la práctica.

Luego pida que los niños se sienten en parejas. Usted dará a una persona en cada pareja el tema del que debe hablar; la otra persona debe escuchar. Cuando usted dé la señal, el niño al que no le tocó hablar dirá lo que escuchó. El niño que estuvo hablando debe corregir cualquier error o añadir lo que su pareja se haya olvidado. Recuerde a los niños que deben prestar completa atención a la persona que está hablando. Deben tratar de entender lo que el que habla está sintiendo. Diga a los niños que tendrán dos oportunidades de escuchar y también dos de hablar. Cada parte de este ejercicio será de dos minutos.

Los niños deben "hablar" de estas situaciones:

Para hablar 1: Cuenta a tu amigo algo lindo que te pasó, algo que quisieras volver a experimentar.

Para hablar 2: Explica a tu amigo cierto juego. Dile las reglas y las metas y todo lo demás que él necesita saber para ser un buen jugador. No importa si ya sabe cómo es ese juego. Explícaselo como si nunca hubiera escuchado acerca del juego.

Para hablar 1: Imagina que te puedes encontrar con cualquier persona de la historia y que puedes hablarle de tu vida. ¿Con quién quisieras encontrarte y de qué quisieras hablar con esa persona. ¿Cómo piensa que esa persona te respondería?

Para hablar 2: Imagina que has ganado un boleto para ir a tres lugares en cualquier parte del mundo. Dile a tu pareja adónde te gustaría ir, por qué escogiste ese lugar, y qué harías allí.

Cuando hayan terminado, pida a todo el grupo que responda a estas preguntas:

- **¿Te fue mejor como oidor o como el que hablaba o supiste hablar mejor que escuchar?**
- **Alguien ha dicho en broma: "Por alguna razón Dios nos dio dos oídos y solo una boca." ¿Qué quiso decir esa persona?**
- **Cuando un niño tiene buenas aptitudes para hablar y escuchar, ¿cómo podría Dios usar a ese niño? ¿En qué formas podría Dios usar a esa persona como adulto?**
- **¿Por qué es difícil desarrollar buenas aptitudes para escuchar y hablar?**

Repasemos nuestras aptitudes para escuchar.

Los que saben prestar oído…

1. **Dan toda la atención a la persona que está hablando.**
2. **Hacen preguntas acerca de lo que está diciendo la persona que habla.**
3. **Verifican que comprenden lo que la persona está diciendo. Esto significa que si hay algo que la persona dice que no comprendes, pregúntale. Si no haces preguntas, puedes interpretar mal toda la conversación.**
4. **Tratan de sentir (identificarse) lo que la otra persona está sintiendo.**
5. **Se fijan en el lenguaje corporal de la otra persona para escuchar mejor.**

3. Aplicación de lo aprendido

Objetivo: para más práctica de la aptitud los niños participarán en un círculo de "escuchar".

Como todas las otras cosas que hemos aprendido acerca de la comunicación, para aprender a prestar oído y hacerlo bien tenemos que practicar. Mucha gente nunca aprende a ser un buen oidor porque está tan ocupada hablando que no escucha a otras personas. Una cosa que todos nosotros podemos decidir hoy es que trataremos de ser mejores oidores. Una vez que estemos decididos a intentarlo veremos que será más natural escuchar lo que las personas están diciendo. El resultado de aprender a prestar oído será mejores amistades y mejor relación con las personas que están en autoridad sobre nosotros. Conforme aprendamos a escuchar mejor a nuestros amigos, aprenderemos también a escuchar mejor a Dios, que quiere ser nuestro mejor Amigo.

Pida que los alumnos formen un círculo. Siéntese en el medio y diga que escuchar no es solo importante sino también divertido. Anuncie que usted va a señalar a diferentes personas y que la persona a quien señale debe contar algo positivo e interesante acerca de sí misma que los otros niños quizá no sepan. Los niños pueden hablar de aficiones que tengan, juegos que les gusten, su libro o color favorito, por qué ciertos días festivos son especiales para ellos, y tanto más. Deles un minuto para que piensen en algo que decir. Enfatice que usted desea que todos estén quietos y escuchen atentamente a cada persona que hable. Deben recordar lo que escuchen.

Inicie la actividad contando algo positivo e interesante de usted mismo. Si hay otro adulto ayudándole, dele también tiempo para que diga algo. Señale a diferentes niños para que ellos cuenten algo. Si alguien no quiere participar, puede simplemente decir "pase"; pero debe escuchar incluso si dice "pase", porque hay una segunda parte para esta actividad.

Después de que haya dado a cada niño la oportunidad de hablar, párese y señale con su brazo izquierdo a un niño y con el derecho a otro. Cada uno debe decir lo que escuchó decir al otro, ¡no lo que ellos mismos dijeron! Haga esto hasta que todos hayan tenido la oportunidad de decir lo que oyeron.

Pida a Dios que ayude a cada niño para que sea un buen oidor. Alabe a Dios porque Él siempre nos escucha y no hay nada muy grande ni algo muy insignificante que no podamos traer ante Él en oración.

Después de la reunión, escuche atentamente a cada niño que quiera hablar con usted. Tal vez usted se sienta cansado o quizá tenga cosas importantes que hacer; ¡pero necesita escuchar! Muestre a los niños cuánto se preocupa por ellos al escuchar sus preocupaciones u otras cosas que le cuenten.

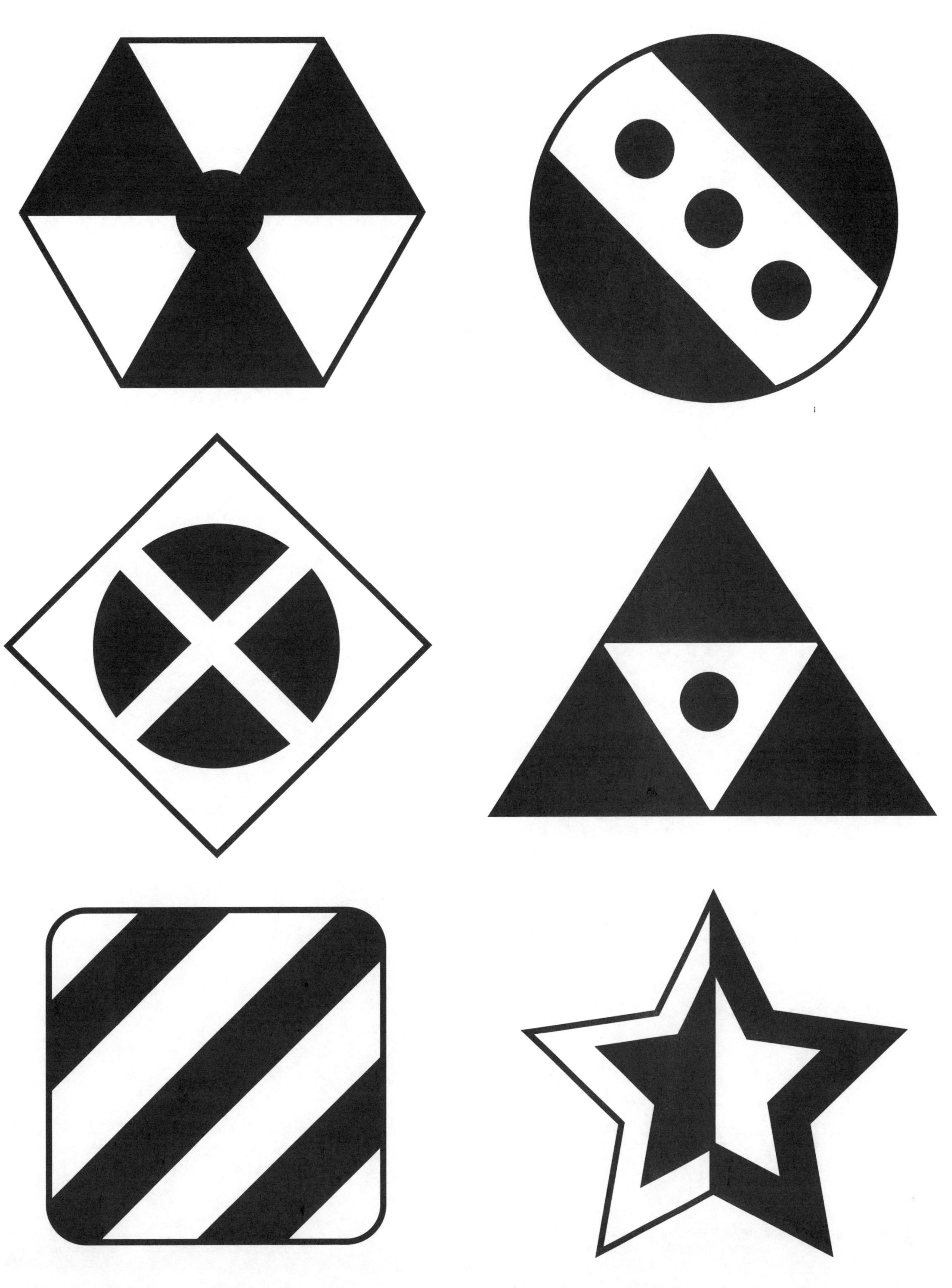

Siguiendo la dirección de Dios

Unidad 3 • Semana 4 • Día 1

Enfoque en la Palabra de Dios

Tema: Dios quiere que yo siga su dirección.

Hoy los niños aprenderán que a veces es necesario seguir a Dios sin saber exactamente adonde nos lleva.

Hoy los niños decidirán entregar a Dios la dirección de su vida.

MATERIALES NECESARIOS

- ❑ Señales para los diferentes sitios que se visitará (vea la sección 1)
- ❑ Papel para cada niño
- ❑ Crayones

Testimonio para los maestros de parte de la maestra que trabajó en esta lección

Muchas de las personas que escriben estas lecciones también son maestros. Pueden haber contado a otros grupos de niños las mismas historias bíblicas que usted cuenta. Eso es lo que me pasó a mí. Yo no estaba enseñando esta lección, pero enseñé esta historia bíblica a niños de 4 a 11 años de edad. Nos encontrábamos en el sótano de una iglesia pequeña. Había ventanas muy reducidas. El calentador estaba en un lado. Había allí pilas de ropa y comida que era para repartir a los pobres. No era un lugar apropiado para los niños; pero yo trataba de usar mi imaginación para transformarlo en un lugar maravilloso. Les dije a los niños que iríamos en una caminata, tal y como Abraham. Comencé así: "Ur era una ciudad grande, probablemente muy poblada." Mientras yo contaba esta parte de la historia, todos nos amontonamos en un cuartito que servía para guardar las escobas y otros implementos de limpieza.

En el piso de arriba los adultos tenían su clase bíblica. Una mujer que nunca antes había estado en la iglesia bajó al sótano con su bebé que estaba gritando. No se imaginó que alguien estuviera allí. Ella nos vio amontonados en el cuartito de las escobas y se acercó para ver qué ocurría. Yo seguí contando la historia. Entonces anduvimos alrededor del pequeño cuarto del sótano como si estuviéramos andando sobre arena caliente. La madre vino con nosotros. Para entonces el bebé ya se estaba calmando. Entonces todos nos subimos sobre una mesa robusta y fingimos que estábamos viendo la Tierra Prometida. En este punto, el bebé se había quedado dormido y estaba haciendo esos adorables ruiditos que hacen los bebés.

Después de concluida la historia y cuando los niños habían subido para reunirse con sus padres, la mujer me preguntó: "¿De veras era esa una historia de la Biblia?" ¡Absolutamente! "¿Cuenta usted historias como ésta cada semana?" ¡Sí! "¿Le molesta si regreso?"

Esto es lo que queremos que suceda cuando contamos historias bíblicas. Queremos que sean tan emocionantes que aun las mamás con bebés que lloran quieran regresar y escuchar más acerca de Dios.

Habrá testimonio como resultado de su enseña. Recuérdelos. Cuéntelos a otros.

DESARROLLO DE LA LECCIÓN

1. Historia bíblica: Génesis 11:31—12:9

Objetivo: que los niños sigan el viaje de fe de Abram y comprendan que pueden seguir su ejemplo.

Juego: Juan dice

(Si los niños tienen ideas para hacer más difícil este juego, aproveche lo que ellos sugieran.)

Ponga a todos los niños contra una pared o en fila y de cara a usted. Diga que les va a dar instrucciones. Deben seguir las instrucciones lo más pronto posible, si usted las inicia con "Juan dice...". Por ejemplo, podría decir: "Juan dice que des dos pasos al frente". Tan pronto como sea posible, los niños deben dar dos pasos al frente. Pero si usted no dice "Juan dice..." antes de dar las instrucciones, los niños no se moverán. Si usted solo dice: "Da dos pasos al frente", los niños no deben moverse. Sin embargo, si lo hacen, tendrán que regresar a la pared o a la fila de inicio y comenzar de nuevo. Diga las instrucciones rápidamente, y verá que muchos niños se olvidarán de esperar por "Juan dice…". Es un juego divertido.

He aquí algunas cosas que "Juan" podría decir. Diga algunas sin "Juan dice" y observe los niños que no siguen las instrucciones. Cuando alguien llegue a la meta, todos deben aplaudirlo. Si hay tiempo, dirija el juego más de una vez.

- **Juan dice aletea con los brazos.**
- **Juan dice da tres pasos de pollito.**
- **Juan dice marca el paso.**
- **Juan dice aplaude tres veces.**
- **Juan dice ríete fuerte.**
- **Juan dice da tres saltos en un pie.**
- **Juan dice frota tu cabeza.**
- **Juan dice da un paso gigante al frente.**
- **Juan dice cacarea como un gallo.**
- (Añada otras o repita algunas de éstas.)

Después del juego, diga que la historia bíblica de hoy es acerca de un hombre llamado Abram que siguió las instrucciones de Dios. No lo hizo perfectamente; ¡pero se esforzó en hacerlo! Anuncie que conforme usted va contando la historia todos van a hacer un pequeño viaje, como si estuvieran viajando con Abram. Los niños deben pararse tan cerca de usted como sea posible y moverse de un lugar a otro conforme se inicia el viaje y continúa. Tenga marcados los diferentes sitios por adelantado. En efecto, podría hacer señales y colocarlas en los correspondientes lugares para mostrar a los niños dónde están en el viaje. Sería divertido si los sitios estuvieran tan apartados como sea posible para que los niños tengan la sensación de una larga caminata. Caminen dando pequeños pasos para que el viaje parezca más largo.

1. Primer lugar: UR

(Ponga la señal y que los niños se reúnan allí mientras les cuenta la historia.)

Cientos de años después de la historia de Noé, que estudiamos la semana pasada, los hijos, nietos, bisnietos, y tataranietos de Noé se habían extendido sobre todo el mundo conocido. Uno de los descendientes de Noé era Abram. Él vivía en una próspera ciudad comercial llamada Ur. Sus vecinos no conocían a Dios, pero Abram sí. La Biblia no nos dice cómo Abram conoció a Dios. Un día Abram, su padre Taré, su esposa Sarai, y su sobrino Lot se mudaron de Ur. Sabían que Dios quería que fueran a Canaán, pero en vez de eso, se quedaron en Harán.

2. Segundo lugar: HARÁN

(Muévanse andando bien apretados al lugar donde ha puesto la señal que dice "Harán".)

Al padre de Abram le gustaba Harán. La tierra era hermosa y fértil; pero Dios no quería que Abram se estableciera allí. Dios quería que Abram fuera a Canaán. Tal vez el padre de Abram estaba cansado de viajar y quería quedarse allí. Por cualquier razón, Abram se quedó en Harán hasta que su padre muriera. Abram tenía 75 años de edad cuando salió de Harán hacia Canaán. Ahora estaba en camino exactamente en la dirección que Dios le había dicho que fuera.

3. Tercer lugar: DESIERTO

Después que murió su anciano padre, Abram empacó sus cosas e inició el viaje para encontrar el lugar a donde Dios lo estaba guiando. Él viajó por días a través del desierto caliente y seco.

Abram estaba viajando con su sobrino, pero seguramente hubiera preferido viajar con sus propios hijos. ¿Saben qué? Abram y Sarai no tenían hijos; pero querían tener hijos. Dios sabía que querían tener un bebé. Dios les dijo: "Vayan a una nueva tierra. Cuando estén allí, los haré una gran nación. Gracias a ustedes, todas las personas sobre la tierra serán bendecidas." Dios pensaba darle un hijo a Abram. Sus nietos y bisnietos y los que le siguieran serían un pueblo tan grande que nadie podría contarlos. Abram probablemente quería que Dios le diera de una vez un hijo, pero Dios no siempre hace las cosas como a nosotros nos parece. Así que Abram tuvo que esperar.

Primero, Abram tuvo que seguir la dirección de Dios. Abram tuvo que mudarse a un nuevo país. Tuvo que dejar a sus amigos y a sus parientes. Él nunca había estado en ese país; no sabía por qué Dios quería que se mudara allí.

Pero Abram confiaba en Dios, así que siguió su dirección. Abram, Sarai, su sobrino Lot, los siervos, y los animales, todos caminaron cientos de kilómetros hasta que llegaron a Canaán.

4. Cuarto lugar: CANAÁN

Cuando llegaron a la tierra de Canaán, se detuvieron junto a un árbol gigante. ¡Qué tierra hermosa! Dios prometió darle toda esa tierra a la familia de Abram.

5. Quinto lugar: BETEL

Abram siguió viajando por la tierra de Canaán hasta que llegó cerca de un pueblo llamado Betel. Así como Noé hizo en nuestra historia de la semana pasada, Abram edificó un altar donde agradeció a Dios por todo lo que había hecho y por sus promesas.

Pasaron los años. Todavía Abram y Sarai no tenían hijos. Dios lo había prometido. ¿Cumpliría su promesa?

Un tiempo después, Dios hizo algo especial por Abram. No, aún no vino el bebé. Eso tendría que esperar hasta el tiempo exacto de Dios. La cosa especial que Dios hizo fue cambiar los nombres de Abram y Sarai. A Abram le dio el nombre de Abraham y a Sarai le dio el nombre de Sara. Abraham significa "Padre de muchos" y Sara significa "princesa". ¡Qué gran nombres! Pero aún no tenían hijos, así que ¿cómo podía Abraham ser el padre de muchos? Tenían que seguir confiando en Dios y siguiendo su dirección.

Les diré un secreto que no será sorpresa para la mayoría de ustedes. Poco después Dios cumplió su promesa y Sara y Abraham tuvieron un hijo. ¡El bebé era un milagro! Cuando Sara tuvo este hijo, ella tenía 90 años de edad y Abraham era aún más viejo. Pero esa es una historia para otro día. ¡Les va a gustar!

- **¿Qué creen que fue lo más difícil del viaje de Abraham y Sara?**
- **¿No sería lindo si Dios nos dijera exactamente lo que nos pasará en el viaje de nuestra vida cuando le seguimos? ¿Por qué creen que Él no hace eso?**
- **Dios le habló a Abraham y le dijo a donde debía ir. Con el tiempo, Abraham siguió la dirección de Dios. Dios nos habla hoy, pero generalmente no lo oímos en voz audible. ¿Cómo oímos hoy la voz de Dios?**
  En la Biblia, mediante la oración, por medio de lo que aprendemos en lugares como éste, mediante predicadores y adultos cristianos de confianza.
- **Abram recibió un nuevo nombre de parte de Dios. ¿Qué significaba el nuevo nombre de Abraham?**
- **¿Alguno de ustedes sabe lo que su nombre significa?**

Nuestro versículo bíblico de hoy es fácil de recordar, pero solo los niños sabios lo recuerdan cuando las cosas se ponen difíciles.

Encamíname en tu verdad, ¡enséñame! Tú eres mi Dios y Salvador
Salmo 25:5

Esta es una oración a Dios. Cuando decimos este versículo, invitamos a Dios a guiarnos adonde Él quiera que vayamos. Dios no siempre nos guía a hacer cosas fáciles. Algunas serán difíciles, emocionantes, y hasta temerosas. Todas valdrán la pena.

2. Por qué esta historia es importante para mí

Objetivo: que los niños consideren su vida hasta ahora y que digan a Dios: "Guíame a lo largo de mi vida".

Abram, más tarde llamado Abraham, siguió la dirección de Dios. Dios cumplió cada promesa que le hizo a Abraham. Pero Abraham tuvo que esperar. Mientras esperaba, tuvo que seguir confiando en Dios y siguiendo su dirección. Seguramente no fue fácil. A lo mejor hubo días cuando él quería decir: "Dios, por favor, no me hagas esperar más tiempo. Quiero recibir ahora el hijo que me has prometido. ¡Ya! No puedo esperar más." Pero siguió esperando el momento perfecto de Dios.

No sabemos por qué Dios lo hizo esperar tanto. Tal vez estaba enseñando a Abraham a tener paciencia. Quizá le estaba enseñando que Dios no es un amuleto de buena suerte que tiene la magia para darnos exactamente lo que queremos y cuándo lo queremos. Tal vez Dios le estaba dando a Abraham muchos años para que creciera en su fe; lleva mucho tiempo llegar a ser un seguidor de Dios maduro. Quizá Dios tuvo otras razones.

¿Estás dispuesto a seguir la dirección de Dios, aun si pasa mucho tiempo antes que comprendas lo que Dios quiere hacer en tu vida?

Dé a cada niño un pedazo de papel. Diga que cada uno va a hacer un mapa de su vida. Deben iniciar con el día que nacieron y usar todo el papel para mostrar en su mapa diferentes acontecimientos importantes, buenos y malos. Usted podría hacer un mapa de su vida y mostrarlo a los niños como ejemplo.

Algunas ideas para los mapas:

- Lugares donde has vivido.

- Cosas importantes, como el día en que ingresaste a la escuela o cuando ganaste un premio.
- Cosas especiales que pasaron, como un viaje para visitar a un familiar o la visita a un museo.

Dé a los niños unos minutes para que terminen sus mapas. Después deben mostrar y explicar su mapa a dos o tres niños. Cuando terminen de mostrarlos, que escriban "Guíame a lo largo de mi vida" en la parte inferior del mapa, si esto es lo que quieren que Dios haga.

3. Lo que Dios quiere que yo haga

Objetivo: que los niños sean bendecidos en oración.

Para finalizar la clase, pida a los niños que estén muy quietos. Diga que usted va a pasar a cada uno de ellos para orar. Usted orará que cada uno siga a Dios en su largo viaje por la vida. Si esto no incomoda al niño, ponga una mano sobre su hombro mientras ora. Diga a los niños que si prefieren que no los toque cuando ora, deben cruzar los brazos con las manos en los hombros. Entonces usted solo extenderá su mano a ellos, pero no los tocará.

He aquí varias sugerencias de oraciones que podría usar. Está bien que use la misma oración varias veces. Siempre mencione el nombre del niño.

Amado Padre celestial, quiero orar por [nombre de un niño]. Que él siempre deje que lo guíes en tu verdad. Pido que crezca para ser un creyente fuerte, y que como Abraham, te siga todos los días de su vida.

Amado Padre celestial, gracias por [nombre de la niña]. La vida no ha sido siempre fácil para ella. Oro que la ayudes a sentir tu amor por el resto de su vida, y que ella nunca deje de seguirte.

Amado Padre celestial, tú y yo sabemos que [nombre de la niña] es una niña muy amada. Ella puede llegar a hacer muchas maravillas en su vida. Mi oración es que haga todo para agradarte y para mostrar a otros cómo es una vida a su servicio.

Una nota para usted, el maestro:

Algunos niños temen ser tocados. Ellos pueden querer que los toque y al mismo tiempo sentirse tímidos o precavidos. Pueden haber sido lastimados por el toque inapropiado de adultos. Ellos asocian un toque con dolor y temor. Respete sus temores lo suficiente como para no forzarlos a ser tocados. Puede tener el mismo efecto que sostenga la mano frente a ellos, casi tocándolos. Algunos a lo mejor se atrevan a tocarlo a usted, una prueba de que están empezando a ejercer confianza. El toque con solo una mano en vez de las dos no es tan amenazante para un niño adolorido. Hable lentamente y con voz suave, para que el tono de su voz comunique el toque que un niño no son capaz de recibir.

Dominio propio 4

Unidad 3 • Semana 4 • Día 2

Enfoque en rasgos de personalidad

Esforzarse en cumplir metas dignas sin dejarse impedir por la preocupación o los deseos personales.

Tema: seré disciplinado.

Hoy los niños aprenderán acerca del rasgo de personalidad de dominio propio.

Hoy los niños decidirán cómo han de mostrar dominio propio a lo largo de su vida.

MATERIALES NECESARIOS

- ❑ Hojas grandes de papel o de cartulina en las que haya escrito tareas que un niño disciplinado pudiera hacer. Deje espacio para que los niños escriban más sugerencias. (Estará usando estos papeles las próximas semanas.)
- ❑ Lápices
- ❑ Crayones
- ❑ 2 vasos de plástico unidos por una cuerda larga (un par por cada dos niños)
- ❑ Estrellitas engomadas o cualquier clase de estrellas para pegar en el cartel (vea la sección 2)
- ❑ Opción: refrigerio

DESARROLLO DE LA LECCIÓN

1. Rasgo de personalidad: *el dominio propio*

Objetivo: que los niños se pongan en el lugar de Wilma Rudolph (atleta olímpica) y se pregunten qué cosas difíciles pueden superar en su vida si tienen dominio propio.

Mientras cuenta la historia o la lee, camine entre los niños y muéstreles la foto de Wilma Rudolph.

Tengo una historia muy hermosa para contarles. No es una historia bíblica; es la historia de Wilma Rudolph, una atleta olímpica norteamericana. Es una historia impactante. La forma en que se convirtió en atleta es aún más impactante que el hecho de que ganó tres medallas de oro.

Wilma nació en una familia grande de afroamericanos; fue la número 20 de 22 hijos. Ella nació prematuramente y su peso al nacer fue muy bajo. A temprana edad Wilma se enfermó de polio, una enfermedad que da parálisis y que no tiene cura. Los médicos dijeron que ella nunca volvería a caminar.

Sin dejarse intimidar por el pesimismo de los médicos, la mamá de Wilma decidió ayudar a su hija a caminar. El hospital más cercano estaba a 80 kilómetros, pero la mamá de Wilma llevó a su hija allí más de 200 veces; dos veces por semana durante dos años.

Así como su mamá, Wilma no hizo caso de las predicciones acerca del polio y se centró en la posibilidad de caminar de nuevo. Cada día ella practicaba; cada día ella mostraba disciplina. Por fin, aprendió a caminar con la ayuda de refuerzos en las piernas. Continuó su terapia física en casa; los miembros de su familia le masajeaban las piernas hasta cuatro veces al día.

Con el tiempo, la muy disciplinada Wilma caminó sin ninguna ayuda. Wilma dice: "Mi mamá me enseñó a creer que yo podía hacer cualquier cosa que me propusiera. Lo primero era que caminara sin los refuerzos."

La siguiente meta de Wilma fue convertirse en atleta. Sin dejarse desanimar por su historia de polio, se dedicó al baloncesto y sus excelentes anotaciones de puntaje condujeron a su equipo a un campeonato. Al observarla jugar baloncesto, un entrenador universitario de pista notó su velocidad y la invitó a practicar carrera con su equipo en la universidad. Wilma dice: "Corría cada día, y adquirí un sentido

de determinación, un sentido de valentía de que nunca me fuera a rendir, pase lo que pase."

Su disciplina fue recompensada nuevamente. A los 16 años de edad corrió en su primer Olimpiada en Australia y terminó en tercer puesto, ganando una medalla de bronce. Después de cuatro años más de duro entrenamiento, ella corrió en las Olimpiadas de Roma y terminó en primer lugar en tres carreras. ¡Wilma ganó tres medallas de oro!

Como adulta ella fue maestra, entrenadora de pista, y comentarista de deportes en la radio y la televisión. Ella considera que su mayor logro es la Fundación Wilma Rudolph, un programa especial de deportes creado para ayudar a atletas jóvenes. Ella dice: "Les digo que lo más importante es que sigan su pasión y tengan confianza en sí mismos. Les recuerdo que hay que luchar para ganar." Wilma Rudolph es prueba viviente de que con suficiente disciplina y dominio propio, las penas se pueden volver en triunfos.

- **¿Qué metas valiosas se propuso Wilma Rudolph? ¿Qué problemas tuvo que enfrentar para alcanzar sus metas? Fíjense bien, que hubo muchas.**
- **¿Cómo mostró Wilma dominio propio? Hay más de una respuesta.**
- **Si ella les estuviera hablando a ustedes acerca de su futuro, ¿qué creen que les diría?**
- **Si les parece que sus problemas son peores que los de Wilma, aplaudan. ¿Por qué piensan eso?**
- **Muchos de ustedes han pasado por cosas muy difíciles en su vida. ¿Qué creen que Wilma les diría acerca de eso? ¿Dejaría ella que esas cosas malas fueran un pretexto para no fijar metas altas para el futuro?**
- **Digan una meta que quisieran alcanzar en su vida.**
- **¿Qué pueden aprender de Wilma Rudolph que les ayudaría a alcanzar sus metas?**

2. Ejemplo del rasgo de personalidad: *el dominio propio*

Objetivo: presente un Cartel de Disciplina que anime a los niños a empeñarse en algo el tiempo que sea necesario para que tengan buen éxito.

Actividad

En una hoja grande de papel o en cartulina haga una lista de cosas que los niños pudieran hacer en el curso de un tiempo considerable. Su dominio propio los conduciría a ser más hábiles en aspectos importantes que los podría llevar a una mejor educación y buenos empleos. (Adapte la lista a su situación, pero dé ideas de cosas tan grandes que capten la imaginación de los niños.) Podría empezar con estas ideas: estudiar la materia más difícil cada día, practicar cada día a tener conversaciones largas, desarrollar nuevas aptitudes en la computadora, practicar un deporte, leer cada día noticias internacionales, cuidar a niños pequeños y ayudarles a aprender, entrenar a un animal, explicar las palabras difíciles a niños pequeños. Pida ideas a los niños y añádalas en el cartel. Hágales ver que estas ideas no son cosas pequeñas y sencillas. Son aptitudes que les pueden llevar a una mejor educación o a mejores empleos. (Si tiene un grupo grande de niños, tal vez pudiera hacer dos o tres carteles. Cada uno tendría las mismas cosas.)

Ponga el cartel en el piso y que los niños se reúnan alrededor del mismo.

1. Pida a los niños que con lápiz dibujen líneas serpenteantes y enlaces alrededor de la lista.
2. Con crayones deben colorear los espacios creados por los garabatos. Esto resultará en un diseño colorido sobre el cartel.
3. Diga que cada vez que los niños muestren dominio propio en cualquier aspecto en las próximas semanas, escribirán su nombre en el cartel y le pedirán a usted que pegue una estrella junto al nombre. (Si no tiene estrellas engomadas, dibuje estrellas en el cartel.) Señale que la clase de dominio propio que es necesario ejercer en estas tareas no es cosa que solo mostrarán en un mes o en un año. Pero el cartel es un recordatorio de empezar a cumplir metas. (Si hay un lugar donde pueda dejar el cartel por varias semanas, bien. Si no, tendrá que llevarlo a la clase durante las próximas semanas. Fíjese lo que vaya pasando en el cartel. Si un niño tiene su nombre junto a todo, cuestiónelo. Es mejor elegir una meta y enfocarse en ella. Si un niño no participa en nada, cuando estén solos investigue la razón.
4. Diga a los niños que estará orando por ellos.

3. Cómo vivir con *dominio propio* esta semana

Objetivo: que los niños repasen y confirmen lo que han aprendido acerca del dominio propio.

¡Ahora nos toca celebrar! Hemos trabajado muy duro estas últimas semanas aprendiendo acerca del *dominio propio.* Muchos de ustedes son ahora niños disciplinados. Su manera positiva de actuar nos llena de esperanza.

Haga un par de teléfonos por cada dos niños. Haga el "teléfono" usando dos vasos de plástico.

1. Con un lápiz puntiagudo perfore un huequito en el fondo de cada vaso.
2. Ate un extremo de una cuerda larga.
3. Introduzca la otra punta de la cuerda a través del huequito en cada vaso. Anude el extremo.
4. Pida a cada par de niños que halen con cuidado los vasos hacia dos extremos. (La cuerda debe quedar tensa pero no tanto que se salga de los vasos.)
5. Un niño debe hablar dentro de su vaso y el segundo niño debe colocar su vaso al oído para escuchar.
6. Los niños deben conversar por "teléfono" acerca de lo que han aprendido sobre el dominio propio y por qué es importante que practiquen esta disciplina en su vida ahora y siempre. Que siga la actividad mientras los niños estén animados.

¡Ustedes son niños muy valiosos! Espero que siempre vivan dedicados a Cristo. Con el apoyo y el amor de nuestro Padre celestial podrán hacer grandes cosas. Yo oro cada día por ustedes. Deseo que tengan todo lo que necesiten para que lleven vidas saludables, felices, y prometedoras, lo cual incluye el dominio propio.

Podría servir un refrigerio para este momento de celebración.

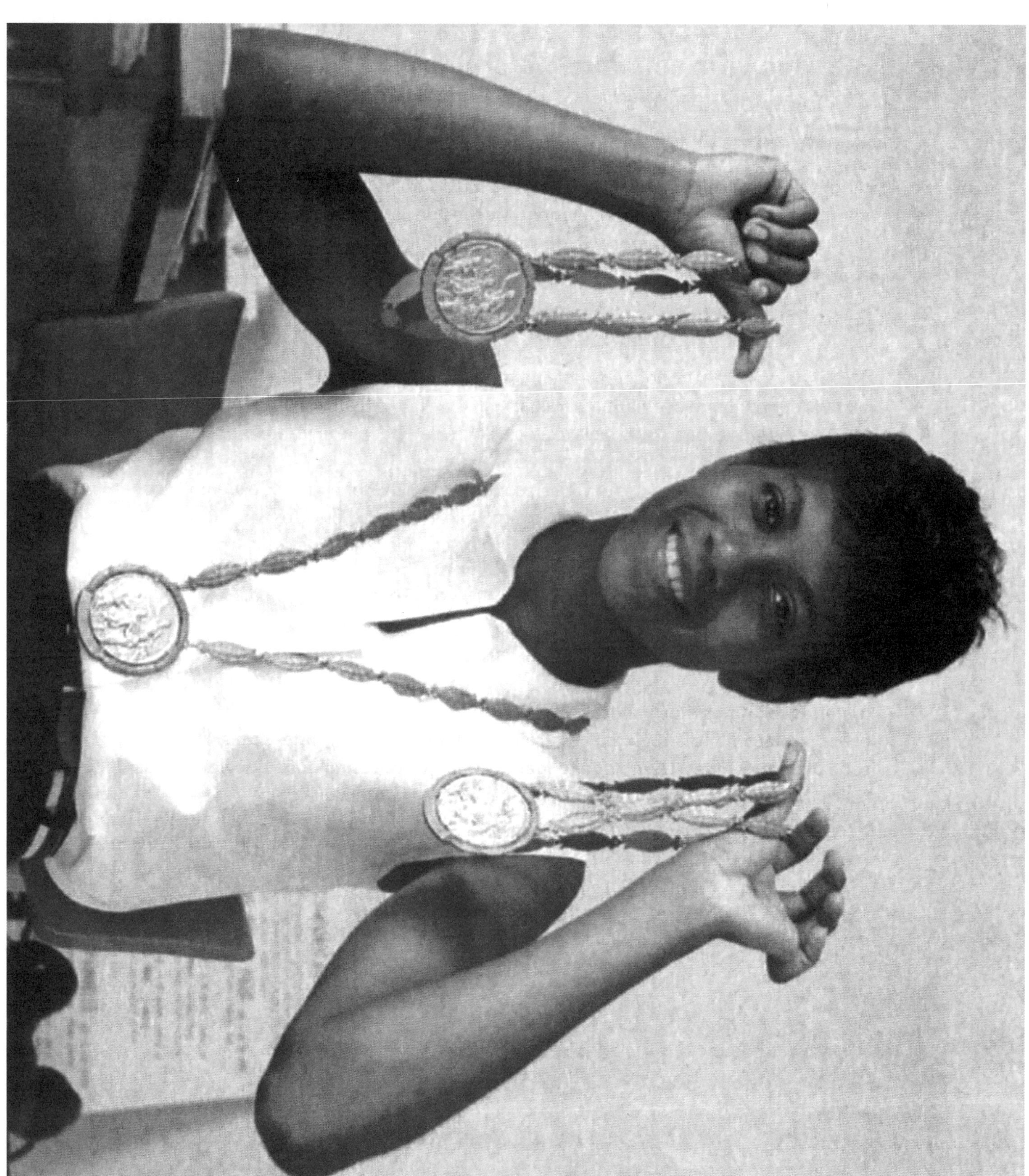

Buena comunicación 3

Unidad 3 • Semana 4 • Día 3

Enfoque en aptitudes para la vida

Tema: puedo hacer mi parte para solucionar problemas en las amistades.

Hoy los niños aprenderán como lidiar con el dolor que viene de problemas en las amistades.

Hoy los niños decidirán pedir perdón y hacer cambios cuando la comunicación se interrumpe entre ellos y sus amigos.

MATERIALES NECESARIOS

- ❑ Para la lección de hoy
- ❑ Plastilina o arcilla de modelar (se da la receta). Como alternativa se puede usar lodo.
- ❑ Una lista de palabras
- ❑ Opción: bloques de madera o pequeñas cajas de cartón vacías (vea la sección 2)
- ❑ El cartel de la última vez que se reunieron. Anime a los niños que han hecho tareas que anoten su nombre en el cartel; añada las estrellas.

Preparación para su primera clase de la próxima semana:

- ❑ Escoja a 4 buenos lectores para preparar el drama de la próxima semana. Tres serán pastores de ovejas y uno será el narrador. Deles copias del guión (vea la Semana 5, día 1). Sería ameno si usaran pequeñas cubiertas para la cabeza; tal vez una toalla o una tela amarrada con un listón o un cuerda.

Una nota para usted, el maestro:

Al finalizar este conjunto de lecciones acerca de la comunicación, es nuestro deseo que usted haya visto una gran mejora en cómo los niños se relacionan. No aprenderán a comunicarse efectivamente de la noche a la mañana; pero las aptitudes de comunicación serán necesarias para el resto de su vida. Estas aptitudes a menudo determinan la diferencia entre el éxito y el fracaso en el mundo. Cada niño necesita aprender a comunicarse efectivamente, sin ira. Ahora que a los niños se les han dado instrucciones sobre aptitudes básicas en la comunicación, esperamos que sean recompensados con mejores relaciones.

Imagine a un grupo de niños jugando. Se divierten hasta que un niño lanza la pelota a otro niño en vez de hacerlo hacia el centro del círculo como dicta el juego. Un niño que no haya recibido estas lecciones de comunicación podría haberle regresado la pelota rudamente al niño que se la tiró, con el deseo de lastimarlo. Ahora él puede decir calmadamente que el juego no se hace de esa manera. Se puede evitar una confrontación simplemente porque los niños se están comunicando efectivamente en lugar de discutir. Estas aptitudes pueden también practicarse en situaciones familiares, en la relación durante las comidas, en los momentos de juego libre, y en los tiempos devocionales. Es nuestra oración que el Espíritu Santo haya obrado entre estos niños este mes y que ellos acepten el amor de Cristo. Las vidas están siendo cambiadas, tanto en lo físico como en lo espiritual. ¡Alabado sea Dios!

Esta es la última lección en la serie sobre aptitudes de comunicación. Es una materia tan importante que será cubierta nuevamente en futuras lecciones.

DESARROLLO DE LA LECCIÓN

1. Enfoque en la aptitud de hoy

Objetivo: que los niños conversen sobre lo que en ocasiones dificulta la comunicación.

Dé a los niños plastilina o arcilla de modelar hecha en casa.

La arcilla de modelar de puede hacer fácilmente. Combine ¾ de taza de sal, 1 taza de agua caliente, y 3 tazas de harina. Disuelva la sal en el agua caliente y revuelva. Ponga la harina en un tazón y vierta el agua con sal sobre ella; combine hasta que sea como arcilla. Amase hasta alcanzar la textura deseada (añada más harina si es necesario). Antes de usarla, déjela asentar por algunas horas en una bolsa de plástico sellada. Si añade especies como canela o nuez moscada le dará a la arcilla un aroma agradable. (Guarde en el refrigerador hasta por una semana cuando no la esté usando.) En lugar de la arcilla puede usar lodo; pero es importante que el lodo esté lo suficientemente seco como para que sea moldeado.

Antes de que los niños se reúnan, haga una lista de objetos que sería fácil modelar usando la arcilla. Ejemplos: un árbol, una casa, un carro, una víbora, un insecto.

Mientras los niños se reúnen, divida al grupo en equipos de tres o cuatro. Dé a cada equipo una porción de arcilla. Un niño de cada equipo debe pasar al frente y leer en silencio una palabra que usted les mostrará. Los niños regresarán a sus equipos y con la arcilla esculpirán la palabra que se le ha mostrado. El niño que trabaja con la arcilla no debe decir nada, sino que los compañeros de su equipo deben descubrir qué palabra es. El primer equipo que adivine correctamente la palabra, gana. Repita el proceso hasta que todos los niños hayan participado.

Pregunte a los niños:

- **¿Cómo se sintieron al tener que comunicarse con su equipo usando solo la arcilla?**
- **¿Cómo se sintieron al tratar de adivinar lo que su compañero estaba haciendo?**
- **¿Qué problemas tuvo el grupo al tratar de descubrir qué era la escultura de arcilla?**
- **¿Habría sido más fácil el juego si hubieran podido usar palabras? ¿Por qué sí o por qué no?**
- **Las palabras son importantes, a menos que estemos jugando uno de estos juegos. Algunas palabras lastiman y otras palabras ayudan. ¿Pueden darme un ejemplo de cada una?**
- **¿Cuáles son más fáciles de usar: las palabras hirientes o las palabras que ayudan?**
- **REPASO: ¿Cuáles son algunas cosas que debemos recordar para comunicarnos bien con otros? Piensen en lo que hemos estudiado todo el mes.**
  Que los niños digan tantas cosas como puedan recordar. Esté listo a ayudarles. Por ejemplo, hágales recordar lo que han aprendido acerca de la comunicación mediante las debidas palabras y las cosas que hacen, al ser honrados, y al escuchar atentamente. La práctica de hoy se enfocará en mejorar las relaciones difíciles y aun en solucionar los problemas en las amistades.

Presente la siguiente situación hipotética a los niños:

Lupita había sido amiga de Rocío toda su vida. Cuando los padres de Lupita murieron en un accidente automovilístico y ella se mudó a un orfanato, su mundo cambió. Rocío ya no podía jugar con Lupita porque ella se había mudado muy lejos. Pero Rocío estaba decidida a seguir siendo su amiga. Rocío le escribió a Lupita unas cuantas veces al año, pero Lupita estaba tan triste por sus circunstancias que ella no sabía qué responder. Ella decidió que era mejor no responder. Aunque Lupita estaba agradecida de recibir las cartas, nunca le contestó a Rocío.

Después de tres años, Rocío dejó de escribir. Ya no hubo más cartas, y ambas niñas estaban tristes. Casi cinco años después que Lupita fue a vivir al orfanato pudo volver a su pueblo para visitar a algunos de sus familiares. La primera persona que vino a verla fue Rocío. Ambas niñas se miraron en silencio. Ambas sentían tanto dolor que en sus rostros no había rastro de la amistad que habían tenido.

- **¿Cómo creen que las niñas podrían resolver sus sentimientos y reanudar su amistad?**
  Invite a varios niños a dar ideas. Diga que ambas niñas se preocupan mucho por la otra pero la falta de comunicación por muchos años ha resultado en una relación tensa y difícil.

Lupita se sintió un poco celosa cuando vio a Rocío con su mamá. Ella se preguntaba por qué no podía tener a su mamá. Para ella no era justo que Rocío tuviera tanto cuando ella misma sentía que había perdido todo.

Esta amistad va a acabar a menos que ambas niñas admitan cuán lastimadas están y se digan mutuamente que están listas a cambiar. Lupita debe estar dispuesta a contestar las cartas cuando Rocío le escriba, y Rocío debe tratar de reanudar la amistad aunque ella ha sido herida. Esto no será fácil; pero si ambas niñas desean seguir con la profunda amistad que una vez tuvieron, esto es lo que necesita pasar.

Solucionar problemas en las relaciones no es fácil. Sería fácil si no tuviéramos sentimientos; pero sí los hay. Cuando hemos sido heridos, es fácil querer vengarnos. ¡Un momento! ¿Qué significa el dolor? Generalmente significa que hemos sido heridos muchísimo por algo, o por alguien que nos importa. Si la persona no fuera importante, no nos importaría o no nos lastimaría el daño que nos ha hecho.

Cuando abrimos nuestra vida a la amistad, abrimos la puerta para que nuestros amigos puedan lastimarnos. Puede ser que algunos de ustedes hayan sido heridos tan profundamente por sus padres u otras personas que nunca más quisieran volver a amar. Les duele muchísimo. ¡Es comprensible! Lo malo es que si no

tomamos el riesgo de amar otra vez, nunca seremos completamente felices. Nos lastimamos a nosotros mismos más de lo que herimos a otros.

- **¿Han pensado alguna vez en cuánto le costó a Dios la amistad con nosotros? Escuchen este versículo.**

Porque tanto amó Dios al mundo, que dio a su Hijo unigénito,
para que todo el que cree en él no se pierda,
sino que tenga vida eterna.
Juan 3:16

La palabra "pierda" significa morir. Si confiamos en Jesús como nuestro Salvador, un día moriremos en esta tierra pero viviremos por siempre en el cielo. Le dolió muchísimo a Dios que su Hijo muriera por nosotros. Pero lo hizo porque nos ama. ¡Le duele muchísimo a Jesús cada vez que lo decepcionamos, pero Él nos ama tanto que nunca dejará de amarnos… ¡nunca! Podemos seguir su ejemplo de amor y perdón cuando los amigos nos lastimen.

2. Aprendamos acerca de esta aptitud

Objetivo: que los niños muestren las heridas y los problemas en las relaciones que deben derribar para que la amistad sea reconstruida.

Pregunte a los niños:

- **¿Por qué los juguetes y otras cosas valiosas a menudo se rompen?**

Los juguetes y las cosas valiosas generalmente se rompen cuando alguien las deja caer o no las cuida como es debido. Si un juguete o una pelota se dejan afuera, el clima puede causar que rápidamente se malogre. Cuando las cosas se dejan en el piso y no se las ponen en su lugar, alguien las puede pisar, pueden quebrarse, o hasta perderse.

Nuestras amistades pueden ser como esos juguetes. Si no cuidamos de nuestras amistades, podemos perderlas. No lleva mucho tiempo cuando ignoras a una persona hasta que ésta decida ir en busca de otros amigos. Si eres malo con alguien y no te disculpas, esa persona puede estar enojada contigo por mucho tiempo. La amistad podría nunca más ser la misma. El perdón es muy importante para solucionar los problemas en las relaciones.

Opción, si hay tiempo:

Dé a los niños bloques de madera o cajas de cartón. Diga que los apilen tan alto como puedan. Cada vez que pongan un bloque o una caja en la pila, deben dar un ejemplo de cosas malas que se pueden interponer entre ellos y sus amigos. Algunas ideas pueden ser: celos, enojo, frustración, fastidio, egoísmo, malas palabras. Después que los niños digan tantas cosas como puedan y hayan apilado alto los bloques o las cajas, anime al más pequeño del grupo a derribarlos. Después de esto, pregunte a los niños qué pueden hacer para derribar los problemas en sus amistades. La respuesta es el perdonar. Deben perdonar a la persona que los lastimó.

Fin de la opción.

- **Si alguien tres años menor que tú preguntara qué es el perdón, ¿qué le contestarías?**
  Esté listo a dar un ejemplo de su propia vida de alguna vez que tuvo problemas en una amistad, que fue restaurada porque usted y la otra persona se perdonaron.

Escuchen lo que Jesús dijo acerca del perdón.

"Porque si perdonan a otros sus ofensas,
también los perdonará a ustedes su Padre celestial.
Pero si no perdonan a otros sus ofensas,
tampoco su Padre les perdonará a ustedes las suyas."
Mateo 6:14-15

No es fácil perdonar a otros pero es lo que Cristo ha hecho por nosotros y lo que Él espera que nosotros hagamos.

Lo que aprenderemos de esta historia es que David amaba mucho a su hijo aunque éste se rebeló en contra de su padre y quería derrocarlo de su puesto como rey. Absalón nunca pudo entablar amistad con su padre. David estaba listo a perdonar a su hijo por querer derrocarlo del trono, pero la buena voluntad que tuvo David de perdonar no fue suficiente. En una amistad, una persona no puede hacer todo el esfuerzo de perdonar; ambos tienen que perdonar para restablecer la relación.

Al fin de nuestra vida, no quisiéramos mirar atrás a la manera en que hemos vivido y tener remordimientos, como Absalón pudo haber tenido en los últimos

momentos de su vida. No queremos que nuestra familia se desintegre porque un miembro no quiere perdonar. David amó tanto a su hijo que quiso morir en su lugar; pero no pudo convencer a su hijo para que amistara con él. Años de hostilidad resultaron en un triste fin para este padre y su hijo. Las relaciones nunca serán perfectas, pero el perdón hace milagros en restaurar los problemas en las relaciones.

3. Aplicación de lo aprendido

Objetivo: que los niños practiquen una conversación de perdón en preparación para alguna conversación de este tipo que ellos ciertamente tendrán.

Divida la clase en pares. Diga que va a contarles pequeñas historias acerca de amigos que están enojados. Los niños deben imaginarse que son los dos amigos y se pedirán perdón. Deben pensar y hablar acerca de cosas que harán para evitar que los problemas vuelvan a pasar. (Repase la historia de Lupita y Rocío.)

Historia 1

Dos amigas habían ido al pozo del pueblo. Volvían a la casa cargando baldes de agua. Solo podían sacar agua del pozo una vez al día, así que el agua que llevaban tenía que durarle a su familia todo el día. Iban hablando y riendo cuando una niña tropezó y derramó el agua de sus baldes. "¿Me darías la mitad de tu agua? –le suplicó a su amiga la niña que había derramado su agua--. Es muy tarde para volver al pozo a sacar más agua." La amiga quería hacerlo pero sabía que su padre la castigaría si no llegaba con los baldes llenos de agua. Ella le dijo que no y siguió caminando, dejando a su amiga sola para que fuera a su casa a dar las malas noticias.

Hagan drama improvisado de cómo las amigas se piden perdón y cómo evitan que algo como esto les pase otra vez.

Historia 2

Cuando eran niñitos jugaban juntos; eran los mejores amigos. Uno de los amigos no se percató de que el otro tenía horribles cicatrices en su cara, porque una vez su tío le tiró agua hirviendo como castigo. Crecieron los amigos, sin embargo, y otros chicos comenzaron burlarse del niño que tenía cicatrices y lo llamaban "Cara de perro" y "Niño cicatriz". El niño que no tenía cicatrices se dio cuenta de que si no le daba la espalda a su amigo y encontraba otros amigos, se burlarían también de él. No quería hacerlo, pero por fin le dijo a su Amigo: **"La verdad es que eres feo. Ya no**

quiero ser más tu amigo." Pasaron años y el que desechó a su amigo se convirtió en cristiano. Decidió que Jesús quería que regresara con su amigo de la niñez y tratara de restaurar la amistad.

Hagan drama improvisado de cómo los amigos se piden perdón y cómo evitarán que algo como esto les pase otra vez.

Historia 3

Él era el hijo mayor. Sabía que era su responsabilidad cuidar de su madre. Él la amaba, pero ella siempre se quejaba y le pedía que hiciera mandados para ella que él no quería hacer. Él quería irse a la gran ciudad y ganar mucho dinero. Eso sería más divertido que cuidar a una anciana. Se fue, y la dejó casi sin nada. Él sabía que su madre podía morirse de hambre o podía caerse y no poder levantarse. Aun así, la dejó. En la ciudad le prometieron un buen trabajo. Cuando él se presentó a trabajar, un hombre fornido lo golpeó, le robó sus documentos, y le dijo que tendría que hacer cosas horribles si quería ganar el pan. No tuvo otra alternativa, pero cada noche recordaba a su madre y deseaba no haber sido tan necio. Finalmente, una noche, vio la oportunidad de escapar, e hizo el viaje de regreso a su pueblo. Su madre estaba muy demacrada, pálida y triste. Sin embargo, él estaba seguro de que vio amor en los ojos de ella.

Hagan drama improvisado de cómo el hijo y la madre se piden perdón y cómo evitan que algo como esto les pase otra vez.

La vida nunca es perfecta. Olvidamos a nuestros amigos; lastimamos a nuestros amigos. Hacemos cosas malas a quienes más debiéramos amar. Dios quiere que restauremos esas relaciones.

1. **Debemos pedir perdón.**
2. **Debemos ayudarnos mutuamente para que no volvamos a herirnos.**

Cierre con oración en silencio. Diga a los niños que usted va a sugerir cosas que ellos pudieran decir para hablar con Jesús. Después usted se quedará en silencio y dejará que ellos hablen silenciosamente con Él. Hágales saber que si alguno quiere hablar con usted en privado, con gusto hablará con quien quiera hacerlo después de que el grupo se haya ido.

Oración:
Si estás enojado con un amigo o con alguien a quien amas, díselo a Jesús.
Silencio

Pide a Jesús que te ayude a encontrar maneras de pedir perdón a esa persona y de ver cómo restaurar la amistad para que no se distancien otra vez.
Silencio
Agradece a Jesús porque siempre está atento para que hables con Él y que no importa cuántas veces lo defraudes, Él nunca dejará de ser tu amigo.
Silencio
En el nombre de Jesús, amén.

Preparación para la siguiente lección:

Les pedirá a tres niños que participen en un drama. Pídales que lleguen temprano para la próxima clase para que pueda practicar con ellos.

Cómo llevarse bien con otros

Unidad 3 • Semana 5 • Día 1

Enfoque en la Palabra de Dios

Tema: Dios quiere que me lleve bien con otros.

Hoy los niños aprenderán que, por difícil que parezca, Dios quiere que quienes lo aman se lleven bien.

Hoy los niños decidirán una manera de parar una pelea.

MATERIALES NECESARIOS

- ❑ Cartel elaborado la semana pasada. Anime a los niños que han hecho tareas a que escriban su nombre en el cartel para que usted les ponga una estrella.
- ❑ El guión asignado a 3 buenos lectores
- ❑ Tarjetas de color o un pedazo de papel para cada niño
- ❑ Lápices
- ❑ Ideas para parar una pelea escritas en una hoja grande de papel o en la pizarra, antes de la enseñanza

Una nota para usted, el maestro:

Esta lección es sobre el manejo del enojo, un tema al que regresaremos a menudo porque es uno que afecta a muchos niños. A veces el enojo de un niño se hace obvio en su comportamiento, y otras veces ese enojo está oculto porque el niño ha aprendido que el enojo trae castigo. No es que no esté enojado, aun furioso, pero el niño ha aprendido que la técnica de sobrevivencia es esconderlo.

Un niño que nunca trata con el enojo verá que esa ira resurge cuando alcanza la adultez, a menudo con resultados devastadores en las relaciones que están edificando. El enojo aun podría conducirlos a la actividad criminal.

Un niño que se comporta mal para que le den lo que quiere, nunca aprende el dominio propio. En lugar de eso, aprende que puede manipular a otros con su mal comportamiento y sus rabietas y sigue con ese comportamiento hasta en la adultez. Ese comportamiento casi fijo es una garantía de que nunca podrá establecer buenas relaciones como adulto. Si se casa y tiene hijos, toda su familia sufrirá las consecuencias, y muy a menudo esas consecuencias resultan en abuso físico de la esposa y los hijos.

Así que, ¿qué puede hacer usted? Las sesiones como ésta son útiles, pero en muchos de los casos una enseñanza o lección no es suficiente para cambiar la conducta que el niño ha estado desarrollando desde la infancia. He aquí algunas ideas:

- Al ir conociendo y registrando los antecedentes de cada niño, usted obtendrá información acerca del pasado del niño. ¿Grita o patalea para llamar la atención? ¿Se retrae o se vuelve indiferente? Ore constantemente y específicamente por cada niño.
- Ayude al niño a comprender sus sentimientos de ira. Está bien que sienta enojo, pero no es aceptable que exprese negativamente esos sentimientos. A veces puede ser de ayuda expresar en alta voz los sentimientos negativos, hasta puede servir para aminorarlos. Muchos niños simplemente no tienen palabras para explicar lo que están sintiendo. Ayúdelos a encontrar las palabras. "¿Sientes como que quieres gritar? Si es así, dímelo. Exprésalo en una frase completa."
- Si un niño lastima en ira a otro, por hechos o palabras, mírelo en los ojos y dígale que lo que hizo está mal. Si es necesario póngase de cuclillas al nivel del niño para establecer contacto visual con él. ¿Qué hizo el niño para decepcionarlos a usted y a Jesús? No permita que voltee la vista. Continúe diciendo: "Mírame. Mírame a los ojos." Después que el niño haya dicho cuál es su problema, anímelo a disculparse y pedir perdón a la persona contra quien dirigió su enojo.

Recuerde que usted no sabe lo que estos niños han experimentado antes de que los conociera. Físicamente pueden tener la apariencia de nueve, diez u once años, pero en su desarrollo emocional pueden ser mucho menores. Pueden expresar ira como si fueran niños de dos o tres años.

DESARROLLO DE LA LECCIÓN

1. Historia bíblica: Génesis 13. Abram y Lot deciden dividir la tierra.

Objetivo: que los niños identifiquen formas positivas de manejar situaciones de enojo, incluyendo la que Abram usó.

Nota para el maestro:

Antes de la clase, practique el guión con los tres niños que ha elegido para que participen.

Voy a simular que estoy enojado con alguien. Les diré por qué estoy enojado. Luego ustedes me dirán lo que debo hacer para que mi enojo no arruine una amistad importante.

Usted puede pedir a varios niños que sugieran diferentes escenarios. Anímelos a que usen su imaginación y que den soluciones realistas.

Situación:

Estoy muy enojada con mi amiga. Acabo de escuchar que ella le dijo a alguien una mentira acerca de mí. Creo que nunca la perdonaré.

Anime a los niños a dar ideas de cómo evitar que su enojo arruine la amistad. Por ejemplo, ellos le pueden sugerir que hable con su amiga y le diga qué triste está, o le pueden sugerir que le escriba una nota de manera que pueda escoger las debidas palabras para decir cuán decepcionada está, y que todavía quiere ser su amiga. Felicítelos por las buenas ideas. Siga este patrón en las próximas situaciones.

Situación:

Él me pegó. Simplemente vino y me pegó sin ninguna razón. Creí que era mi amigo. Nunca más confiaré en él.

Situación:

Ella se robó mi caja de tesoros. Era una caja bonita donde yo guardaba cosas que son importantes para mí. No significan nada para ella. Ella decidió ser mala y se llevó mi caja para mostrarme que yo no podía impedir que lo haga. Estoy muy enojada. ¡Ya verá cuando yo tenga una oportunidad de quitarle algo! Se va a arrepentir.

La Biblia tiene mucho qué decir acerca del enojo y el daño que puede causar. También tiene una gran historia acerca de Abram. Esa historia muestra cómo Dios quiere que los que le aman manejen el enojo. Veamos qué recuerdan acerca de Abram.

- **En esta historia, su nombre era Abram. Pero aprendimos la semana pasada que Dios le cambió de nombre. ¿Recuerdan cuál era su nuevo nombre y lo que significa?**
- **Abram inició su vida en la ciudad de Ur. ¿Por qué se mudó?**

La historia bíblica de hoy tiene lugar antes de que Dios cambiara el nombre de Abram a Abraham. Es la historia de Abram y su sobrino Lot. Lot era un hombre adulto cuando esta historia tuvo lugar. Abram y Lot tenían muchas riquezas. Tenían mucho ganado y muchos siervos encargados de cuidar del ganado. Hoy vamos a pedir a [nombre a los tres niños] que actúen como tres pastores para que nos cuenten la historia de lo que pasó entre Abram y Lot. Yo seré el Narrador.

CÓMO SE RESOLVIÓ LA PELEA

Narrador: Abram se había mudado cerca del pueblo de Betel en la tierra de Canaán. Su sobrino Lot se había mudado juntamente con él. Ambos eran muy ricos. Tenían mucho ganado y tenían pastores encargados del ganado. Pero los pastores tenían grandes peleas sobre qué ovejas y vacas podrían comer en los campos más verdes. Imaginen que están escuchando una de esas peleas.

Pastor 1: ¡Qué fastidio! Otra vez habrá problemas. Los pastores de Lot están trayendo sus ovejas a nuestros campos.

Pastor 2: ¡Mala suerte! Nuestro jefe es Abram. Sus ovejas van a comer aquí, no las de Lot. ¡No nos vamos a mover! Este es el mejor pasto y nuestras ovejas lo merecen.

Pastor 3: ¡Oigan, ustedes! Esta es la tierra de Lot. ¡Largo! Queremos que nuestras ovejas pasteen aquí.

Pastor 1: ¿La tierra de Lot? ¡De ninguna manera! ¿Qué quieres decir con que es la tierra de Lot? Dios le dio a Abram esta tierra. Abram la necesita para sus ovejas y sus vacas, así que váyanse.

Pastor 3: ¿Verdad? Lot también necesita esta tierra. Esta tierra no es lo suficientemente grande para todas nuestras ovejas. ¡Pues tendrán que irse con su ganado y buscar otro lugar para que pasteen. ¡Fuera! ¡Váyanse!

Pastor 2: Por supuesto que la tierra no alcanza para ambos. Cuando Dios le dijo a Abram que viniera a Canaán, Lot lo acompañó. Ambos tienen mucho ganado. Todos los animales tienen que comer. Todos no pueden comer aquí. Abram es el jefe de la familia. Lot es su sobrino. Dios va a hacer de Abram una gran nación, no de Lot. El ganado de Abram debe comer aquí, así que váyanse de esta tierra. ¡Fuera! ¡Váyanse ya!

Pastor 3: Ni modo. Ustedes tienen que irse. Nosotros somos tan fuertes que podemos obligarlos a que se vayan. ¡Así es!

Pastor 1: ¿Ustedes y quién más? Ustedes no tienen fuerza suficiente como para atacarnos. Les daremos duro y los perseguiremos. ¡Se van a arrepentir de habernos retado!

Pastor 2: ¡Oigan todos! ¡Calma! Si seguimos gritándonos, esto va a terminar mal. Así que, párenle, voy a preguntar a Abram qué hacer. Ahora mismo voy a preguntarle.

Narrador: El pastor de Abram se fue y regresó pronto.

Pastor 1: ¿Qué pasó? Te veo sorprendido.

Pastor 2: Estoy sorprendido. ¡Se acabó la pelea!

Pastor 1: ¿Qué? ¿Qué quieres decir?

Pastor 2: Cuando Abram oyó el problema, habló con Lot. Le dijo que entre familiares no se debe pelear. ¿Adivina qué dijo luego? Nunca lo vas a adivinar, así que te lo voy a decir. Abram le dijo a Lot: "Mira alrededor. Hay una gran tierra frente a nosotros; no tenemos que pelear. Solo vayamos en diferentes direcciones. Si tú vas a la izquierda, yo iré a la derecha. Si tú vas a la derecha, yo me iré a la izquierda." Abram dejó que Lot escogiera.

Pastor 3: ¿Y qué hizo mi patrón Lot?

Pastor 2: Lot escogió la mejor tierra. Escogió los campos del río Jordán. Allí hay mucha agua y pasto. Abram estuvo de acuerdo que Lot se fuera allá. Abram se quedó con la otra tierra, que parece como un desierto.

Pastor 1: Para Abram debe ser muy importante acabar con las peleas. Creo que para Dios también es importante. Seguramente a Dios no le complace cuando las personas no están de acuerdo.

Pastor 3: Ahora bien, creo que nos vamos con los rebaños y el ganado de Lot. ¡Sin rencores! Estamos felices y también nuestros animales. ¡Nos tocó la mejor tierra!

Pastor 1: ¿Qué puedo decir? Abram dice que se acabaron las peleas. No vamos a pelear. Es mi patrón así que lo que él diga está bien para mí. ¡Que tengan buen viaje!

Pastor 2: ¡No puedo creer lo que Abram hizo! Dejó la mejor tierra. Terminó con las peleas y Lot está feliz. ¿Qué pasará con Abram y sus rebaños ahora que Lot tiene la buena tierra?

Narrador: Dios seguía fiel a Abram. Le dijo que mirara alrededor, tan lejos como pudiera ver: al norte y al sur, al este y al oeste. Dios le dijo que le daría toda esa tierra a Abram y a su descendencia. La Biblia dice que Dios dijo: "¡Ve y recorre el país a lo largo y a lo ancho, porque a ti te lo daré."

Haga estas preguntas y permita que varios niños den su opinión.

- **¿Qué nos dice esta historia acerca de la personalidad de Abraham?**
- **¿Qué nos dice esta historia acerca de la personalidad de Lot?**
- **¿A cuál de ellos preferirías tener como amigo? ¿Por qué?**

2. Por qué esta historia es importante para mí

Objetivo: que los niños comenten cómo pueden seguir el ejemplo de Abram.

- **Si siguieras el ejemplo de Abram la próxima vez que estuvieras en una pelea, ¿qué harías? ¿Cuál crees que sería el resultado?**
- **¿Cuáles son algunas cosas que has hecho para resolver desacuerdos y peleas que has tenido en el pasado?**
  Maestro, esté listo a dar un ejemplo de su propia vida.
- **Se dice que cuando nos enojamos con otra persona, el enojo nos lastima más a nosotros que a la otra persona. ¿Qué significa esto? ¿Creen que sea cierto?**
- **Parece que casi todo el mundo tiene peleas y discusiones con otras personas. ¿Por qué creen que sea así?**
- **¿Qué pasa en las familias donde pelean todo el tiempo?**

3. Lo que Dios quiere que yo haga

Objetivo: que los niños elijan una idea para probar la próxima vez que estén tentados a meterse en una pelea o se enojen con alguien.

Tengo algunas ideas sobre cómo parar peleas. ¿Cuál creen que sea la mejor? ¿Qué otras ideas tienen? (Escriba éstas en la pizarra o en una cartulina antes de la clase.)

- **Habla con la otra persona acerca de tus sentimientos.**
- **Aléjate de la situación hasta que tengas mejor control de tus emociones.**
- **Pide ayuda a alguien en quien confías.**
- **Escribe una nota a la persona explicándole cómo te sientes y por qué.**

- **Humíllate ante la otra persona y dile que su amistad es demasiado valiosa para que estén peleados.**
- **Traten de llegar a un compromiso.**

Deles a los niños unos minutos para que elijan una de estas ideas y decidan que con la ayuda de Dios usarán la idea esta semana cuando se enojen, para que puedan impedir una pelea o una discusión. Dígales que la próxima vez que se reúnan les va a preguntar si la idea que eligieron dio resultado.

Hay un gran versículo en la Biblia que dice que Dios quiere que vivamos sin pelear y enojarnos unos con otros.

Dé a cada niño una tarjeta de color para que escriban el versículo en la tarjeta. Tendrá que repetirlo varias veces mientras ellos escriben.

Si es posible, en cuanto dependa de ustedes, vivan en paz con todos.
Romanos 12:18

Pida que los niños se formen en dos filas, unos frente a otros. Enseñe el versículo con estas mímicas.

Si es posible,
(encojan los hombres con las manos hacia arriba)
en cuanto dependa de ustedes,
(agiten un dedo hacia sus compañeros)
vivan en paz con todos.
(formen un círculo con las manos y saluden al niño frente a ustedes)

Los niños deben cambiar de lugar cada vez que repitan el versículo y las mímicas.

Termine con esta oración:

"Padre celestial, ayúdanos a vivir en paz con todos. Amén."

Tarea para la siguiente reunión

Maestro, invite a varios niños a que lleguen temprano para la próxima reunión. Le pueden ayudar a alistar los títeres. En la siguiente lección habrá instrucciones.

Cómo se resolvió la pelea

Narrador: Abram se había mudado cerca del pueblo de Betel en la tierra de Canaán. Su sobrino Lot se había mudado juntamente con él. Ambos eran muy ricos. Tenían mucho ganado y tenían pastores encargados del ganado. Pero los pastores tenían grandes peleas sobre qué ovejas y vacas podrían comer en los campos más verdes. Imaginen que están escuchando una de esas peleas.

Pastor 1: ¡Qué fastidio! Otra vez habrá problemas. Los pastores de Lot están trayendo sus ovejas a nuestros campos.

Pastor 2: ¡Mala suerte! Nuestro jefe es Abram. Sus ovejas van a comer aquí, no las de Lot. ¡No nos vamos a mover! Este es el mejor pasto y nuestras ovejas lo merecen.

Pastor 3: ¡Oigan, ustedes! Esta es la tierra de Lot. ¡Largo! Queremos que nuestras ovejas pasteen aquí.

Pastor 1: ¿La tierra de Lot? ¡De ninguna manera! ¿Qué quieres decir con que es la tierra de Lot? Dios le dio a Abram esta tierra. Abram la necesita para sus ovejas y sus vacas, así que váyanse.

Pastor 3: ¿Verdad? Lot también necesita esta tierra. Esta tierra no es lo suficientemente grande para todas nuestras ovejas. ¡Pues tendrán que irse con su ganado y buscar otro lugar para que pasteen. ¡Fuera! ¡Váyanse!

Pastor 2: Por supuesto que la tierra no alcanza para ambos. Cuando Dios le dijo a Abram que viniera a Canaán, Lot lo acompañó. Ambos tienen mucho ganado. Todos los animales tienen que comer. Todos no pueden comer aquí. Abram es el jefe de la familia. Lot es su sobrino. Dios va a hacer de Abram una gran nación, no de Lot. El ganado de Abram debe comer aquí, así que váyanse de esta tierra. ¡Fuera! ¡Váyanse ya!

Pastor 3: Ni modo. Ustedes tienen que irse. Nosotros somos tan fuertes que podemos obligarlos a que se vayan. ¡Así es!

Pastor 1: ¿Ustedes y quién más? Ustedes no tienen fuerza suficiente como para atacarnos. Les daremos duro y los perseguiremos. ¡Se van a arrepentir de habernos retado!

Pastor 2: ¡Oigan todos! ¡Calma! Si seguimos gritándonos, esto va a terminar mal. Así que, párenle, voy a preguntar a Abram qué hacer. Ahora mismo voy a preguntarle.

Narrador: El pastor de Abram se fue y regresó pronto.

Pastor 1: ¿Qué pasó? Te veo sorprendido.

Pastor 2: Estoy sorprendido. ¡Se acabó la pelea!

Pastor 1: ¿Qué? ¿Qué quieres decir?

Pastor 2: Cuando Abram oyó el problema, habló con Lot. Le dijo que entre familiares no se debe pelear. ¿Adivina qué dijo luego? Nunca lo vas a adivinar, así que te lo voy a decir. Abram le dijo a Lot: "Mira alrededor. Hay una gran tierra frente a nosotros; no tenemos que pelear. Solo vayamos en diferentes direcciones. Si tú vas a la izquierda, yo iré a la derecha. Si tú vas a la derecha, yo me iré a la izquierda." Abram dejó que Lot escogiera.

Pastor 3: ¿Y qué hizo mi patrón Lot?

Pastor 2: Lot escogió la mejor tierra. Escogió los campos del río Jordán. Allí hay mucha agua y pasto. Abram estuvo de acuerdo que Lot se fuera allá. Abram se quedó con la otra tierra, que parece como un desierto.

Pastor 1: Para Abram debe ser muy importante acabar con las peleas. Creo que para Dios también es importante. Seguramente a Dios no le complace cuando las personas no están de acuerdo.

Pastor 3: Ahora bien, creo que nos vamos con los rebaños y el ganado de Lot. ¡Sin rencores! Estamos felices y también nuestros animales. ¡Nos tocó la mejor tierra!

Pastor 1: ¿Qué puedo decir? Abram dice que se acabaron las peleas. No vamos a pelear. Es mi patrón así que lo que él diga está bien para mí. ¡Que tengan buen viaje!

Pastor 2: ¡No puedo creer lo que Abram hizo! Dejó la mejor tierra. Terminó con las peleas y Lot está feliz. ¿Qué pasará con Abram y sus rebaños ahora que Lot tiene la buena tierra?

Narrador: Dios seguía fiel a Abram. Le dijo que mirara alrededor, tan lejos como pudiera ver: al norte y al sur, al este y al oeste. Dios le dijo que le daría toda esa tierra a Abram y a su descendencia. La Biblia dice que Dios dijo: "¡Ve y recorre el país a lo largo y a lo ancho, porque a ti te lo daré."

Cómo se resolvió la pelea

Narrador: Abram se había mudado cerca del pueblo de Betel en la tierra de Canaán. Su sobrino Lot se había mudado juntamente con él. Ambos eran muy ricos. Tenían mucho ganado y tenían pastores encargados del ganado. Pero los pastores tenían grandes peleas sobre qué ovejas y vacas podrían comer en los campos más verdes. Imaginen que están escuchando una de esas peleas.

Pastor 1: ¡Qué fastidio! Otra vez habrá problemas. Los pastores de Lot están trayendo sus ovejas a nuestros campos.

Pastor 2: ¡Mala suerte! Nuestro jefe es Abram. Sus ovejas van a comer aquí, no las de Lot. ¡No nos vamos a mover! Este es el mejor pasto y nuestras ovejas lo merecen.

Pastor 3: ¡Oigan, ustedes! Esta es la tierra de Lot. ¡Largo! Queremos que nuestras ovejas pasteen aquí.

Pastor 1: ¿La tierra de Lot? ¡De ninguna manera! ¿Qué quieres decir con que es la tierra de Lot? Dios le dio a Abram esta tierra. Abram la necesita para sus ovejas y sus vacas, así que váyanse.

Pastor 3: ¿Verdad? Lot también necesita esta tierra. Esta tierra no es lo suficientemente grande para todas nuestras ovejas. ¡Pues tendrán que irse con su ganado y buscar otro lugar para que pasteen. ¡Fuera! ¡Váyanse!

Pastor 2: Por supuesto que la tierra no alcanza para ambos. Cuando Dios le dijo a Abram que viniera a Canaán, Lot lo acompañó. Ambos tienen mucho ganado. Todos los animales tienen que comer. Todos no pueden comer aquí. Abram es el jefe de la familia. Lot es su sobrino. Dios va a hacer de Abram una gran nación, no de Lot. El ganado de Abram debe comer aquí, así que váyanse de esta tierra. ¡Fuera! ¡Váyanse ya!

Pastor 3: Ni modo. Ustedes tienen que irse. Nosotros somos tan fuertes que podemos obligarlos a que se vayan. ¡Así es!

Pastor 1: ¿Ustedes y quién más? Ustedes no tienen fuerza suficiente como para atacarnos. Les daremos duro y los perseguiremos. ¡Se van a arrepentir de habernos retado!

Pastor 2: ¡Oigan todos! ¡Calma! Si seguimos gritándonos, esto va a terminar mal. Así que, párenle, voy a preguntar a Abram qué hacer. Ahora mismo voy a preguntarle.

Narrador: El pastor de Abram se fue y regresó pronto.

Pastor 1: ¿Qué pasó? Te veo sorprendido.

Pastor 2: Estoy sorprendido. ¡Se acabó la pelea!

Pastor 1: ¿Qué? ¿Qué quieres decir?

Pastor 2: Cuando Abram oyó el problema, habló con Lot. Le dijo que entre familiares no se debe pelear. ¿Adivina qué dijo luego? Nunca lo vas a adivinar, así que te lo voy a decir. Abram le dijo a Lot: "Mira alrededor. Hay una gran tierra frente a nosotros; no tenemos que pelear. Solo vayamos en diferentes direcciones. Si tú vas a la izquierda, yo iré a la derecha. Si tú vas a la derecha, yo me iré a la izquierda." Abram dejó que Lot escogiera.

Pastor 3: ¿Y qué hizo mi patrón Lot?

Pastor 2: Lot escogió la mejor tierra. Escogió los campos del río Jordán. Allí hay mucha agua y pasto. Abram estuvo de acuerdo que Lot se fuera allá. Abram se quedó con la otra tierra, que parece como un desierto.

Pastor 1: Para Abram debe ser muy importante acabar con las peleas. Creo que para Dios también es importante. Seguramente a Dios no le complace cuando las personas no están de acuerdo.

Pastor 3: Ahora bien, creo que nos vamos con los rebaños y el ganado de Lot. ¡Sin rencores! Estamos felices y también nuestros animales. ¡Nos tocó la mejor tierra!

Pastor 1: ¿Qué puedo decir? Abram dice que se acabaron las peleas. No vamos a pelear. Es mi patrón así que lo que él diga está bien para mí. ¡Que tengan buen viaje!

Pastor 2: ¡No puedo creer lo que Abram hizo! Dejó la mejor tierra. Terminó con las peleas y Lot está feliz. ¿Qué pasará con Abram y sus rebaños ahora que Lot tiene la buena tierra?

Narrador: Dios seguía fiel a Abram. Le dijo que mirara alrededor, tan lejos como pudiera ver: al norte y al sur, al este y al oeste. Dios le dijo que le daría toda esa tierra a Abram y a su descendencia. La Biblia dice que Dios dijo: "¡Ve y recorre el país a lo largo y a lo ancho, porque a ti te lo daré."

Cómo se resolvió la pelea

Narrador: Abram se había mudado cerca del pueblo de Betel en la tierra de Canaán. Su sobrino Lot se había mudado juntamente con él. Ambos eran muy ricos. Tenían mucho ganado y tenían pastores encargados del ganado. Pero los pastores tenían grandes peleas sobre qué ovejas y vacas podrían comer en los campos más verdes. Imaginen que están escuchando una de esas peleas.

Pastor 1: ¡Qué fastidio! Otra vez habrá problemas. Los pastores de Lot están trayendo sus ovejas a nuestros campos.

Pastor 2: ¡Mala suerte! Nuestro jefe es Abram. Sus ovejas van a comer aquí, no las de Lot. ¡No nos vamos a mover! Este es el mejor pasto y nuestras ovejas lo merecen.

Pastor 3: ¡Oigan, ustedes! Esta es la tierra de Lot. ¡Largo! Queremos que nuestras ovejas pasteen aquí.

Pastor 1: ¿La tierra de Lot? ¡De ninguna manera! ¿Qué quieres decir con que es la tierra de Lot? Dios le dio a Abram esta tierra. Abram la necesita para sus ovejas y sus vacas, así que váyanse.

Pastor 3: ¿Verdad? Lot también necesita esta tierra. Esta tierra no es lo suficientemente grande para todas nuestras ovejas. ¡Pues tendrán que irse con su ganado y buscar otro lugar para que pasteen. ¡Fuera! ¡Váyanse!

Pastor 2: Por supuesto que la tierra no alcanza para ambos. Cuando Dios le dijo a Abram que viniera a Canaán, Lot lo acompañó. Ambos tienen mucho ganado. Todos los animales tienen que comer. Todos no pueden comer aquí. Abram es el jefe de la familia. Lot es su sobrino. Dios va a hacer de Abram una gran nación, no de Lot. El ganado de Abram debe comer aquí, así que váyanse de esta tierra. ¡Fuera! ¡Váyanse ya!

Pastor 3: Ni modo. Ustedes tienen que irse. Nosotros somos tan fuertes que podemos obligarlos a que se vayan. ¡Así es!

Pastor 1: ¿Ustedes y quién más? Ustedes no tienen fuerza suficiente como para atacarnos. Les daremos duro y los perseguiremos. ¡Se van a arrepentir de habernos retado!

Pastor 2: ¡Oigan todos! ¡Calma! Si seguimos gritándonos, esto va a terminar mal. Así que, párenle, voy a preguntar a Abram qué hacer. Ahora mismo voy a preguntarle.

Narrador: El pastor de Abram se fue y regresó pronto.

Pastor 1: ¿Qué pasó? Te veo sorprendido.

Pastor 2: Estoy sorprendido. ¡Se acabó la pelea!

Pastor 1: ¿Qué? ¿Qué quieres decir?

Pastor 2: Cuando Abram oyó el problema, habló con Lot. Le dijo que entre familiares no se debe pelear. ¿Adivina qué dijo luego? Nunca lo vas a adivinar, así que te lo voy a decir. Abram le dijo a Lot: "Mira alrededor. Hay una gran tierra frente a nosotros; no tenemos que pelear. Solo vayamos en diferentes direcciones. Si tú vas a la izquierda, yo iré a la derecha. Si tú vas a la derecha, yo me iré a la izquierda." Abram dejó que Lot escogiera.

Pastor 3: ¿Y qué hizo mi patrón Lot?

Pastor 2: Lot escogió la mejor tierra. Escogió los campos del río Jordán. Allí hay mucha agua y pasto. Abram estuvo de acuerdo que Lot se fuera allá. Abram se quedó con la otra tierra, que parece como un desierto.

Pastor 1: Para Abram debe ser muy importante acabar con las peleas. Creo que para Dios también es importante. Seguramente a Dios no le complace cuando las personas no están de acuerdo.

Pastor 3: Ahora bien, creo que nos vamos con los rebaños y el ganado de Lot. ¡Sin rencores! Estamos felices y también nuestros animales. ¡Nos tocó la mejor tierra!

Pastor 1: ¿Qué puedo decir? Abram dice que se acabaron las peleas. No vamos a pelear. Es mi patrón así que lo que él diga está bien para mí. ¡Que tengan buen viaje!

Pastor 2: ¡No puedo creer lo que Abram hizo! Dejó la mejor tierra. Terminó con las peleas y Lot está feliz. ¿Qué pasará con Abram y sus rebaños ahora que Lot tiene la buena tierra?

Narrador: Dios seguía fiel a Abram. Le dijo que mirara alrededor, tan lejos como pudiera ver: al norte y al sur, al este y al oeste. Dios le dijo que le daría toda esa tierra a Abram y a su descendencia. La Biblia dice que Dios dijo: "¡Ve y recorre el país a lo largo y a lo ancho, porque a ti te lo daré."

Cómo se resolvió la pelea

Narrador: Abram se había mudado cerca del pueblo de Betel en la tierra de Canaán. Su sobrino Lot se había mudado juntamente con él. Ambos eran muy ricos. Tenían mucho ganado y tenían pastores encargados del ganado. Pero los pastores tenían grandes peleas sobre qué ovejas y vacas podrían comer en los campos más verdes. Imaginen que están escuchando una de esas peleas.

Pastor 1: ¡Qué fastidio! Otra vez habrá problemas. Los pastores de Lot están trayendo sus ovejas a nuestros campos.

Pastor 2: ¡Mala suerte! Nuestro jefe es Abram. Sus ovejas van a comer aquí, no las de Lot. ¡No nos vamos a mover! Este es el mejor pasto y nuestras ovejas lo merecen.

Pastor 3: ¡Oigan, ustedes! Esta es la tierra de Lot. ¡Largo! Queremos que nuestras ovejas pasteen aquí.

Pastor 1: ¿La tierra de Lot? ¡De ninguna manera! ¿Qué quieres decir con que es la tierra de Lot? Dios le dio a Abram esta tierra. Abram la necesita para sus ovejas y sus vacas, así que váyanse.

Pastor 3: ¿Verdad? Lot también necesita esta tierra. Esta tierra no es lo suficientemente grande para todas nuestras ovejas. ¡Pues tendrán que irse con su ganado y buscar otro lugar para que pasteen. ¡Fuera! ¡Váyanse!

Pastor 2: Por supuesto que la tierra no alcanza para ambos. Cuando Dios le dijo a Abram que viniera a Canaán, Lot lo acompañó. Ambos tienen mucho ganado. Todos los animales tienen que comer. Todos no pueden comer aquí. Abram es el jefe de la familia. Lot es su sobrino. Dios va a hacer de Abram una gran nación, no de Lot. El ganado de Abram debe comer aquí, así que váyanse de esta tierra. ¡Fuera! ¡Váyanse ya!

Pastor 3: Ni modo. Ustedes tienen que irse. Nosotros somos tan fuertes que podemos obligarlos a que se vayan. ¡Así es!

Pastor 1: ¿Ustedes y quién más? Ustedes no tienen fuerza suficiente como para atacarnos. Les daremos duro y los perseguiremos. ¡Se van a arrepentir de habernos retado!

Pastor 2: ¡Oigan todos! ¡Calma! Si seguimos gritándonos, esto va a terminar mal. Así que, párenle, voy a preguntar a Abram qué hacer. Ahora mismo voy a preguntarle.

Narrador: El pastor de Abram se fue y regresó pronto.

Pastor 1: ¿Qué pasó? Te veo sorprendido.

Pastor 2: Estoy sorprendido. ¡Se acabó la pelea!

Pastor 1: ¿Qué? ¿Qué quieres decir?

Pastor 2: Cuando Abram oyó el problema, habló con Lot. Le dijo que entre familiares no se debe pelear. ¿Adivina qué dijo luego? Nunca lo vas a adivinar, así que te lo voy a decir. Abram le dijo a Lot: "Mira alrededor. Hay una gran tierra frente a nosotros; no tenemos que pelear. Solo vayamos en diferentes direcciones. Si tú vas a la izquierda, yo iré a la derecha. Si tú vas a la derecha, yo me iré a la izquierda." Abram dejó que Lot escogiera.

Pastor 3: ¿Y qué hizo mi patrón Lot?

Pastor 2: Lot escogió la mejor tierra. Escogió los campos del río Jordán. Allí hay mucha agua y pasto. Abram estuvo de acuerdo que Lot se fuera allá. Abram se quedó con la otra tierra, que parece como un desierto.

Pastor 1: Para Abram debe ser muy importante acabar con las peleas. Creo que para Dios también es importante. Seguramente a Dios no le complace cuando las personas no están de acuerdo.

Pastor 3: Ahora bien, creo que nos vamos con los rebaños y el ganado de Lot. ¡Sin rencores! Estamos felices y también nuestros animales. ¡Nos tocó la mejor tierra!

Pastor 1: ¿Qué puedo decir? Abram dice que se acabaron las peleas. No vamos a pelear. Es mi patrón así que lo que él diga está bien para mí. ¡Que tengan buen viaje!

Pastor 2: ¡No puedo creer lo que Abram hizo! Dejó la mejor tierra. Terminó con las peleas y Lot está feliz. ¿Qué pasará con Abram y sus rebaños ahora que Lot tiene la buena tierra?

Narrador: Dios seguía fiel a Abram. Le dijo que mirara alrededor, tan lejos como pudiera ver: al norte y al sur, al este y al oeste. Dios le dijo que le daría toda esa tierra a Abram y a su descendencia. La Biblia dice que Dios dijo: "¡Ve y recorre el país a lo largo y a lo ancho, porque a ti te lo daré."

El problema del temor

Unidad 3 • Semana 5 • Día 2

Enfoque en aptitudes para la vida

Tema: Dios puede ayudarme a tratar con el temor.

Hoy los niños aprenderán que Dios quiere estar con ellos cuando tienen miedo.

Hoy los niños decidirán que han de confiar en su Padre celestial por siempre jamás.

MATERIALES NECESARIOS

- ❑ Cartel elaborado la semana pasada. Anime a los niños que han hecho tareas a que escriban su nombre en el cartel para que usted les ponga una estrella.
- ❑ Cartulina
- ❑ Pegamento
- ❑ Pintura u otros materiales para colorear
- ❑ Marcador negro
- ❑ Caja de cartón
- ❑ Un pedazo de tela
- ❑ Vea la Sección 2. Allí hay una opción que no usa la caja de cartón ni la tela.
- ❑ Tijeras
- ❑ Papel para que los niños escriban el versículo bíblico.

Una nota para usted, el maestro:

Generalmente la tercera sesión de la semana es el "Enfoque en aptitudes para la vida". Esta semana es especial. El tercer día de esta semana será una celebración que no sigue el mismo patrón de las otras veces. A veces es divertido hacer algo diferente. La lección de hoy se centra en una aptitud para la vida. No habrá una sesión sobre rasgos de personalidad. La próxima semana continuaremos con el patrón al que usted está acostumbrado.

La lección de hoy incluye un drama de títeres. Es divertido hacer drama de títeres, aun si nunca lo ha hecho antes. Siga estas instrucciones.

Antes de la reunión

Invite a algunos niños a que lleguen temprano para que le ayuden a preparar los títeres para el drama. Necesita recortar los tres dinosaurios incluidos en esta lección; péguelos en cartulina y recórtelos. Recorte los círculos para los dedos. Luego coloree los dinosaurios, y marque las escalas en el cuerpo de éstos con un marcador negro. Es una gran idea invitar a uno o dos de los niños para que le ayuden a hacer el trabajo. Esto le dará la oportunidad de conversar con ellos. Estarán más dispuestos a abrirse en un grupo pequeño, o si están solamente con usted.

No se preocupe si nunca ha hecho un drama de títeres. Siga las instrucciones, paso a paso, de la Sección 2. Aun hay una opción que no utiliza la caja ni la tela, pero los niños aún así pueden divertirse con los títeres.

Después de la clase

Después de cada clase, invite a uno o dos niños para que le ayuden a hacer la limpieza. Trate que ellos le hablen de sus problemas. Esté dispuesto a pasar tiempo extra con ellos. Deles consuelo y consejo. Ore con ellos.

Temor de la gente

En esta lección el tema del miedo y cómo Dios nos ayuda a tratar este problema puede traer a la superficie el tema de las personas a quienes los niños temen. Si es así, pase tiempo en esa parte de la lección hablando acerca de cómo se puede saber si una persona es de confianza. La siguiente es una lista sugerida en el libro The Connected Child de Purvis and Cross (McGraw Hill), 2007, página 64.

- Una persona en quien puedes confiar será amable contigo.
- Una persona en quien puedes confiar se preocupará por ti.
- Una persona en quien puedes confiar te escuchará.
- Una persona en quien puedes confiar no te lastimará.
- Una persona en quien puedes confiar no te amenazará.
- Una persona en quien puedes confiar no te pedirá que guardes secretos de los adultos en tu vida.
- Una persona en quien puedes confiar no te tocará de formas que te lastimen o te asusten.

DESARROLLO DE LA LECCIÓN

1. Enfoque en la aptitud de hoy

Objetivo: que los niños expresen sus temores.

¡Seamos valientes!

Todos tenemos miedo de diferentes cosas, ¿no es cierto?

- **¿Puede uno de ustedes decirme de qué tiene miedo?** (Deje que un niño responda.)

Ah, ahora de veras son valientes. Cuando no tenemos temor de admitir que tenemos miedo de algo, somos valientes.

Ahora seamos valientes todos. Nos juntaremos de dos en dos (divida la clase en parejas). Cada pareja se puede alejar de las demás y sentarse. Cuando yo diga: "¡Seamos valientes!", todos les diremos a nuestro compañero una cosa que nos da miedo. Todos ustedes son valientes como para hace esto, ¿no es cierto?

(Hagan esta actividad varias veces.)

Cuando yo era niño/a, tenía miedo de diferentes cosas. Ahora también hay cosas que me dan miedo. (Cuente a los niños acerca de algunas cosas que le daban miedo, especialmente cuando era niño. No todas necesitan ser cosas tan infantiles como miedo del trueno. Si estuvo en una situación donde el temor fue muy grave, cuéntelo a los niños. Varios de sus alumnos se identificarán con eso. Hable de algo que ahora le da temor, como el cáncer, o ser asaltado, o perder su empleo.)

A veces los animales grandes dan miedo. Podemos tener miedo de la oscuridad. La gente puede intimidarnos, especialmente cuando alguien está enojado. O podemos tener miedo de que algo malo nos pase. Tú tal vez tengas miedo de que tu papá se emborrache, de que tus padres te dejen, o de que alguien a quien amas y en quien confías deje de quererte. (Nombre estas situaciones o mencione cosas que puedan ser típicas en la vida de sus alumnos.) Piensen en las cosas que más les asustan. No tienen que contarlas a nadie, solo ténganlas en su mente, porque hoy vamos a descubrir cómo Dios nos ayuda con nuestros temores.

2. Aprendamos acerca del temor

Objetivo: que los niños se identifiquen con un pequeño dinosaurio que tenía miedo antes de que conozca a un protector, así como los niños tiene miedo cuando no tienen quien los proteja.

Drama de títeres dinosaurios

Preparación

Vea a continuación cómo preparar los dinosaurios.

Invite a algunos niños a que rápidamente lean el guión de abajo y que preparen el "teatro" de títeres. Ponga la caja de cartón en el piso y cúbrala con una tela sencilla. Este es el escenario para el drama. Muestre a los niños cómo usar los títeres. Deben introducir sus dedos en los huecos para usarlos como piernas y hacer caminar a los dinosaurios. Los niños se esconden detrás de la caja y ponen su mano con el títere encima de la caja. Deben mover las manos para mostrar lo que pasa en el drama.

Desglose los guiones y péguelos en la parte de atrás de la caja para que los "dinosaurios" puedan leer sus partes.

Opción:

Prepare los títeres siguiendo las instrucciones de arriba. Luego dé los títeres a varios niños para que los pongan en sus manos. Deben mover a los dinosaurios conforme a lo que usted lea en el guión. Simplemente lea el guión, sin usar la caja o la tela para hacer el escenario. Cambie el tono de su voz para que los niños sepan cual de los títeres está hablando. Grandote puede tener una voz profunda; Minú, una voz chirriante; y Malongo puede tener su voz normal.

Fin de la opción.

Drama de títeres dinosaurios

Escena 1

(Minú, el pequeño dinosaurio, está solo.)

Primera voz de fondo: Oye, tú, ¿qué estás haciendo? ¡Fuera de aquí!

Minú: *(corre hacia un lado del escenario)* ¡Oh, nada! Nada. No estoy hacienda nada.

Segunda voz de fondo: Criaturita, ¡ven aquí! Vas a ser mi siervo.

Minú: *(corriendo al otro lado del escenario)* ¡No, no! No me puedes obligar a ser tu siervo.

(Minú se mueve hacia el centro del escenario.)

Minú: Mi mamá y mi papá se murieron en un terremoto poco después que nací. Solo porque no tengo mamá o papá que me cuiden, todos piensan que pueden regañarme y hacerme problemas. Estoy cansado de tener miedo de tanta gente. ¡Cómo quisiera tener a alguien que me cuide y proteja!

(Entra el dinosaurio grande, llamado Grandote.)

Grandote: *(con voz retumbante)* Oye, Minú, ¿qué estás hacienda allí? Te veo asustado.

Minú: Sí, alguien me estaba gritando, como siempre.

Grandote: Mira, Minú, soy el rey de esta selva. Sé que no eres mi hijo, pero te adoptaré como mi hijo, si quieres. Cuidaré de todas tus necesidades y seré como tu padre. Ningún dinosaurio se atreverá a molestarte después que te adopte. ¿Qué dices?

Minú: ¿De veras quieres hacer eso?

Grandote: ¡Por supuesto! Un rey nunca dice cosas que no piensa cumplir.

Minú: ¡Este es mi sueño hecho realidad! ¿De veras serás mi papá? ¿Tengo que hacer algo a cambio? ¿Me vas a hacer tu siervo?

Grandote: No, tú serás mi hijo. No serás mi siervo.

Minú: *(dando saltos)* Esto será tremendo. Seré tu hijo, y te obedeceré. No conozco esta selva y no sé qué hacer. ¿Me ayudarás?

Grandote: Ahora que soy tu padre, te enseñaré todo lo que necesites saber y te daré todo lo que te haga falta. Ahora, ven conmigo.

Minú: ¡Seguro!

(Minú y Grandote salen juntos.)

Escena 2

(Minú está parado sobre el escenario. Malongo, el dinosaurio de tamaño mediano, entra.)

Malongo: Oye, Minú, ¿por qué estás jugando aquí? ¿No tienes miedo de los grandes dinosaurios que viene aquí a comer? Te pegarán hasta hacerte papilla.

Minú: No lo harán.

Malongo: Después, los matones de nuestra colonia vendrán para acá. ¿No les tienes miedo?

Minú: No, ¿por qué? Ahora que Grandote es mi papá, nadie puede hacerme daño. Él les ha advertido a los camorristas y a los otros a que no me toquen. Aun les ha dicho a otros dinosaurios que me protejan. No tengo nada que temer.

Malongo: ¡Qué privilegio! Esto es algo muy especial!

Minú: ¡Sí, sí, sí!

(Salen del escenario.)

- **¿Qué les gustó más del drama de títeres?**
- **¿A veces han sentido miedo como Minú?**
- **¿Qué creen que le hubiera pasado a Minú si no hubiera aceptado la ayuda del gran dinosaurio?**
- **¿Creen que a Minú nunca le pasará nada malo? ¿Por qué?**
  Ayude a los niños a ver que a veces el gran dinosaurio no estará a su lado. Minú puede lastimarse, pero ahora está mucho mejor protegido que antes. Él tiene un padre.

Si les parece que Minú está en muchas mejores condiciones, recuerden que ustedes también pueden estar así. Dios es el Rey sobre todas las cosas, y Él ofrece ser nuestro Padre. Él está listo para adoptarnos como sus hijos y para estar con nosotros cada vez que tengamos miedo o que estemos en peligro. ¿Estás dispuesto a aceptarlo como tu Padre? Eso significa obedecerlo, igual que los hijos aquí en la tierra tienen que obedecer a sus padres.

3. Aplicación de lo aprendido

Objetivo: que los niños aprendan que pueden confiar en las promesas de Dios de que será su Padre celestial que les ayudará en situaciones espantosas.

Piensen en Minú. Él tuvo que aceptar la ayuda del gran dinosaurio. Lo mismo pasa con nosotros. Dios nos ha hecho el ofrecimiento. Él quiere ser nuestro Padre celestial; pero tenemos que aceptar su oferta. Él es perfecto y nosotros no. ¿No es maravilloso que Dios nos quiera y que seamos sus hijos? Cierren los ojos. Voy a decir unas palabras importantes como las que nuestro Padre celestial nos dice en la Biblia. Voy a hacer una pausa después de cada vez que hable. Eso les dará tiempo para que hablen con Dios en su mente, si lo quieren. Solo Dios oirá lo que le digan.

Diga cada sección en alta voz y haga una pausa de 20 segundos, bastante tiempo para un niño, para que sus alumnos hablen con Dios.

Nuestro Padre celestial es perfecto. Ninguno de ustedes ni yo lo somos. Pero Él no quiere castigarnos por las cosas malas que hemos hecho en el pasado. En lugar

de eso, envió a su Hijo Jesús para que tomara nuestro castigo, para que podamos olvidar las cosas que hemos hecho hasta hoy y comencemos a vivir como le agrada. Dile a Dios cuán maravilloso es esto. (Pausa)

Nadie está obligado a aceptar a Dios como su Padre celestial. Depende totalmente de cada persona. Yo he aceptado a Dios como mi Padre celestial. Si tú quieres hacer esto, dile que te arrepientes de haber hecho cosas malas que lo pusieron triste. Agradécele por haber mandado a su Hijo Jesús a tomar tu castigo. (Pausa)

Ahora, pídele que sea tu Padre celestial por siempre jamás. (Pausa)

Si lo hiciste ahora, me gustaría saberlo. Ven más tarde y cuéntamelo. Podemos hablar acerca de cualquier pregunta que tengas.

Una nota para usted, el maestro:

Los niños tienen temores muy reales. Dios no siempre quita todos los temores y todas las situaciones espantosas, no para los niños ni para nosotros. Hay cristianos que son violados. Hay personas que aman a Dios y que le sirven que son perseguidas y aún asesinadas por su testimonio. Hay padres que azotan a sus hijos y hay quienes están dispuestos hasta a venderlos. Seres que amamos contraen el SIDA y mueren. Hay padres que aun sacrifican a sus hijos porque creen que eso les traerá buena suerte. En nuestro mundo caído y pecaminoso, pasan estas cosas horribles.

Conforme los niños crecen, podemos profundizar en el tema del libre albedrío. Dios da a cada uno el derecho a tomar nuestras propias decisiones en este mundo; la decisión de hacer cosas horribles que nos apartan de Él, o la decisión de vivir en formas que le agradan. Ambas tienen consecuencias en este mundo y por la eternidad. Estos son conceptos duros que los cristianos adultos debemos comprender. ¿Por qué Dios a veces permite que cosas malas les pasen a sus hijos que lo aman?

Hoy, al hablar con los niños, asegúreles de dos cosas que ellos pueden saber a ciencia cierta. (1) Dios los ama y estará con ellos en cualquier cosa que les pase en la vida. Cuando tengan miedo, Él estará allí; cuando estén heridos, Él estará a su lado para consolarlos. (2) Dios los ama y vivirán con Él por siempre un día en su hogar celestial.

Esta nota es importante. Es fácil prometer a los niños que Dios les quitará todo temor. Pero si les prometemos eso, y los niños lo aceptan basados en esa promesa, ¿qué pasará con la fe de un niño cuando pase por experiencias espantosas y Dios no haga desaparecer el terror? Ellos pudieran abandonar la fe y creer que lo que les dijimos es mentira. Sea cuidadoso en no prometer lo que Dios ni siquiera le prometió a su Hijo Jesucristo, que enfrentó el temor, el terror, el dolor, y la soledad de la Cruz.

Hoy estamos hablando acerca del miedo. Quisiera darles un plan de tres pasos para ayudarlos cuando estén en una situación espantosa.

Paso 1. Recuerden que tienen a Dios su Padre junto a ustedes, y que Él es más poderoso que cualquier persona o situación de la que tengan miedo. A veces, Él usa nuestros sentimientos de temor para decirnos que huyamos, ¡y que nos escapemos rápidamente! A veces Él hará que desaparezcan las cosas espantosas. Otras veces, Dios nos ayudará a ser tan fuertes que podamos soportar las cosas que nos asustan. Lo que podemos saber a ciencia cierta es que cuando nos pasen cosas que dan miedo, Dios está con nosotros. Nunca tendremos que pasar solos por estas cosas.

Paso 2. Oren y pidan a Dios que les ayude a sentir su presencia cuando estén en una situación espantosa.

Paso 3. Aprendan un versículo que les ayudará a no sentir miedo en situaciones que dan miedo.

"El Señor mismo marchará al frente de ti y estará contigo; nunca te dejará ni te abandonará. No temas ni te desanimes."
Deuteronomio 31:8

Dé tiempo a los niños para que escriban este versículo en una tarjeta. Sugiérales que lo memoricen esta semana.

Diga que cuando hayan aprendido este versículo, lo pueden decir cuando tengan miedo. Anímelos a orar, pidiendo a Dios que les quite el temor en esa situación. Diga que sigan el plan de tres pasos cada vez que tengan miedo, y que le avisen a usted los resultados la próxima vez que les pase algo que los asuste.

Finalice la clase hablando acerca de la tarea de la última vez que estuvieron juntos. Recuérdeles que muchos de ellos decidieron que tratarían de dejar de pelear o de discutir, como Abram hizo cuando sus pastores y los de Lot empezaron a discutir. Pídales que cuenten cómo les resultó el plan. Éstas son las ideas que se sugirieron para poner fin a una pelea o una discusión:

– Habla con la otra persona acerca de tus sentimientos.
– Aléjate de la situación hasta que tengas mejor control de tus emociones.
– Pide ayuda a alguien en quien confías.
– Escribe una nota a la persona explicándole cómo te sientes y por qué.
– Humíllate ante la otra persona y dile que su amistad es demasiado valiosa para que estén peleados.
– Traten de llegar a un compromiso.

Si algunos de los niños cuentan algo, felicítelos por lo que hicieron. Dígales que su comportamiento hizo muy feliz a Dios.

Pida a un niño que cierre en oración.

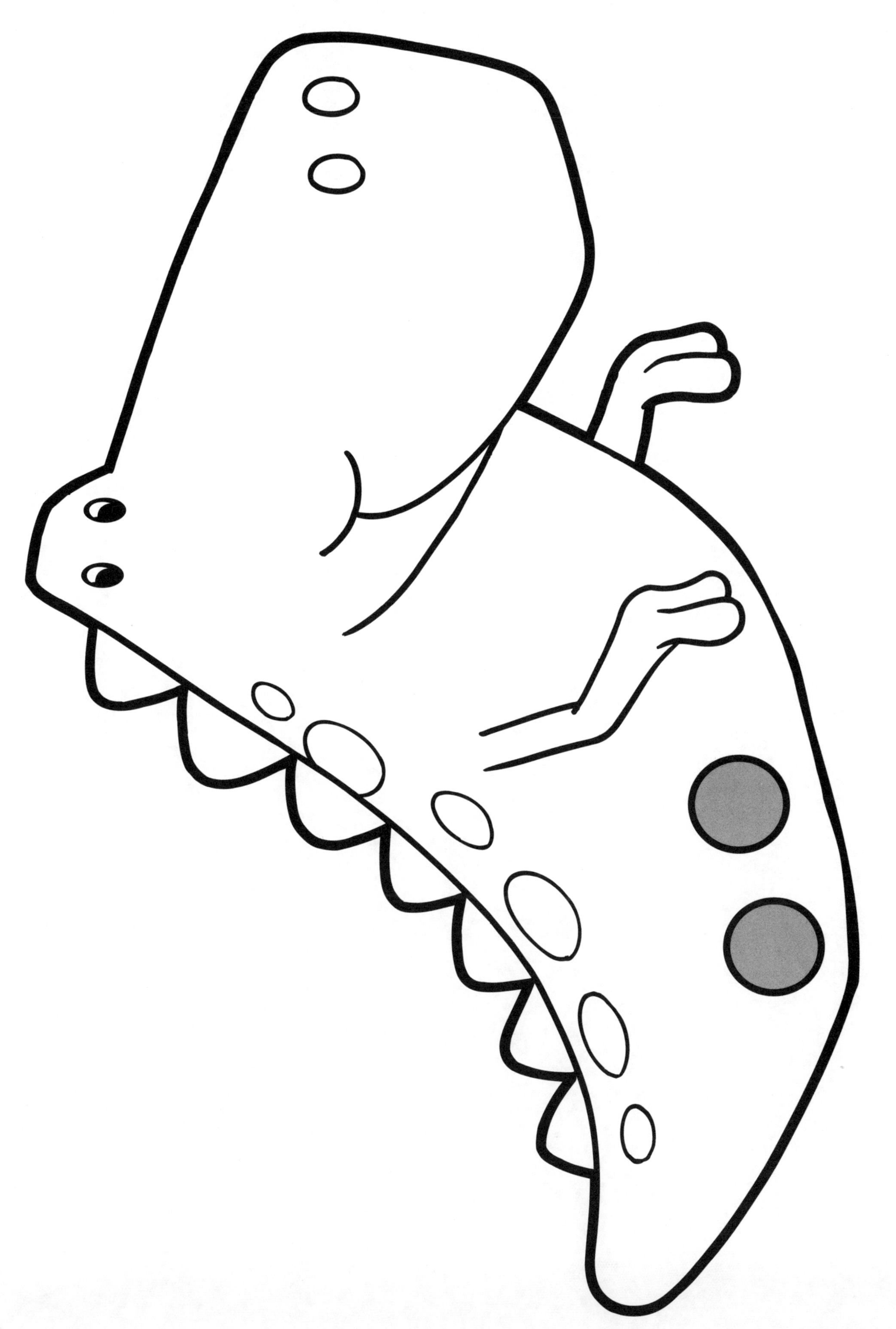

Drama de títeres dinosaurios

Escena 1

(Minú, el pequeño dinosaurio, está solo.)

Primera voz de fondo: Oye, tú, ¿qué estás haciendo? ¡Fuera de aquí!

Minú: *(corre hacia un lado del escenario)* ¡Oh, nada! Nada. No estoy hacienda nada.

Segunda voz de fondo: Criaturita, ¡ven aquí! Vas a ser mi siervo.

Minú: *(corriendo al otro lado del escenario)* ¡No, no! No me puedes obligar a ser tu siervo.

(Minú se mueve hacia el centro del escenario.)

Minú: Mi mamá y mi papá se murieron en un terremoto poco después que nací. Solo porque no tengo mamá o papá que me cuiden, todos piensan que pueden regañarme y hacerme problemas. Estoy cansado de tener miedo de tanta gente. ¡Cómo quisiera tener a alguien que me cuide y proteja!

(Entra el dinosaurio grande, llamado Grandote.)

Grandote: *(con voz retumbante)* Oye, Minú, ¿qué estás hacienda allí? Te veo asustado.

Minú: Sí, alguien me estaba gritando, como siempre.

Grandote: Mira, Minú, soy el rey de esta selva. Sé que no eres mi hijo, pero te adoptaré como mi hijo, si quieres. Cuidaré de todas tus necesidades y seré como tu padre. Ningún dinosaurio se atreverá a molestarte después que te adopte. ¿Qué dices?

Minú: ¿De veras quieres hacer eso?

Grandote: ¡Por supuesto! Un rey nunca dice cosas que no piensa cumplir.

Minú: ¡Este es mi sueño hecho realidad! ¿De veras serás mi papá? ¿Tengo que hacer algo a cambio? ¿Me vas a hacer tu siervo?

Grandote: No, tú serás mi hijo. No serás mi siervo.

Minú: *(dando saltos)* Esto será tremendo. Seré tu hijo, y te obedeceré. No conozco esta selva y no sé qué hacer. ¿Me ayudarás?

Grandote: Ahora que soy tu padre, te enseñaré todo lo que necesites saber y te daré todo lo que te haga falta. Ahora, ven conmigo.

Minú: ¡Seguro!

(Minú y Grandote salen juntos.)

Escena 2

(Minú está parado sobre el escenario. Malongo, el dinosaurio de tamaño mediano, entra.)

Malongo: Oye, Minú, ¿por qué estás jugando aquí? ¿No tienes miedo de los grandes dinosaurios que viene aquí a comer? Te pegarán hasta hacerte papilla.

Minú: No lo harán.

Malongo: Después, los matones de nuestra colonia vendrán para acá. ¿No les tienes miedo?

Minú: No, ¿por qué? Ahora que Grandote es mi papá, nadie puede hacerme daño. Él les ha advertido a los camorristas y a los otros a que no me toquen. Aun les ha dicho a otros dinosaurios que me protejan. No tengo nada que temer.

Malongo: ¡Qué privilegio! Esto es algo muy especial!

Minú: ¡Sí, sí, sí!

(Salen del escenario.)

Drama de títeres dinosaurios

Escena 1

(Minú, el pequeño dinosaurio, está solo.)

Primera voz de fondo: Oye, tú, ¿qué estás haciendo? ¡Fuera de aquí!

Minú: *(corre hacia un lado del escenario)* ¡Oh, nada! Nada. No estoy hacienda nada.

Segunda voz de fondo: Criaturita, ¡ven aquí! Vas a ser mi siervo.

Minú: *(corriendo al otro lado del escenario)* ¡No, no! No me puedes obligar a ser tu siervo.

(Minú se mueve hacia el centro del escenario.)

Minú: Mi mamá y mi papá se murieron en un terremoto poco después que nací. Solo porque no tengo mamá o papá que me cuiden, todos piensan que pueden regañarme y hacerme problemas. Estoy cansado de tener miedo de tanta gente. ¡Cómo quisiera tener a alguien que me cuide y proteja!

(Entra el dinosaurio grande, llamado Grandote.)

Grandote: *(con voz retumbante)* Oye, Minú, ¿qué estás hacienda allí? Te veo asustado.

Minú: Sí, alguien me estaba gritando, como siempre.

Grandote: Mira, Minú, soy el rey de esta selva. Sé que no eres mi hijo, pero te adoptaré como mi hijo, si quieres. Cuidaré de todas tus necesidades y seré como tu padre. Ningún dinosaurio se atreverá a molestarte después que te adopte. ¿Qué dices?

Minú: ¿De veras quieres hacer eso?

Grandote: ¡Por supuesto! Un rey nunca dice cosas que no piensa cumplir.

Minú: ¡Este es mi sueño hecho realidad! ¿De veras serás mi papá? ¿Tengo que hacer algo a cambio? ¿Me vas a hacer tu siervo?

Grandote: No, tú serás mi hijo. No serás mi siervo.

Minú: *(dando saltos)* Esto será tremendo. Seré tu hijo, y te obedeceré. No conozco esta selva y no sé qué hacer. ¿Me ayudarás?

Grandote: Ahora que soy tu padre, te enseñaré todo lo que necesites saber y te daré todo lo que te haga falta. Ahora, ven conmigo.

Minú: ¡Seguro!

(Minú y Grandote salen juntos.)

Escena 2

(Minú está parado sobre el escenario. Malongo, el dinosaurio de tamaño mediano, entra.)

Malongo: Oye, Minú, ¿por qué estás jugando aquí? ¿No tienes miedo de los grandes dinosaurios que viene aquí a comer? Te pegarán hasta hacerte papilla.

Minú: No lo harán.

Malongo: Después, los matones de nuestra colonia vendrán para acá. ¿No les tienes miedo?

Minú: No, ¿por qué? Ahora que Grandote es mi papá, nadie puede hacerme daño. Él les ha advertido a los camorristas y a los otros a que no me toquen. Aun les ha dicho a otros dinosaurios que me protejan. No tengo nada que temer.

Malongo: ¡Qué privilegio! Esto es algo muy especial!

Minú: ¡Sí, sí, sí!

(Salen del escenario.)

¡Celebremos con una caminata de oración!

Unidad 3 • Semana 5 • Día 3

Tema: oremos a nuestro maravilloso Dios.

Hoy los niños aprenderán que a Dios le agrada cuando los cristianos se gozan en su amor por Él.

Hoy los niños decidirán que caminarán con Dios así como Él camina con ellos.

MATERIALES NECESARIOS

- ❑ Cartel elaborado la semana pasada. Anime a los niños que han hecho tareas a que escriban su nombre en el cartel para que usted les ponga una estrella. Si esta actividad está resultando bien y los niños continúan añadiendo sus nombres, siga con ella. Puesto que este es el fin de la unidad, esta es la última vez que su "Guía del maestro" lo mencionará, así que usted decidirá cuánto tiempo quiere continuar con esta actividad.

Lo siguiente se explica con más detalle en la lección:

- ❑ Piedras lisas, una para cada niño
- ❑ Un vaso o tazón de plástico transparente con agua
- ❑ Pedazos de papel para cada niño
- ❑ Lápices y crayones
- ❑ Cesto de basura
- ❑ Tarjeta de oración para cada niño (vea la Estación 3 para mayor explicación)
- ❑ Poema escrito en un papel grande para que los niños lo copien (Sección 3)
- ❑ Un plátano para cada niño (se puede sustituir con otra comida)
- ❑ Una botellita de aceite con esencia u otra sustancia fragante
- ❑ Un espejo pequeño

Una nota para usted, el maestro:

Cada tres meses, usted tendrá por lo menos una lección especial y diferente. Esto será algo distinto a lo que estén acostumbrados, generalmente algo divertido e inesperado. Hoy los niños irán en una caminata de oración.

En esta Guía se dan las instrucciones completas para la caminata de oración. Usted se dará cuenta de que la clase no sigue las mismas tres secciones a las que está acostumbrado. ¡Disfrute de la novedad! ¡Gócese con los niños!

DESARROLLO DE LA LECCIÓN

(Fíjese que esta lección es una celebración. No sigue el plan de tres pasos como en las otras lecciones.)

Objetivo: los niños harán una caminata de oración y afirmarán su confianza en nuestro gran Dios.

Preparación para usted, el maestro:

Esta es una actividad que enseña a los niños a confiar en Dios, aun cuando no sean perfectos en su vida. Dios ha prometido amarlos por siempre, y Él los seguirá amando aún cuando sientan como si su mundo se estuviera derrumbando.

Los niños aprenden al hacer, así que conforme avanza la actividad, participarán activos.

Necesitará hacer algunos preparativos para algunas partes de esta actividad. Lea todo cuidadosamente y dedique el tiempo necesario para preparar los materiales que va a necesitar.

Después de describir los preparativos, se lo guiará a través de toda la actividad. Estas instrucciones le dirán qué hacer. Lea todo por adelantado de manera que esté familiarizado con cada parte. Su principal preparativo es en oración. Dedique tiempo para pedir fortaleza y dirección de Dios en conducir esta actividad. Ore por cada niño. Pida a Dios que hable al corazón de cada niño.

Preparación de las Estaciones de la caminata de oración

Escoja 6 lugares en el salón de enseñanza, los cuales preparará como 6 estaciones. Los niños caminarán de una estación a otra. Sería excelente si las estaciones estuvieran separadas de manera que haya una pequeña caminata.

Si tiene muchos niños en su clase, divídalos en seis grupos. Un grupo iniciará su caminata en la Estación 1, otro grupo la iniciará en la Estación 2, y así sucesivamente. Los niños pasarán de una estación a otra. Cada estación necesitará un voluntario.

Necesitará tener los materiales listos en cada una de las 6 estaciones. Esto es lo que necesitará para cada una de las estaciones de la caminata de oración.

Estación 1

Necesitará piedras lisas, una por niño, y un vaso o tazón de plástico transparente lleno de agua.

Estación 2

Necesitará pedazos de papel, uno por cada niño, lápices y crayones. Los niños dibujarán. También necesitará un cesto de basura.

Estación 3

Necesitará tarjetas de notas para que los niños hagan una "tarjeta de oración". Escriba lo siguiente en un cartel grande. Los niños lo copiarán en su tarjeta de oración.

> Jesús me ama y siempre está conmigo.
> Cuando estoy triste, Él está a mi lado.
> Cuando tengo miedo Jesús me acompaña.
> Estoy feliz con Jesús, mi Amigo amado.
>
> Jesús nunca me dejará.
> Jesús nunca me desamparará.
> Cuando estoy alegre, triste o temeroso.
> Jesús es mi Amigo amado y glorioso.

Estación 4

Necesitará plátanos (bananas), uno por niño. (Se puede sustituir con otra cosa para comer, si es necesario, pero alguna clase de fruta es lo mejor.)

Estación 5

Necesitará una botellita de aceite con esencia, o con alguna otra sustancia fragante. Solo asegúrese de que no sea perjudicial para los niños.

Estación 6

Necesitará un espejo pequeño.

La caminata de oración

Hoy es un día especial. Vamos a hacer una caminata de oración y hablaremos con Dios de diferentes formas. Esto será divertido, pero también será algo serio. Es un momento en que podrán decirle a Dios exactamente cómo se han sentido últimamente.

No tendrán que caminar muy lejos para ir a las estaciones de oración, pero quiero que se imaginen que están haciendo una larga caminata. Cierren los ojos e imaginen esto conmigo. Imaginen que están caminando. ¿Qué hay alrededor de ustedes? ¿Calles llenas de gente? ¿O están subiendo por una montaña? ¿Pueden ver el mar? ¿O están mirando campos alrededor de un pueblo? No importa donde vayan, Dios está con ustedes. Él está allí.

Si está usando voluntarios en cada estación, córteles las instrucciones de este libro (hay dos copias). Deben leerlas y estar dispuestos a seguirlas. La actividad en cada estación tarda más o menos el mismo tiempo. Usted puede aplaudir o tocar un silbato cuando sea tiempo de pasar de una a otra. Es posible que un grupo termine antes que otro. Entonces el voluntario en la Estación puede contarles a los niños cómo llegó a conocer y amar a Cristo.

Estación 1

Necesitará piedras lisas, las más bonitas que encuentre, una por cada niño, y un vaso o tazón transparente lleno de agua. Tenga listo para leer directamente de la Biblia el Salmo 46:1-7.

Quítense los zapatos. Inhalen profundamente y exhalen despacio. Imaginen que están jugando entre olas suaves. Tomen una piedra del montón. Sosténganla en la mano. Esa será su "piedra de preocupación". Denle el nombre de una preocupación. ¿De qué te has estado preocupando? Bien, ése es el nombre de tu piedra de preocupación. Ahora entrega tu preocupación a Dios. Deja que Dios se ocupe de cualquier cosa que te preocupa. Suelta tu piedra en el vaso o tazón de agua. El agua es como el amor de Dios. Su amor rodea nuestras preocupaciones así que podemos olvidarnos de ellas. Dios no quiere que nos preocupemos por cosas que no podemos controlar.

Cuando empiezas a preocuparte por cosas, es como si pisaras sobre una piedra filosa o como si tuvieras un piedrita en el zapato. Te molesta por cada paso que das. Detente y sácate la preocupación; ponla en el océano del amor de Dios.

Escucha lo que la Biblia dice en el Salmo 46.

Dios es nuestro amparo y nuestra fortaleza,
nuestra ayuda segura en momentos de angustia.
Por eso, no temeremos
aunque se desmorone la tierra
y las montañas se hundan en el fondo del mar;
aunque rujan y se encrespen sus aguas,
y ante su furia retiemblen los montes.
El Señor Todopoderoso está con nosotros;
nuestro refugio es el Dios de Jacob.
Salmo 46:1-3, 11

Los niños pasan a la próxima estación.

Estación 2

Necesitará pedazos de papel, uno por cada niño, y lápices y crayones. También un cesto de basura. El texto es el Salmo 103:8-12. Léalo directamente de la Biblia, o si prefiere la versión impresa en esta Guía, léalo aquí.

Piensen en los lugares más difíciles donde hayan caminado. Esa caminata puede recordarnos que en algunas ocasiones hemos hechos cosas que nos hacen pensar que tal vez Dios no nos ame más. A lo mejor lastimamos a alguien, o hicimos algo que a Dios no le agrada. Nos sentimos tristes y esperamos que Dios nos perdone.

En esta estación, tomen un pedazo de papel y un crayón o lápiz. Dibujen en el papel un daño que quisieran que Dios les perdone. ¿Tomaron algo que no era de ustedes? ¿Mintieron? Dibújenlo en el papel. No necesita ser una obra maestra. Es solo una manera de decirle a Dios lo que hicieron. Nadie lo verá excepto ustedes mismos.

¿Saben lo que significa confesar nuestros pecados? Significa decirle a Dios que lo sentimos. Significa pedirle que nos perdone. Hagan eso ahora. Lo que sea que dibujaron en el papel, díganle a Dios que lo sienten mucho, si de veras se arrepienten.

Permita tiempo para esto.

Lo más hermoso es que Dios dice que Él siempre perdona nuestros pecados. Él los olvida cuando sinceramente le pedimos que nos perdone. Así que tomen su papel

y rómpanlo por la mitad. Luego rompan esos pedazos por la mitad. ¡Y otra vez! Arruguen el papel y háganlo una bolita. Ahora lancen la bola en el cesto de basura.

Escuchen lo que la Biblia dice en el Salmo 103.

El Señor es clemente y compasivo,
lento para la ira y grande en amor.
No sostiene para siempre su querella
ni guarda rencor eternamente.
No nos trata conforme a nuestros pecados
ni nos paga según nuestras maldades.
Tan grande es su amor por los que le temen
como alto es el cielo sobre la tierra.
Tan lejos de nosotros echó nuestras transgresiones
como lejos del oriente está el occidente.
Salmo 103:8-12

Pasen a la siguiente estación.

Estación 3

En esta parte de la caminata de oración, no importa dónde estemos andando. Lo importante es la persona que está a nuestro lado. Imaginen que están con un buen amigo, con alguien que los ama muchísimo, alguien que los hace feliz, alguien que ilumina el viaje y hace que la caminata sea más fácil. Ese "alguien" es Jesús.

Jesús es la luz del mundo. Cierren sus ojos y recuerden que Él calmó la tormenta, que sanó a los enfermos, que tomó a los niños en sus brazos. Jesús te conoce por nombre. Él te amó tanto que dio su vida por ti. Jesús estuvo presente en la creación del mundo. En efecto, la Biblia dice que Jesús es la clase de pegamento que sostiene unido a todo el universo. Él es el Hijo de Dios, nuestro Salvador.

Jesús es el Todopoderoso Dios, y Él es nuestro amigo. Eso nos da esperanza para cada etapa de la vida. Él está contigo ahora y estará contigo cuando tengas que dejar el orfanato (si ése es el caso). No necesitamos preocuparnos, porque Jesús está con nosotros.

Ahora, tomen una tarjeta y escriban allí este poema. Escríbanlo completo o una de las estrofas.

Jesús me ama y siempre está conmigo.
Cuando estoy triste, Él está a mi lado.
Cuando tengo miedo Jesús me acompaña.
Estoy feliz con Jesús, mi Amigo amado.

Jesús nunca me dejará.
Jesús nunca me desamparará.
Cuando estoy alegre, triste o temeroso.
Jesús es mi Amigo amado y glorioso.

Tengan esta tarjeta con ustedes, léanla cuando se sientan solos y sin un amigo. Les recordará que Jesús siempre está a su lado.

Pasen a la siguiente estación.

Estación 4

Necesitará plátanos (bananas), uno para cada niño. Puede ser alguna otra cosa para comer, pero algún tipo de fruta es mejor.

Ahora, ¿a dónde nos lleva nuestra caminata? Imaginen que estamos en el campo. Hay trigo y cebada creciendo alrededor nuestro. Hay árboles y viñas que producen su fruto. Jesús habló frecuentemente con sus discípulos acerca de alimento y cosechas. Él les dijo que era la Vid, y que ellos eran las ramas. La Biblia también dice que producimos fruto, como una vid o un árbol frutal. El poder de Dios está con nosotros, dentro de nosotros, y Él nos ayuda a hacer y a decir cosas buenas. Así que tomen esta fruta, pero no la coman todavía. Oigan la voz de Jesús diciéndoles: "Yo di mi vida por ti, para que puedas tener una vida preciosa."

Ahora coman la fruta, y oigan la voz de Jesús, que dice: "Yo estaré con usted siempre. Siempre que tengan que hacer algo, y no estén seguros de que lo puedan hacer, pídanme ayuda. Con mi ayuda, pueden producir buen fruto."

Agradezcan a Jesús por su ayuda, y después pasen a la siguiente estación.

Estación 5

Va necesitar una botellita de aceite con esencia, o con alguna otra sustancia fragante. Solo asegúrese que no sea perjudicial para los niños.

Imagínense que suben por las gradas de entrada a un gran palacio. Es el edificio más hermoso y magnífico que jamás han visto. Van a una fiesta que está ofreciendo el Rey del Universo para un invitado de honor. Llegan al salón principal y el Rey les da personalmente la bienvenida. Cada uno de ustedes es el invitado de honor.

Él les dice que se sienten en el lugar de honor. En los tiempos de la Biblia, las personas honraban a sus invitados ungiéndolos con aceite. Los sacerdotes usaban aceite de aroma agradable para marcar las cosas que apartaban para el uso de Dios. Así que hagamos eso. Unten su dedo con un poco de este aceite fragante y froten el exterior de su mano. Huelan la fragancia del aceite. La presencia de Dios en su vida es agradable como este aroma. Ustedes están apartados como sus hijos. Dios los ama y se preocupa por ustedes.

Pasan cosas malas en este mundo. Algunas cosas nos hacen llorar; otras, nos asustan. Pero recuerden que somos los invitados de honor de Dios. Él nos ama, no importa qué pase. Ahora pongan otro poco de aceite en su dedo y dibujen con ese dedo un corazón en la palma de su mano. Huelan nuevamente el fragante aroma. Agradezcan a Dios por rodearlos con su amor.

Pasen ahora a la siguiente estación.

Estación 6

Necesitará un espejo pequeño. El texto de la Escritura es Miqueas 6:8.

Imaginen que caminan hacia su lugar favorito, cualquiera que sea. Jesús está con ustedes. Hasta les lleva un rato sobre sus hombros. Sería divertido, ¿no les parece? Ahora imaginen que otras personas están allí también, alrededor de ustedes. ¿Cómo quiere Jesús que las traten? Con el mismo amor que Él les demuestra.

Levanten el espejo y mírenlo. ¿Qué ven? Cada uno ve su imagen. La Biblia dice que entre más andamos con Jesús, más nos volvemos como Él. Nos volvemos como una especie de reflejo de Él. Así que cuando Él nos muestra amor, nosotros mostramos amor a otros. Cuando Él nos ayuda, nosotros ayudamos a otros. Cuando Él calma nuestros temores, podemos tratar de calmar a nuestros amigos cuando se sienten solos o temerosos.

Escuchen lo que dice el profeta de Dios Miqueas:

Ya se te ha dicho lo que de ti espera el Señor:
Practicar la justicia,
amar la misericordia, y humillarte ante tu Dios.
Miqueas 6:8

Ahora mismo hablen con Dios acerca de las personas que podrían estar sufriendo, que podrían estar asustadas o solas. Pídanle que ayude a los que tengan necesidad. Pídanle que les muestre si Él quiere que ustedes ayuden a los necesitados.

El maestro termina diciendo:

Este es el fin de nuestra caminata de oración de hoy. Pero después de la caminata, no dejamos a Jesús. Él está con nosotros y anda a nuestro lado cada día. Él camina con nosotros adondequiera que vayamos.

La caminata de oración

Estación 1

Necesitará piedras lisas, las más bonitas que encuentre, una por cada niño, y un vaso o tazón transparente lleno de agua. Tenga listo para leer directamente de la Biblia el Salmo 46:1-7.

Quítense los zapatos. Inhalen profundamente y exhalen despacio. Imaginen que están jugando entre olas suaves. Tomen una piedra del montón. Sosténganla en la mano. Esa será su "piedra de preocupación". Denle el nombre de una preocupación. ¿De qué te has estado preocupando? Bien, ése es el nombre de tu piedra de preocupación. Ahora entrega tu preocupación a Dios. Deja que Dios se ocupe de cualquier cosa que te preocupa. Suelta tu piedra en el vaso o tazón de agua. El agua es como el amor de Dios. Su amor rodea nuestras preocupaciones así que podemos olvidarnos de ellas. Dios no quiere que nos preocupemos por cosas que no podemos controlar.

Cuando empiezas a preocuparte por cosas, es como si pisaras sobre una piedra filosa o como si tuvieras un piedrita en el zapato. Te molesta por cada paso que das. Detente y sácate la preocupación; ponla en el océano del amor de Dios.

Escucha lo que la Biblia dice en el Salmo 46.

Dios es nuestro amparo y nuestra fortaleza,
nuestra ayuda segura en momentos de angustia.
Por eso, no temeremos
aunque se desmorone la tierra
y las montañas se hundan en el fondo del mar;
aunque rujan y se encrespen sus aguas,
y ante su furia retiemblen los montes.
El Señor Todopoderoso está con nosotros;
nuestro refugio es el Dios de Jacob.
Salmo 46:1-3, 11

Los niños pasan a la próxima estación.

La caminata de oración

Estación 1

Necesitará piedras lisas, las más bonitas que encuentre, una por cada niño, y un vaso o tazón transparente lleno de agua. Tenga listo para leer directamente de la Biblia el Salmo 46:1-7.

Quítense los zapatos. Inhalen profundamente y exhalen despacio. Imaginen que están jugando entre olas suaves. Tomen una piedra del montón. Sosténganla en la mano. Esa será su "piedra de preocupación". Denle el nombre de una preocupación. ¿De qué te has estado preocupando? Bien, ése es el nombre de tu piedra de preocupación. Ahora entrega tu preocupación a Dios. Deja que Dios se ocupe de cualquier cosa que te preocupa. Suelta tu piedra en el vaso o tazón de agua. El agua es como el amor de Dios. Su amor rodea nuestras preocupaciones así que podemos olvidarnos de ellas. Dios no quiere que nos preocupemos por cosas que no podemos controlar.

Cuando empiezas a preocuparte por cosas, es como si pisaras sobre una piedra filosa o como si tuvieras un piedrita en el zapato. Te molesta por cada paso que das. Detente y sácate la preocupación; ponla en el océano del amor de Dios.

Escucha lo que la Biblia dice en el Salmo 46.

Dios es nuestro amparo y nuestra fortaleza,
nuestra ayuda segura en momentos de angustia.
Por eso, no temeremos
aunque se desmorone la tierra
y las montañas se hundan en el fondo del mar;
aunque rujan y se encrespen sus aguas,
y ante su furia retiemblen los montes.
El Señor Todopoderoso está con nosotros;
nuestro refugio es el Dios de Jacob.
Salmo 46:1-3, 11

Los niños pasan a la próxima estación.

Estación 2

Necesitará pedazos de papel, uno por cada niño, y lápices y crayones. También un cesto de basura. El texto es el Salmo 103:8-12. Léalo directamente de la Biblia, o si prefiere la versión impresa en esta Guía, léalo aquí.

Piensen en los lugares más difíciles donde hayan caminado. Esa caminata puede recordarnos que en algunas ocasiones hemos hechos cosas que nos hacen pensar que tal vez Dios no nos ame más. A lo mejor lastimamos a alguien, o hicimos algo que a Dios no le agrada. Nos sentimos tristes y esperamos que Dios nos perdone.

En esta estación, tomen un pedazo de papel y un crayón o lápiz. Dibujen en el papel un daño que quisieran que Dios les perdone. ¿Tomaron algo que no era de ustedes? ¿Mintieron? Dibújenlo en el papel. No necesita ser una obra maestra. Es solo una manera de decirle a Dios lo que hicieron. Nadie lo verá excepto ustedes mismos.

¿Saben lo que significa confesar nuestros pecados? Significa decirle a Dios que lo sentimos. Significa pedirle que nos perdone. Hagan eso ahora. Lo que sea que dibujaron en el papel, díganle a Dios que lo sienten mucho, si de veras se arrepienten.

Permita tiempo para esto.

Lo más hermoso es que Dios dice que Él siempre perdona nuestros pecados. Él los olvida cuando sinceramente le pedimos que nos perdone. Así que tomen su papel y rómpanlo por la mitad. Luego rompan esos pedazos por la mitad. ¡Y otra vez! Arruguen el papel y háganlo una bolita. Ahora lancen la bola en el cesto de basura.

Escuchen lo que la Biblia dice en el Salmo 103.

El Señor es clemente y compasivo,
lento para la ira y grande en amor.
No sostiene para siempre su querella
ni guarda rencor eternamente.
No nos trata conforme a nuestros pecados
ni nos paga según nuestras maldades.
Tan grande es su amor por los que le temen
como alto es el cielo sobre la tierra.
Tan lejos de nosotros echó nuestras transgresiones
como lejos del oriente está el occidente.
Salmo 103:8-12

Pasen a la siguiente estación.

Estación 2

Necesitará pedazos de papel, uno por cada niño, y lápices y crayones. También un cesto de basura. El texto es el Salmo 103:8-12. Léalo directamente de la Biblia, o si prefiere la versión impresa en esta Guía, léalo aquí.

Piensen en los lugares más difíciles donde hayan caminado. Esa caminata puede recordarnos que en algunas ocasiones hemos hechos cosas que nos hacen pensar que tal vez Dios no nos ame más. A lo mejor lastimamos a alguien, o hicimos algo que a Dios no le agrada. Nos sentimos tristes y esperamos que Dios nos perdone.

En esta estación, tomen un pedazo de papel y un crayón o lápiz. Dibujen en el papel un daño que quisieran que Dios les perdone. ¿Tomaron algo que no era de ustedes? ¿Mintieron? Dibújenlo en el papel. No necesita ser una obra maestra. Es solo una manera de decirle a Dios lo que hicieron. Nadie lo verá excepto ustedes mismos.

¿Saben lo que significa confesar nuestros pecados? Significa decirle a Dios que lo sentimos. Significa pedirle que nos perdone. Hagan eso ahora. Lo que sea que dibujaron en el papel, díganle a Dios que lo sienten mucho, si de veras se arrepienten.

Permita tiempo para esto.

Lo más hermoso es que Dios dice que Él siempre perdona nuestros pecados. Él los olvida cuando sinceramente le pedimos que nos perdone. Así que tomen su papel y rómpanlo por la mitad. Luego rompan esos pedazos por la mitad. ¡Y otra vez! Arruguen el papel y háganlo una bolita. Ahora lancen la bola en el cesto de basura.

Escuchen lo que la Biblia dice en el Salmo 103.

El Señor es clemente y compasivo,
lento para la ira y grande en amor.
No sostiene para siempre su querella
ni guarda rencor eternamente.
No nos trata conforme a nuestros pecados
ni nos paga según nuestras maldades.
Tan grande es su amor por los que le temen
como alto es el cielo sobre la tierra.
Tan lejos de nosotros echó nuestras transgresiones
como lejos del oriente está el occidente.
Salmo 103:8-12

Pasen a la siguiente estación.

Estación 3

En esta parte de la caminata de oración, no importa dónde estemos andando. Lo importante es la persona que está a nuestro lado. Imaginen que están con un buen amigo, con alguien que los ama muchísimo, alguien que los hace feliz, alguien que ilumina el viaje y hace que la caminata sea más fácil. Ese "alguien" es Jesús.

Jesús es la luz del mundo. Cierren sus ojos y recuerden que Él calmó la tormenta, que sanó a los enfermos, que tomó a los niños en sus brazos. Jesús te conoce por nombre. Él te amó tanto que dio su vida por ti. Jesús estuvo presente en la creación del mundo. En efecto, la Biblia dice que Jesús es la clase de pegamento que sostiene unido a todo el universo. Él es el Hijo de Dios, nuestro Salvador.

Jesús es el Todopoderoso Dios, y Él es nuestro amigo. Eso nos da esperanza para cada etapa de la vida. Él está contigo ahora y estará contigo cuando tengas que dejar el orfanato (si ése es el caso). No necesitamos preocuparnos, porque Jesús está con nosotros.

Ahora, tomen una tarjeta y escriban allí este poema. Escríbanlo completo o una de las estrofas.

Jesús me ama y siempre está conmigo.
Cuando estoy triste, Él está a mi lado.
Cuando tengo miedo Jesús me acompaña.
Estoy feliz con Jesús, mi Amigo amado.

Jesús nunca me dejará.
Jesús nunca me desamparará.
Cuando estoy alegre, triste o temeroso.
Jesús es mi Amigo amado y glorioso.

Tengan esta tarjeta con ustedes, léanla cuando se sientan solos y sin un amigo. Les recordará que Jesús siempre está a su lado.

Pasen a la siguiente estación.

Estación 3

En esta parte de la caminata de oración, no importa dónde estemos andando. Lo importante es la persona que está a nuestro lado. Imaginen que están con un buen amigo, con alguien que los ama muchísimo, alguien que los hace feliz, alguien que ilumina el viaje y hace que la caminata sea más fácil. Ese "alguien" es Jesús.

Jesús es la luz del mundo. Cierren sus ojos y recuerden que Él calmó la tormenta, que sanó a los enfermos, que tomó a los niños en sus brazos. Jesús te conoce por nombre. Él te amó tanto que dio su vida por ti. Jesús estuvo presente en la creación del mundo. En efecto, la Biblia dice que Jesús es la clase de pegamento que sostiene unido a todo el universo. Él es el Hijo de Dios, nuestro Salvador.

Jesús es el Todopoderoso Dios, y Él es nuestro amigo. Eso nos da esperanza para cada etapa de la vida. Él está contigo ahora y estará contigo cuando tengas que dejar el orfanato (si ése es el caso). No necesitamos preocuparnos, porque Jesús está con nosotros.

Ahora, tomen una tarjeta y escriban allí este poema. Escríbanlo completo o una de las estrofas.

> Jesús me ama y siempre está conmigo.
> Cuando estoy triste, Él está a mi lado.
> Cuando tengo miedo Jesús me acompaña.
> Estoy feliz con Jesús, mi Amigo amado.
>
> Jesús nunca me dejará.
> Jesús nunca me desamparará.
> Cuando estoy alegre, triste o temeroso.
> Jesús es mi Amigo amado y glorioso.

Tengan esta tarjeta con ustedes, léanla cuando se sientan solos y sin un amigo. Les recordará que Jesús siempre está a su lado.

Pasen a la siguiente estación.

Estación 4

Necesitará plátanos (bananas), uno para cada niño. Puede ser alguna otra cosa para comer, pero algún tipo de fruta es mejor.

Ahora, ¿a dónde nos lleva nuestra caminata? Imaginen que estamos en el campo. Hay trigo y cebada creciendo alrededor nuestro. Hay árboles y viñas que producen su fruto. Jesús habló frecuentemente con sus discípulos acerca de alimento y cosechas. Él les dijo que era la Vid, y que ellos eran las ramas. La Biblia también dice que producimos fruto, como una vid o un árbol frutal. El poder de Dios está con nosotros, dentro de nosotros, y Él nos ayuda a hacer y a decir cosas buenas. Así que tomen esta fruta, pero no la coman todavía. Oigan la voz de Jesús diciéndoles: "Yo di mi vida por ti, para que puedas tener una vida preciosa."

Ahora coman la fruta, y oigan la voz de Jesús, que dice: "Yo estaré con usted siempre. Siempre que tengan que hacer algo, y no estén seguros de que lo puedan hacer, pídanme ayuda. Con mi ayuda, pueden producir buen fruto."

Agradezcan a Jesús por su ayuda, y después pasen a la siguiente estación.

Estación 5

Va necesitar una botellita de aceite con esencia, o con alguna otra sustancia fragante. Solo asegúrese que no sea perjudicial para los niños.

Imagínense que suben por las gradas de entrada a un gran palacio. Es el edificio más hermoso y magnífico que jamás han visto. Van a una fiesta que está ofreciendo el Rey del Universo para un invitado de honor. Llegan al salón principal y el Rey les da personalmente la bienvenida. Cada uno de ustedes es el invitado de honor.

Él les dice que se sienten en el lugar de honor. En los tiempos de la Biblia, las personas honraban a sus invitados ungiéndolos con aceite. Los sacerdotes usaban aceite de aroma agradable para marcar las cosas que apartaban para el uso de Dios. Así que hagamos eso. Unten su dedo con un poco de este aceite fragante y froten el exterior de su mano. Huelan la fragancia del aceite. La presencia de Dios en su vida es agradable como este aroma. Ustedes están apartados como sus hijos. Dios los ama y se preocupa por ustedes.

Pasan cosas malas en este mundo. Algunas cosas nos hacen llorar; otras, nos asustan. Pero recuerden que somos los invitados de honor de Dios. Él nos ama, no importa qué pase. Ahora pongan otro poco de aceite en su dedo y dibujen con ese dedo un corazón en la palma de su mano. Huelan nuevamente el fragante aroma. Agradezcan a Dios por rodearlos con su amor.

Pasen ahora a la siguiente estación.

Estación 4

Necesitará plátanos (bananas), uno para cada niño. Puede ser alguna otra cosa para comer, pero algún tipo de fruta es mejor.

Ahora, ¿a dónde nos lleva nuestra caminata? Imaginen que estamos en el campo. Hay trigo y cebada creciendo alrededor nuestro. Hay árboles y viñas que producen su fruto. Jesús habló frecuentemente con sus discípulos acerca de alimento y cosechas. Él les dijo que era la Vid, y que ellos eran las ramas. La Biblia también dice que producimos fruto, como una vid o un árbol frutal. El poder de Dios está con nosotros, dentro de nosotros, y Él nos ayuda a hacer y a decir cosas buenas. Así que tomen esta fruta, pero no la coman todavía. Oigan la voz de Jesús diciéndoles: "Yo di mi vida por ti, para que puedas tener una vida preciosa."

Ahora coman la fruta, y oigan la voz de Jesús, que dice: "Yo estaré con usted siempre. Siempre que tengan que hacer algo, y no estén seguros de que lo puedan hacer, pídanme ayuda. Con mi ayuda, pueden producir buen fruto."

Agradezcan a Jesús por su ayuda, y después pasen a la siguiente estación.

Estación 5

Va necesitar una botellita de aceite con esencia, o con alguna otra sustancia fragante. Solo asegúrese que no sea perjudicial para los niños.

Imagínense que suben por las gradas de entrada a un gran palacio. Es el edificio más hermoso y magnífico que jamás han visto. Van a una fiesta que está ofreciendo el Rey del Universo para un invitado de honor. Llegan al salón principal y el Rey les da personalmente la bienvenida. Cada uno de ustedes es el invitado de honor.

Él les dice que se sienten en el lugar de honor. En los tiempos de la Biblia, las personas honraban a sus invitados ungiéndolos con aceite. Los sacerdotes usaban aceite de aroma agradable para marcar las cosas que apartaban para el uso de Dios. Así que hagamos eso. Unten su dedo con un poco de este aceite fragante y froten el exterior de su mano. Huelan la fragancia del aceite. La presencia de Dios en su vida es agradable como este aroma. Ustedes están apartados como sus hijos. Dios los ama y se preocupa por ustedes.

Pasan cosas malas en este mundo. Algunas cosas nos hacen llorar; otras, nos asustan. Pero recuerden que somos los invitados de honor de Dios. Él nos ama, no importa qué pase. Ahora pongan otro poco de aceite en su dedo y dibujen con ese dedo un corazón en la palma de su mano. Huelan nuevamente el fragante aroma. Agradezcan a Dios por rodearlos con su amor.

Pasen ahora a la siguiente estación.

Estación 6

Necesitará un espejo pequeño. El texto de la Escritura es Miqueas 6:8.

Imaginen que caminan hacia su lugar favorito, cualquiera que sea. Jesús está con ustedes. Hasta les lleva un rato sobre sus hombros. Sería divertido, ¿no les parece? Ahora imaginen que otras personas están allí también, alrededor de ustedes. ¿Cómo quiere Jesús que las traten? Con el mismo amor que Él les demuestra.

Levanten el espejo y mírenlo. ¿Qué ven? Cada uno ve su imagen. La Biblia dice que entre más andamos con Jesús, más nos volvemos como Él. Nos volvemos como una especie de reflejo de Él. Así que cuando Él nos muestra amor, nosotros mostramos amor a otros. Cuando Él nos ayuda, nosotros ayudamos a otros. Cuando Él calma nuestros temores, podemos tratar de calmar a nuestros amigos cuando se sienten solos o temerosos.

Escuchen lo que dice el profeta de Dios Miqueas:

Ya se te ha dicho lo que de ti espera el Señor:
Practicar la justicia,
amar la misericordia, y humillarte ante tu Dios.
Miqueas 6:8

Ahora mismo hablen con Dios acerca de las personas que podrían estar sufriendo, que podrían estar asustadas o solas. Pídanle que ayude a los que tengan necesidad. Pídanle que les muestre si Él quiere que ustedes ayuden a los necesitados.

Estación 6

Necesitará un espejo pequeño. El texto de la Escritura es Miqueas 6:8.

Imaginen que caminan hacia su lugar favorito, cualquiera que sea. Jesús está con ustedes. Hasta les lleva un rato sobre sus hombros. Sería divertido, ¿no les parece? Ahora imaginen que otras personas están allí también, alrededor de ustedes. ¿Cómo quiere Jesús que las traten? Con el mismo amor que Él les demuestra.

Levanten el espejo y mírenlo. ¿Qué ven? Cada uno ve su imagen. La Biblia dice que entre más andamos con Jesús, más nos volvemos como Él. Nos volvemos como una especie de reflejo de Él. Así que cuando Él nos muestra amor, nosotros mostramos amor a otros. Cuando Él nos ayuda, nosotros ayudamos a otros. Cuando Él calma nuestros temores, podemos tratar de calmar a nuestros amigos cuando se sienten solos o temerosos.

Escuchen lo que dice el profeta de Dios Miqueas:

Ya se te ha dicho lo que de ti espera el Señor:
Practicar la justicia,
amar la misericordia, y humillarte ante tu Dios.
Miqueas 6:8

Ahora mismo hablen con Dios acerca de las personas que podrían estar sufriendo, que podrían estar asustadas o solas. Pídanle que ayude a los que tengan necesidad. Pídanle que les muestre si Él quiere que ustedes ayuden a los necesitados.